Trucs de
Cuisinier

Bernard Loiseau
et Gérard Gilbert

Trucs de Cuisinier

• Marabout •

Dessins : François Charles, Jean-Louis Debruyne, Nicole Zelek.

Préface

Révéler tous ces petits secrets qui font la réussite d'un plat simple ou sophistiqué à tous ceux qui aiment cuisiner correspondait à une réelle demande : être à même, devant son fourneau, et en un clin d'œil, de combler une lacune, d'apprendre une ruse, de compenser le manque de matériel par les moyens du bord, d'embellir une présentation, ou de se sortir d'un mauvais pas. Bref, posséder toutes ces clés contribuant à ce qu'une recette ne soit plus une reproduction mécanique où le geste se joint à la lecture, mais un parcours vivant et passionnant, parsemé de secrets que l'on prend plaisir à découvrir.

Si de très nombreux livres de cuisine, bien souvent exceptionnels, sont proposés, aucun Chef à notre connaissance (hormis les publications destinées aux professionnels) ne s'était fixé comme objectif de dévoiler les «coulisses» des fourneaux au plus large public, en choisissant de se concentrer exclusivement sur le savoir-faire culinaire : trucs, astuces et tours de main spécifiques, fruits de l'ingéniosité de toutes celles et ceux qui pratiquent cet art.

Résolument moderne, voici donc *Trucs de cuisinier*, le grand frère de *Trucs de pâtissier*, dans la même série, digne de devenir le complément indispensable de tous les livres de recettes.

Bernard Loiseau
Gérard Gilbert

AGNEAU (CARRÉS D')

"Priez pour nous"

Quand on sert 2 carrés d'agneau, on peut parfaire la présentation en les joignant. Pour cela, il suffit de bien parer le bout des manches pour qu'ils soient impeccables ❶, puis de les réunir comme des doigts joints pour la prière ❷.
Cette opération ne présente aucune difficulté, si l'on a pris soin de bien gratter les manches au préalable.

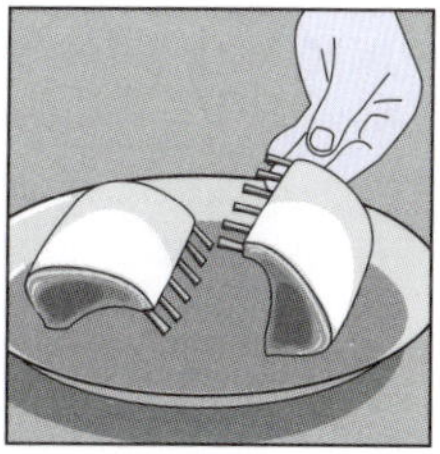

❶

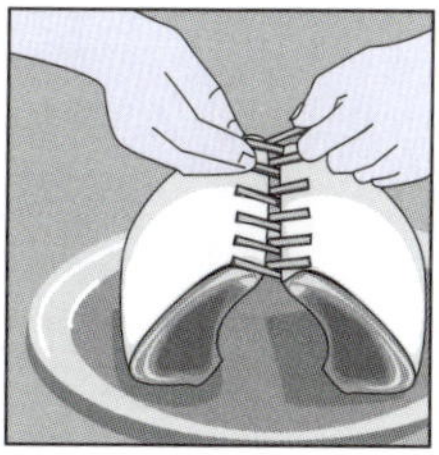

❷

CONSEIL

Toute viande d'agneau ne doit pas être servie saignante, mais rosée. Quand on pique la chair, le sang doit être contenu dans celle-ci, donc ne pas s'en échapper. L'agneau manquant de cuisson n'offre qu'une chair sans tenue qui glisse sous la dent. Le mouton est excessivement gras. On ne le sert donc pas dans des assiettes froides mais chaudes, de manière que la graisse rendue ne se fige pas.

AGNEAU (CÔTES D')

"Elles et l'huile"

Même maigres, les côtes d'agneau sont grasses. On doit donc les poêler dans un minimum d'huile. Frotter la poêle d'un papier absorbant, ou badigeonner simplement les côtelettes d'huile.
Pour dorer le gras des côtelettes d'agneau, l'astuce consiste, une fois qu'elles sont cuites sur les 2 faces, à les adosser contre le rebord de la poêle, en biais, pour rôtir la partie grasse ❶.

❶

CONSEIL

On peut aussi faire cuire les côtes d'agneau sur un lit de gros sel, étalé dans la poêle et préalablement chauffé. Il ne faut pas oublier de bien les gratter avant de servir. Le résultat est vraiment épatant.

AGNEAU (ÉPAULES D')

"Ne soyez pas le dindon de la farce"

On ne doit pas recouvrir entièrement de farce une épaule d'agneau, mais l'étaler en un cordon, au centre ❶. Sinon, quand on la roule, l'épaule "bave" toute sa farce. Ceci vaut, bien sûr, pour toutes les viandes farcies.

❶

❷

Conseil

Quand on fait une épaule d'agneau à la broche, l'astuce consiste à la badigeonner, en cours de cuisson, de moutarde détendue avec un peu de vin blanc : cela la parfume agréablement.
Au four, on peut la piquer d'ail et de filets d'anchois.
On peut donner une forme bien ronde à une épaule farcie. Il suffit de farcir l'épaule désossée, de rabattre les bords sur la farce et de la mettre dans une casserole d'une dimension adéquate, tout en la tassant pour qu'elle épouse bien les bords de celle-ci.
Au préalable, on peut aussi la ficeler comme un chou farci ❷, ce qui lui donnera l'apparence d'un melon.

Agneau (gigot d')

"Un plan de bataille"

On n'achète pas n'importe quel gigot d'agneau.
Il ne doit pas excéder 2,5 kg.
Il vaut mieux qu'il ressemble à Sancho Pança qu'à Don Quichotte. C'est-à-dire être rond et dodu et non pas efflanqué et long.
On ne le découpe pas non plus n'importe comment, ceci afin d'éviter de la perte.
D'abord, il faut commencer par détourer la chair autour de l'os, puis le relever pour qu'il soit en hauteur.
Ensuite, il ne reste plus qu'à suivre scrupuleusement le plan de bataille ❶.

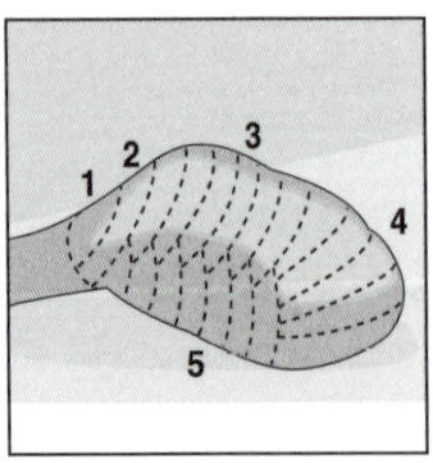

❶

Conseil

On ne doit pas piquer d'ail la chair d'un gigot car ce sont autant de trous qui transforment le gigot en passoire.
Pour qu'il ne perde pas son sang, on glisse l'ail entre chair et os.
Ou plus efficace : aux 2/3 de la cuisson, on le tartine d'une purée d'ail mélangée à de la mie de pain et de la moutarde.
Une autre solution consiste encore à faire cuire les gousses d'ail en "chemise", c'est-à-dire non épluchées, à côté du gigot, puis à les écraser à la fourchette en fin de cuisson, pour parfumer la sauce.

Agneau (gigot aux herbes)

"Une affaire bien ficelée"

Quand on veut parfumer un gigot de thym ou de romarin, le mieux n'est pas d'émietter ces plantes, mais de les conserver en branches et de les ficeler autour de la viande ❶.

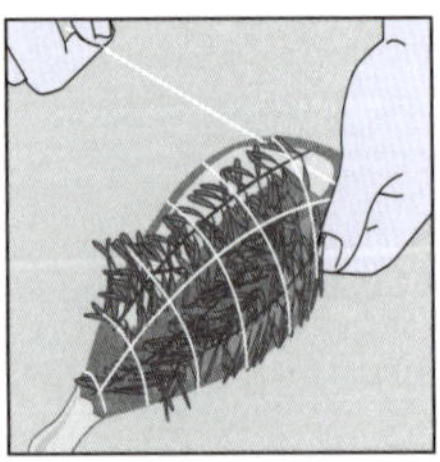

❶

Une autre méthode consiste à le cuire au four, à disposer un lit de branches de thym ou de romarin dans une cocotte, à poser le gigot sur ce lit arrosé de son jus déglacé, à recouvrir la cocotte et à porter à ébullition.

CONSEIL

Quand on aime le gigot uniformément rosé, la cuisson à l'anglaise, c'est-à-dire à l'eau bouillante, est idéale. On plonge le gigot dans de l'eau bouillante et on compte 14 min de cuisson par livre, dès la reprise de l'ébullition.

AIL

"Être au parfum, sans les inconvénients"

L'ail a 2 inconvénients. Le premier est d'ordre digestif, le second pratique : il est ennuyeux à éplucher.

Si vous ne supportez pas l'ail mais que vous aimez les épinards parfumés à l'ail, épluchez une seule gousse, piquez-la au bout d'une fourchette et remuez les épinards de la sorte, tout en les poêlant ❶.

Sachez également que pour parfumer une sauce ou une marinade, il n'est pas nécessaire d'être de corvée d'épluchage. Il suffit de guillotiner la tête d'ail entière ❷ ou encore d'écraser les gousses non épluchées avec le plat de la lame d'un grand couteau ❸.

Dans un cas comme dans l'autre, elle rendra l'âme et tout son jus.

CONSEIL

Quand on "craint" l'ail, il faut toujours extraire le germe. Il se retire à l'aide de la pointe d'un couteau après avoir coupé la gousse en 2 dans le sens de la longueur.

❶

❷

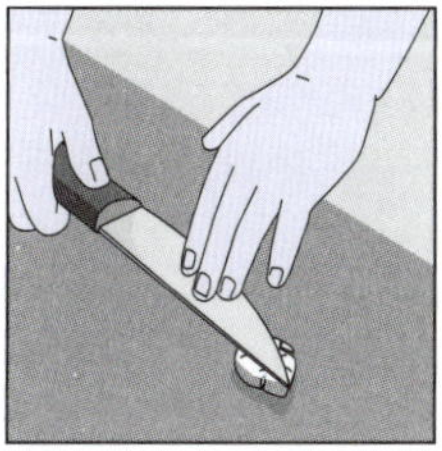

❸

AIL (BEURRE D')

"Un défi à relever"

Le beurre d'ail est fade si l'on se contente de le confectionner avec seulement du beurre, de l'ail et du sel.

L'astuce consiste à incorporer quelques gouttes d'un apéritif anisé (Ricard, Pastis, etc.). Même si vous n'aimez pas l'anis, il ne faut pas hésiter car son goût est indécelable et apporte de la puissance au beurre d'ail.

On obtient le même résultat en incorporant quelques grains d'anis écrasés.

❶

CONSEIL

On peut préparer le beurre d'ail en grande quantité pour en avoir d'avance. Pour cela, il suffit d'envelopper le beurre ramolli dans du papier aluminium et de le rouler pour obtenir un petit boudin avant d'entortiller chaque extrémité, puis de le placer au congélateur. Cela permet d'en avoir à tout moment. Il ne reste alors plus qu'à tailler des tranches en fonction de la quantité désirée ❶.

AIL (CRÈME D')

"Pour la blanchir de tout soupçon"

Il faut beaucoup d'ail pour faire une crème. On plonge les gousses 2 min dans l'eau bouillante puis on les laisse tiédir. Ensuite, pour libérer les gousses, il ne reste plus qu'à les presser entre le pouce et l'index ❶.

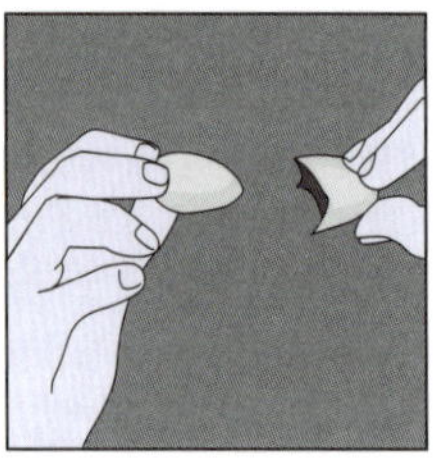

❶

Une autre méthode consiste à écraser les têtes d'ail avec le plat de la lame d'un gros couteau, à les mettre dans l'eau froide, puis à les porter à ébullition et à les laisser tiédir.

Les gousses d'ail s'épluchent alors toutes seules. Enfin épluchées, on les fait blanchir 3 fois à l'eau bouillante pendant 2 à 3 min, en changeant chaque fois l'eau. C'est le seul moyen d'éliminer totalement l'amertume.

CONSEIL

Cette crème d'ail mixée à de la mie de pain, du lait et du thym émietté est parfaite pour recouvrir un gigot. Tout en parfumant la pièce de viande, cela évite de la piquer. Notez aussi que, suivant le même principe, vous pouvez également parfumer un canard en le frottant d'une gousse d'ail coupée en 2.

AIL (ÉPLUCHER L')

"Ne pas être à la colle"

Éplucher de l'ail en quantité est une opération fastidieuse, les épluchures collant aux doigts. L'astuce consiste alors à ne pas éplucher les gousses d'ail, mais à les ébouillanter, c'est-à-dire les blanchir pendant 2 min. Passées ensuite sous l'eau fraîche, elles sont beaucoup plus faciles à éplucher, leurs pelures ne collant plus. Si l'on a du temps devant soi, une autre astuce consiste à les laisser baigner 1 h dans de l'eau tiède.

CONSEIL

Pour parfumer un plat, il n'est pas nécessaire d'éplucher des gousses d'ail. Il suffit de les mettre telles quelles dans le plat de cuisson. Leur arôme, exacerbé par la chaleur du four, suffit alors à parfumer la viande. Elles ne sont pas perdues pour autant. La cuisson terminée, il y a juste à écraser la peau des gousses d'ail avec une fourchette pour obtenir une purée d'ail qui donnera du liant au jus tout en le parfumant.

ALOSE

"Une ruse de guerre"

L'alose doit être ultra-fraîche. Grasse de chair (elle est cousine de la sardine), elle mérite d'être marinée dans un mélange citron-huile lorsqu'on la grille.
La quantité invraisemblable d'arêtes qu'elle contient demeure son gros défaut. C'est pourquoi il convient de la fourrer d'oseille et de la faire cuire à four modéré, c'est-à-dire le plus doucement possible, de sorte que l'acidité de l'oseille ait le temps nécessaire de faire fondre les arêtes.

CONSEIL

Il existe encore une autre astuce permettant d'éliminer l'oseille. Elle consiste à faire cuire à moitié le poisson au four, à l'ouvrir d'une incision pratiquée tout le long de son arête centrale, puis, à l'aide des dents d'une fourchette, à soulever l'arête centrale très délicatement. Celle-ci vient alors avec toutes ses arêtes. Ensuite, on la replace au four et on termine la cuisson.

AMANDES

"Les monder n'est pas un monde"

Plongez-les dans une casserole d'eau bouillante pendant 2 min avant de les égoutter et de les passer sous l'eau froide. Un seul coup d'ongle suffit alors pour éliminer la peau.

CONSEIL

Il vaut mieux, dans tous les cas, acheter des amandes effilées que de les effiler soi-même, surtout si l'on n'a pas le coup de main. Cela évite aussi d'utiliser un robot-coupe ou un mixeur qui les rendent huileuses dans le meilleur des cas et, dans le pire, les transforment en pâte.
Pour griller des amandes effilées, c'est tout simple : il suffit de les étaler sur la plaque du four, de les placer sous le gril et de surveiller de très près. Les amandes torréfiées rendent moins d'huile. On peut alors les mixer pour les incorporer, par exemple, à une farce.

ANCHOIS

"Votre grain de sel"

Pour dessaler rapidement des anchois sans trop les dénaturer, il suffit de les rincer à l'eau froide puis de les faire tremper pendant une dizaine de minutes dans du vinaigre de vin.

CONSEIL

Souvent, on "cloute" un filet de poisson d'anchois. C'est-à-dire qu'on le pique de petits morceaux de filets d'anchois. Mais pour que le filet ne se détériore pas pendant la cuisson, il convient de pratiquer des petites entailles dans le sens des striures de la chair du filet de poisson.

ANCHOIS (BEURRE D')

"Mettez votre grain de sel"

Il est toujours préférable de confectionner soi-même le beurre d'anchois. Attention, cependant : n'utilisez pas d'anchois à l'huile, mais uniquement des anchois au sel, c'est-à-dire nature.

❶

Conseil

Vous pouvez également faire de la pâte d'anchois. Pour qu'elle soit parfaitement lisse, et avant de la travailler avec du beurre en pommade, il convient de hacher menu les filets d'anchois, de les écraser avec la lame d'un gros couteau ❶, puis de les passer au travers d'un tamis ou d'une passoire fine.

Anguille

"Le coup de la fermeture Éclair"

L'anguille est prude. Elle ne se laisse pas déshabiller facilement. C'est pourtant simple : on entaille de part et d'autre l'arête dorsale de l'anguille sur toute sa longueur et on tranche la queue ❶. Puis on pince l'arête avec la lame d'un couteau à hauteur de la queue et on tire, comme sur une fermeture Éclair ❷.

❶

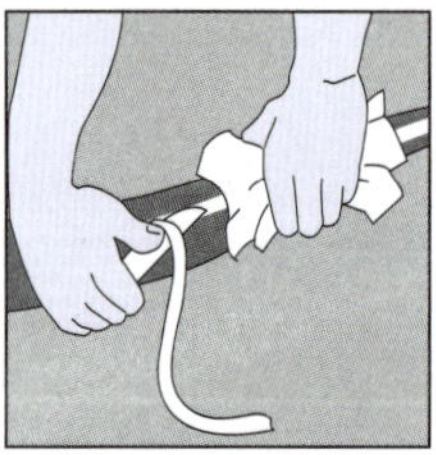

❷

Araignée de mer

"Soyez bien aiguillé"

L'araignée de mer, en raison de sa conformation, ne se décortique pas comme le tourteau. Coupez en 2 l'abdomen ❶. Ensuite, posez à la verticale chaque moitié ainsi obtenue et coupez-la également en 2 ❷.

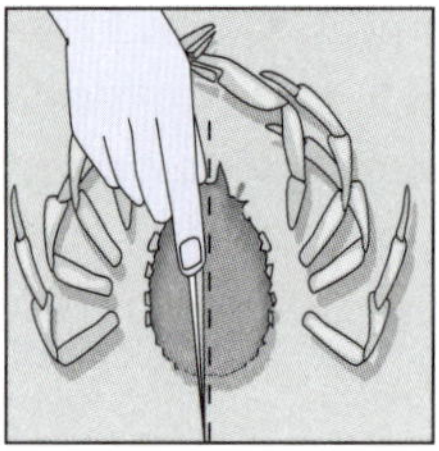

❶

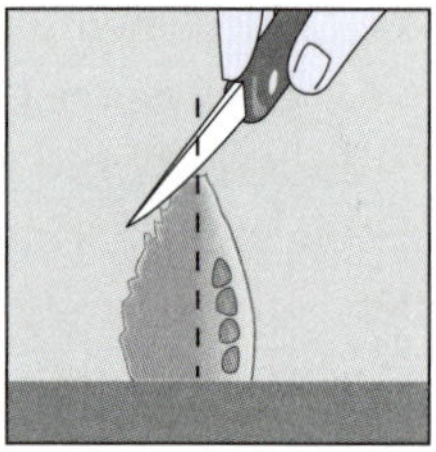

❷

Enfin, enfoncez une curette (ou la pointe d'un petit couteau) dans la base de chaque patte pour la désenclaver de l'abdomen. Pour cela, il suffit de se servir de la curette comme d'un levier ❸.

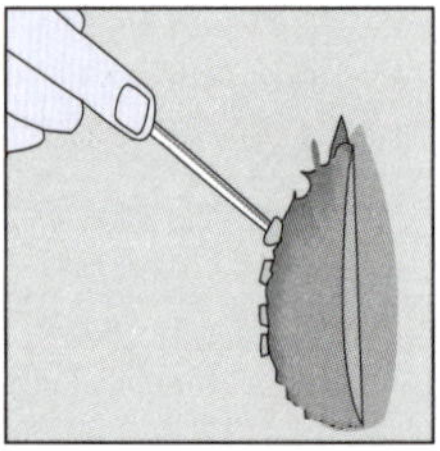

❸

Conseil

La chair de l'araignée de mer étant plus difficile à décortiquer que le crabe, le plus efficace, pour extirper les chairs une fois le crustacé décortiqué, est d'utiliser une aiguille à brider.
Si l'on a le choix, il convient toujours de préférer la femelle au mâle.

ARTICHAUTS

"Le coup du lapin"

Si on coupe au couteau la queue d'un artichaut, les fibres qui prennent racine à la base du fond ne sont pas éliminées. Il faut donc la casser.

Comment ?

L'astuce consiste à tenir fermement la tête de l'artichaut sur le rebord d'une table de façon que la queue dépasse dans le vide. Puis d'asséner un coup sec sur la queue de l'artichaut de votre main libre pour qu'elle casse facilement en emportant avec elle les fibres indésirables ❶.

Autre astuce : la juste cuisson d'un artichaut étant difficile à évaluer, piquez le cœur de la pointe d'un couteau. Si la lame s'enfonce sans résistance, l'artichaut est cuit ❷.

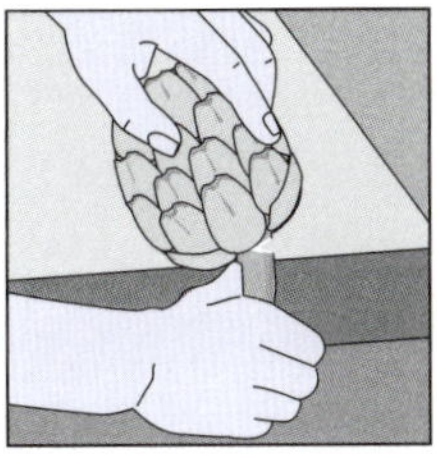

❶

❷

ARTICHAUTS (CHIPS)

"Mince, alors !"

On peut très facilement réaliser des chips à partir de fonds d'artichauts cuits. Pour cela, il suffit de trancher les fonds d'artichauts en très fines lamelles, puis de les faire frire à la poêle dans un fond d'huile très chaude.

ARTICHAUTS (CHOIX)

"Faites un casse"

Les artichauts doivent être impérativement choisis d'un vert franc et sans tâches brunâtres sur les feuilles. La meilleure façon de constater l'état de fraîcheur d'un artichaut est de courber l'une de ses feuilles. Celle-ci ne doit pas plier, mais casser net ❶.

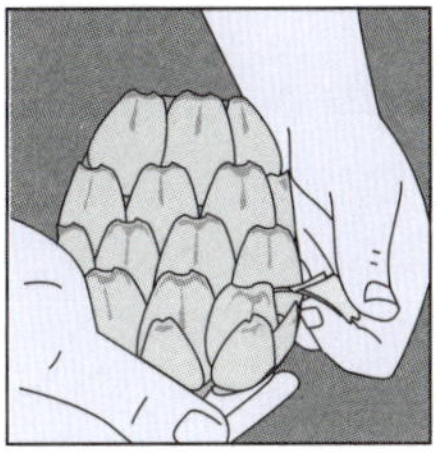

❶

❷

CONSEIL

Cru, l'artichaut se conserve quelques jours au réfrigérateur, à condition de laisser sa queue. Pour prolonger sa conservation, une astuce consiste à laisser la queue de l'artichaut tremper dans de l'eau fraîche ❷. Cuit, s'oxydant très rapidement, il faut le consommer dans la journée.

ARTICHAUTS (CUISSON)

"L'astuce de la montgolfière"

Les artichauts entiers surnagent toujours dans l'eau, ce qui pose un problème pour une cuisson uniforme. L'astuce consiste alors à les recouvrir d'un linge propre. Sous l'effet de la cuisson, le linge est gonflé par la vapeur qu'il retient très efficacement dans la mesure où il est mouillé. ❶

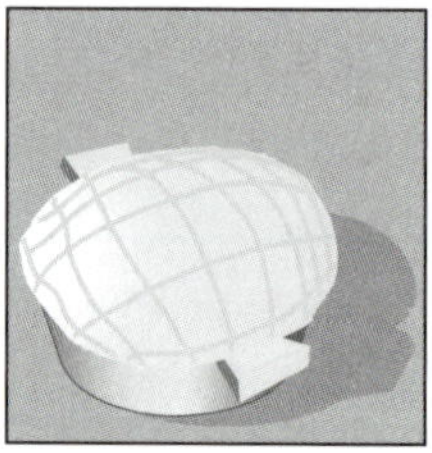

❶

❸

CONSEIL

Les artichauts "poivrade" doivent être de la plus grande fraîcheur et aussi petits que possible. On ne doit les couper qu'au moment voulu.

ARTICHAUTS (FONDS D')

"N'en faites pas tout un foin"

Ce n'est pas si compliqué de tourner les artichauts. Retirez les plus grosses feuilles de la base en les arrachant, puis tranchez l'artichaut au couteau-scie à hauteur du cœur ❶. Tranchez également le trognon et tournez l'artichaut au couteau pour éliminer les feuilles restantes ❷.

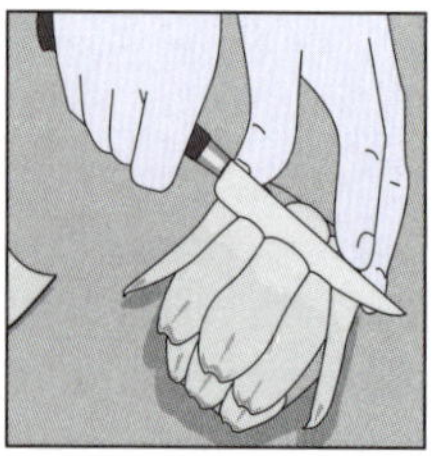

❶

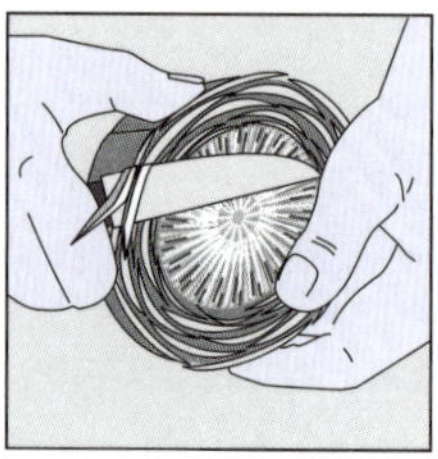

❷

Il ne reste plus qu'à creuser l'intérieur du cœur à l'aide d'une cuiller à soupe pour le débarrasser du foin ❸ et frotter de citron le fond d'artichaut pour qu'il ne noircisse pas.

CONSEIL

On doit casser la queue de l'artichaut juste avant de le faire cuire, car celle-ci protège le cœur. Sinon le fond de l'artichaut s'oxyde au contact de l'air. Il est toujours bon de se rappeler que l'artichaut ne se cuit pas à l'avance et ne se conserve pas.

ARTICHAUTS (FONDS, CUISSON)

"Protection rapprochée"

Pour que les fonds d'artichauts ne noircissent pas à la cuisson, il convient, non seulement d'ajouter du jus de citron, mais aussi de l'huile d'olive dans l'eau. Celle-ci, en nappant la surface de l'eau, fait ainsi office d'isolant. L'addition d'une gousse d'ail et d'une demi-feuille de laurier est également conseillée.

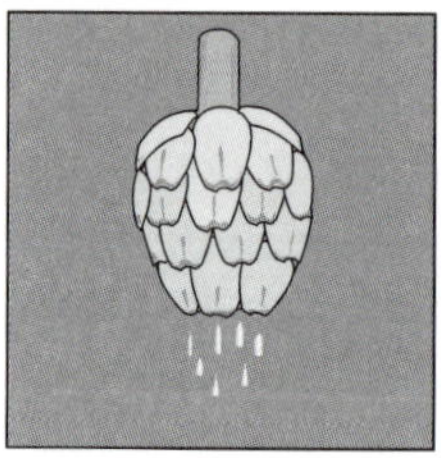

❶

CONSEIL

On peut faire cuire les artichauts entiers, puis les effeuiller ensuite, si l'on veut éviter la corvée de les tourner à cru. Dans ce cas, pour que le fond ne se gorge pas d'eau de cuisson, il est indispensable, avant de les parer, de les laisser égoutter tête en bas ❶.

ARTICHAUTS (VIOLETS)

"Pas si dur de la feuille"

On peut poêler des artichauts violets et les servir par exemple farcis de langoustines. Pour cela, ôtez les feuilles de la base, rognez le pourtour au couteau et cassez les feuilles restantes à la main pour les ouvrir, en formant une corolle de 4 à 5 rangées de feuilles ❶.
Puis tranchez les feuilles du centre au couteau ❷ et éliminez le foin à l'aide d'une cuiller à pommes parisiennes ❸.

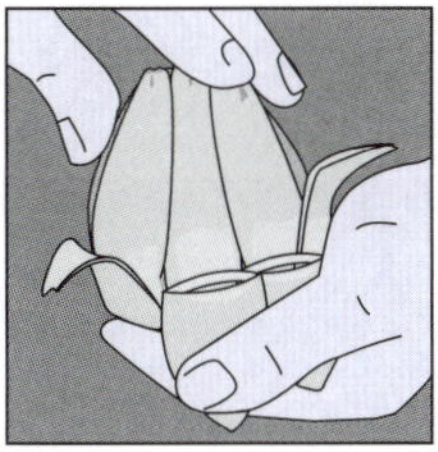

❶

❷

Ensuite, il suffit de retourner l'artichaut dans un fond d'huile chaude citronnée, en le maintenant fermement pendant quelques min appuyé contre la poêle ❹, le temps que la corolle soit dorée à point.

❸

❹

CONSEIL

Quand on achète des fonds d'artichauts en bocaux, il est impératif de les blanchir pendant quelques secondes dans l'eau bouillante pour éliminer l'âcreté qui résulte de leur conservation.
Cette précaution vaut également pour les asperges et le maïs en conserve.

ASPERGES

"Ficelez à belles dents"

Si l'on veut que les pointes demeurent intactes, il faut ficeler les asperges en bottillons.
Mais ce n'est pas simple quand on est tout seul. A moins de connaître cette astuce : prenez l'extrémité de la ficelle entre vos dents, le bottillon dans une main, puis ficelez et nouez de l'autre main ❶.
Cuites, on peut présenter les asperges en éventail pour parfaire une décoration.
Pour cela il suffit de les poser à plat, puis de trancher la queue en fines lamelles en partant de la tête. Vous obtiendrez ainsi un balai, qu'il suffira de presser légèrement pour le transformer en éventail ❷.

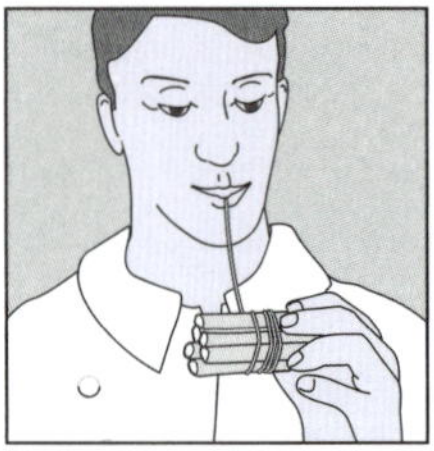

❶

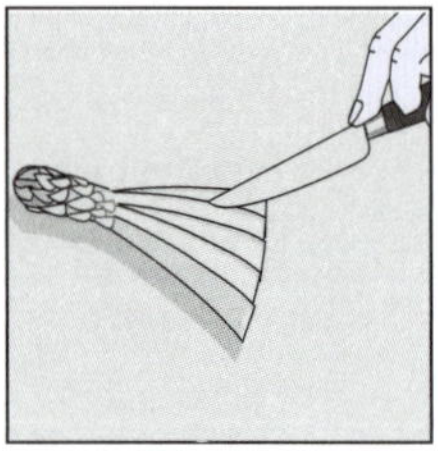

❷

Comptez 8 min de cuisson et ajoutez de l'eau bouillante de manière à immerger totalement les queues des asperges. Recouvrez les têtes d'un papier aluminium ❸ et comptez 8 autres min de pleine ébullition. Ainsi les queues seront parfaitement cuites ainsi que les têtes, tout en demeurant fermes.

❸

Conseil

Les asperges se pèlent en partant de la tête vers la queue.
On doit toujours supprimer 2 bons centimètres de queue parce qu'elle est toujours desséchée à sa base.
Enfin, pour vérifier la cuisson d'une asperge, il suffit de piquer la queue avec la pointe d'un couteau. Elle est cuite quand on ne rencontre pas de résistance.

Asperges (cuisson)

"Une technique de pointe"

Pour faire cuire uniformément des asperges, il faut les placer têtes en haut dans une boîte de conserve préalablement percée ❶, puis mettre cette boîte dans un grand faitout (du moins plus haut que les asperges) et le remplir d'eau bouillante salée à mi-hauteur ❷.

❶

❷

Conseil

On peut conserver des asperges crues au réfrigérateur pendant 48 heures. Mais il ne faut pas oublier de les envelopper dans un linge humide, têtes en haut. Sinon, elles durcissent et deviennent ligneuses.
Les asperges cuites ne se conservent pas. Et elles ne se servent pas froides, mais tièdes.

Asperges (pointes d')

"N'en fait qu'à sa tête"

Quand on n'utilise que les pointes de l'asperge, il faut éliminer la queue. Mais à quel niveau ? L'erreur à ne pas commettre est de la couper à vue de nez. Il faut tenir l'asperge d'une main à hauteur du pied, puis de l'autre à hauteur de la tête ❶ et la plier sans hésitation, jusqu'à ce qu'elle casse. Cela relève peut-être du miracle, mais elle casse toujours au bon endroit, c'est-à-dire dans la partie où elle cesse d'être filandreuse.

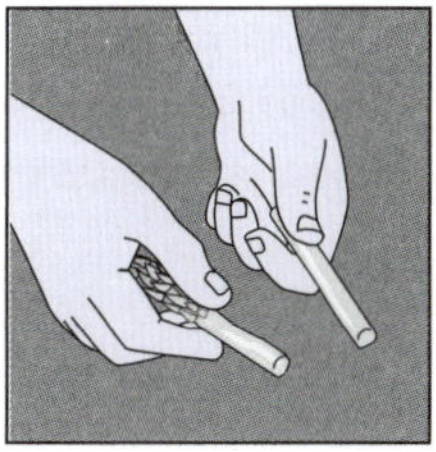

❶

CONSEIL

Il est toujours préférable de consommer l'asperge dès qu'elle est tiède. On peut cependant la conserver, puis la faire réchauffer dans son eau de cuisson.
On ne jette pas les queues d'asperges. Celles-ci permettent de faire une excellente soupe. On doit également conserver un peu d'eau de cuisson.

AUBERGINE

"Une dure à cuire, mais facile à fumer"

Il faut traiter l'aubergine comme la mangue : en la quadrillant au couteau avant de la faire cuire au four ❶, de façon qu'elle soit uniformément cuite. Sinon son centre demeure ferme.

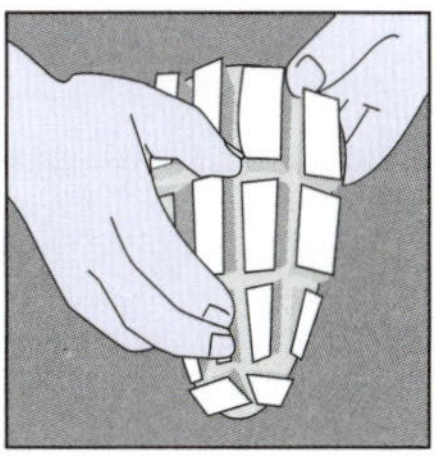

❶

Ensuite, il ne reste plus qu'à extraire la chair à la cuiller ❷ si l'on souhaite la servir en purée. Pour relever le goût de l'aubergine, on peut utiliser une astuce qui nous vient de l'île de la Réunion. Elle consiste à piquer une aubergine non épluchée au bout d'une fourchette et à la faire pivoter au dessus d'une flamme pendant 3 min, c'est-à-dire jusqu'à ce que sa peau noircisse.

❷

On la laisse ensuite refroidir, on la coupe en 2 et on extrait sa chair à l'aide d'une cuiller. La chair n'est pas cuite, mais elle est déjà fumée.

CONSEIL

Les aubergines peuvent avoir une certaine amertume. Pour l'éliminer, il suffit de les détailler en grosses tranches et de les faire dégorger dans du gros sel et un peu de lait pendant 2 h, en n'oubliant pas de les retourner.
Ainsi, le lait chasse l'amertume des aubergines tandis que le sel pompe leur eau, ce qui leur permet de bien tenir à la cuisson quand on les fait griller.

AUBERGINES (BEIGNETS D')

"Séchez sur la question"

Il faut choisir des aubergines fermes. Une fois taillées en rondelles, il convient de les saler au sel fin, de les envelopper dans un linge propre et de compter une bonne heure pour chasser toute humidité. À défaut, la pâte à frire enroberait mal les rondelles et se décollerait à la cuisson.

CONSEIL

Poêlées ou en ratatouille, les aubergines sont souvent trop grasses. C'est parce qu'on ne se méfie pas assez de sa nature, cousine de l'éponge. L'aubergine absorbe autant d'huile qu'on lui en donne, c'est pourquoi il faut toujours la laisser sur sa faim.

AUBERGINES (PURÉE D')

"Ne vous mettez pas à la tache"

L'aubergine doit être brillante comme un sou neuf et lisse, c'est-à-dire ni tachée, ni marquée. Il faut privilégier les petites aubergines, les grosses comportant plus de pépins et leur fermeté étant proportionnelle à leur état de fraîcheur.
Pour l'apprêter en purée, le mieux est de la faire cuire au four, entière, non pelée, et enveloppée dans du papier aluminium. La chair conserve ainsi son goût intact.

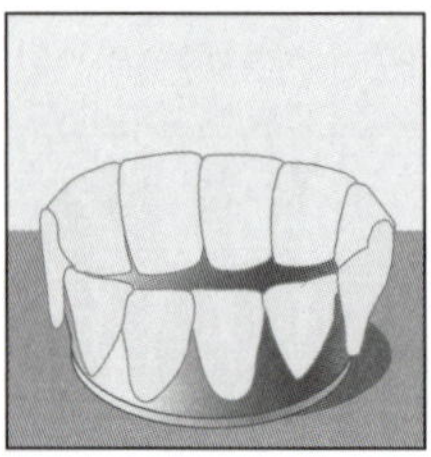

❶

CONSEIL

On peut servir la purée ou la mousse d'aubergines en petits ramequins. Dans ce cas, pour une plus belle présentation, il convient de détailler la peau en languettes et d'en chemiser les ramequins, face noire à l'intérieur contre la paroi du moule ❶, sans oublier de saler, au préalable, la face blanche des languettes.
Il est à retenir que les cèpes font un fabuleux mariage avec les aubergines.

AVOCAT

"Pour bien plaider sa cause"

Pour ne pas abîmer un avocat, il faut l'ouvrir en 2. Et après ?
C'est là où tout se complique. N'essayez pas de retirer le noyau n'importe comment. Piquez-le à l'aide de la pointe d'un couteau pour l'extraire ❶. C'est la seule bonne solution pour ne pas abîmer sa chair.
Ensuite, décollez la chair en contournant l'écorce avec une cuiller à soupe ❷.

❶

❷

AVOCAT (CONSERVATION)

"Pensez à votre quotidien"

L'avocat est au mieux de sa forme quand il est tout juste mur. Il vaut donc mieux acheter les avocats encore fermes, plutôt que de les choisir déjà à point.

Bacon

"Un emballage goûteux"

Le bacon ne se marie pas uniquement avec les œufs au plat. Il peut aussi constituer un excellent emballage pour les petits poissons poêlés, comme le rouget.
On peut aussi envelopper d'une tranche de bacon un poisson en papillote ou tout simplement un steak haché.

Bain-marie

"Un matelas pour son repos"

Il ne faut jamais trop remplir d'eau le récipient pour éviter les éclaboussures. Les 2/3 de la hauteur suffisent largement. Mieux vaut en ajouter en cours de cuisson.
Mais cette précaution ne suffit pas car, avec le bouillonnement de l'eau, des bulles d'air vont se former entre les 2 plats, et leur pression fera sauter le plat du dessus. Le moule fera donc des "bonds" pendant tout le temps de la cuisson et s'en trouvera tôt ou tard éclaboussé.
Pour supprimer cet inconvénient, il suffit de tapisser le fond de la casserole d'une lavette ou encore d'un papier journal qui absorbera, tel un buvard ou un amortisseur, les bulles du bouillonnement prenant naissance au fond du plat ❶.

❶

Conseil

Il ne faut pas commettre l'erreur de démarrer un bain-marie à l'eau froide, mais bien à l'eau bouillante. Sinon, on fausse le temps de cuisson, l'eau mettant beaucoup de temps à bouillir dans un four.
Retenez également qu'un four à chaleur tournante remplace à basse température le bain-marie pour la cuisson des crèmes et des flans.

Bambous (pousses de)

"Une longue vie"

Les pousses de bambous en conserve, comme les cœurs de palmiers, se conservent très bien, une fois la boîte ouverte. Il suffit de les mettre dans un bocal rempli d'eau et de les placer au réfrigérateur.

Bar

"Attention, fragile!"

La chair du bar est très fragile. Il convient donc, quand on le fait cuire à la vapeur, de le coucher, si possible, sur un lit d'algues. Pas seulement parce que l'algue lui donne du goût, mais aussi pour le protéger de la vapeur, qui ramollit sa chair. Pour parfumer un bar, il n'y a rien de tel que les tiges de fenouil séchées, qu'il suffit de piquer dans son ventre.

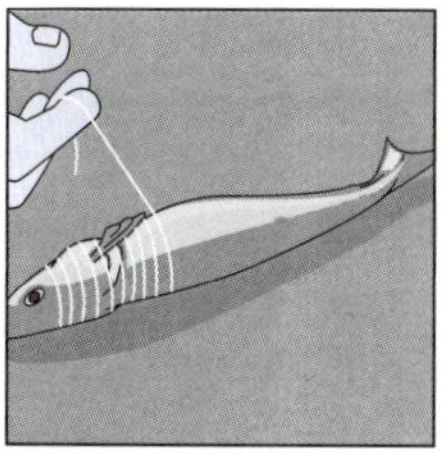

❶

Conseil

Le gros bar a la fâcheuse tendance à perdre la tête en fin de cuisson. Pour éviter cela, il suffit de lui ficeler la tête sur plusieurs tours, en poursuivant le ficelage sur une petite partie du corps ❶. Le poisson cuit, on coupe la ficelle avant de la retirer doucement.

Barbecue

"Ne soyez pas tête brûlée"

Le barbecue doit être allumé une heure à l'avance, car ce ne sont pas les flammes qui cuisent, mais la chaleur dégagée par les braises.

Il ne faut jamais se fier aux temps de cuisson donnés, toujours trop approximatifs. Compte tenu du vent et de la disposition de la grille, ils peuvent varier du simple au double.

Il faut toujours précuire les garnitures (oignons, poivrons, champignons, etc.) avant de les embrocher. Sinon, elles sont plus fermes que la viande qu'on intercale entre ces légumes.

Conseil

Si l'on fait cuire des crustacés au barbecue, ils doivent avoir le dos et non le ventre exposé au feu. Pour qu'ils ne se recroquevillent pas, il convient de les traverser de part en part d'une broche.

Il faut veiller à badigeonner les poissons d'huile au moins 1/2 h avant de les mettre au feu. En effet, s'ils ne sont pas suffisamment imprégnés, ils dessèchent. Il faut toujours resaler et repoivrer une pièce en fin de cuisson.

Basilic

"À frire aussi"

On peut facilement frire des feuilles de basilic à la poêle, dans un fond d'huile. On les parsème ensuite sur une ratatouille.

Bécasse

"Rien à jeter"

Tout se mange dans la bécasse, sauf le gésier. Pour la rendre sublime, il suffit de piler l'intérieur de la bécasse avec un peu de foie gras, sans oublier une pointe d'ail.

Conseil

Il est recommandé d'ajouter un filet de cognac dans l'eau avec laquelle on déglace les sucs de cuisson des gibiers à plumes.

Betteraves (choix)

"Le charme des rides"

Il est facile de reconnaître de quelle façon une betterave a été cuite : à la vapeur ou à l'eau si sa peau est lisse, au four si elle est ridée. De loin, cette dernière est meilleure, car la betterave conserve tous ses sucs.

Conseil

La betterave servie en salade doit être assaisonnée avec sel, poivre, vinaigre et huile longtemps à l'avance. À défaut, parce que sa chair est très aqueuse, celle-ci n'a pas le temps de s'imprégner de l'assaisonnement.

En revanche, il convient de conserver présent à l'esprit qu'elle teint tout ce qu'elle approche. Il faut donc ajouter les dés de betterave au tout dernier moment aux autres crudités.

Betteraves (cuisson)

"Laissez-leur le temps"

Pour obtenir des betteraves d'une saveur admirable, il faut les cuire au four, et cela prend plusieurs heures, enveloppées dans du papier aluminium, ou encore dans les braises. À défaut de temps, la cuisson à la cocotte-minute s'avère une solution plus acceptable que la cuisson à l'eau qui est à bannir.

Conseil

La betterave se marie merveilleusement bien avec le jus d'orange. Pour obtenir un excellent résultat, l'astuce consiste à poêler les dés de betterave dans du beurre et du jus d'orange préalablement réduit.

Betteraves (jus de)

"Une vinaigrette à part"

On peut réaliser une excellente sauce vinaigrette acidulée avec du jus de betterave, en passant la pulpe à la centrifugeuse.
On lie le jus avec un peu de purée de carottes et on ajoute du sel, du poivre, du vinaigre et de l'huile d'olive.

Bettes (cuisson)

"Soyez mûrs pour les éplucher"

Le principal problème avec les bettes, c'est de savoir comment les éplucher.
C'est pourtant simple : il suffit de prendre la côte entre ses mains et de la casser en 2 ❶. Les 2 moitiés de bette restent alors attachées par leurs fibres au niveau de la pliure. C'est justement ce qui permet de décoller aisément cette peau fibreuse de toute une face, simplement en finissant de séparer les 2 segments en les écartant ❷. Ensuite, il suffit de briser les morceaux de côte de bette en sens inverse pour la débarrasser de sa peau sur l'autre face. Et de les placer aussitôt dans l'eau froide citronnée pour éviter l'oxydation.

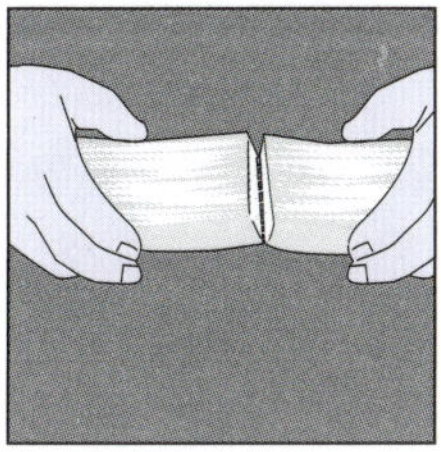

❶

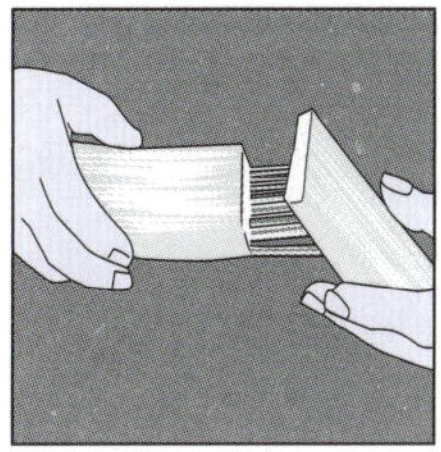

❷

Conseil

Salez très peu l'eau de cuisson des bettes (10 g au litre maximum) car ce sont de véritables éponges à sel, et ajoutez un jus de citron pour qu'elles ne noircissent pas. On constate qu'elles sont cuites à point en les prenant entre 2 doigts. La chair doit alors s'écraser sous la pression. Après cuisson, il ne faut pas les rafraîchir, mais seulement les égoutter. Sans quoi, elles perdent leur parfum.
On ne jette jamais le vert des bettes, parfois plus apprécié, notamment dans le Midi, que les côtes elles-mêmes.

Beurre (blanc)

"Pour ne pas prendre une tasse"

Pour peu qu'on ait une tasse, rien de plus simple que de confectionner un beurre blanc.
Il suffit de verser 1/2 tasse d'eau dans une casserole à fond épais, de porter à ébulli-

tion et d'ajouter le beurre, non pas froid mais en pommade, en fouettant vivement sur feu moyen jusqu'à bonne consistance. Le tout, c'est de ne pas laisser bouillir.
Ensuite, on assaisonne puis on incorpore délicatement la marmelade d'échalotes au vinaigre et c'est prêt.

Conseil

Même sans fouet, on peut réaliser un beurre blanc. L'astuce consiste à placer la plaquette de beurre entière dans l'eau bouillante, tout en vannant, c'est-à-dire en secouant sans arrêt la queue de la casserole. En fondant, le beurre s'épaissit et la liaison devient homogène.

Beurre (clarifié)

"Soyons clairs"

Débarrassé de son petit lait, c'est-à-dire de sa caséine, le beurre clarifié ne brûle pas, ce qui le rend irremplaçable pour des pommes de terre sautées, par exemple.
Pour clarifier le beurre, il suffit de le faire fondre sur feu très doux, ou mieux encore au bain-marie, et d'écumer le petit lait qui monte en surface au fur et à mesure. Puis, quand le beurre est bien limpide, le filtrer au travers d'une passoire tapissée d'un linge propre pour éliminer le petit lait qui s'est déposé au fond de la casserole.

Conseil

Il ne faut pas hésiter à faire du beurre clarifié en quantité.
Car il se conserve plusieurs semaines au réfrigérateur dans un pot de grès.

Beurre (maître d'hôtel)

"Faites aussi vinaigre"

À défaut de citron, on peut parfaitement acidifier le beurre maître d'hôtel avec du vinaigre. Le tout, pour le réussir, est d'employer du persil finement haché parfaitement essoré, et, une fois ce persil incorporé dans le beurre, de ne pas le mélanger trop longtemps, afin que le persil ne perde rien de sa texture légèrement croquante.

Conseil

N'utilisez pas un beurre trop ferme, ce qui vous obligerait à le malaxer longtemps à la fourchette pour y incorporer le persil. Le beurre doit être en pommade, au préalable. Enfin, mettez le beurre maître d'hôtel au dernier moment sur la pièce de viande, afin qu'il n'ait pas le temps de fondre.

Beurre (manié)

"Liez mieux connaissance "

Le beurre manié (moitié beurre/moitié farine malaxés à la fourchette) constitue un liant remarquable pour donner du corps à une sauce.
Pour cela, il suffit de l'incorporer à la sauce que l'on porte ensuite à ébullition durant 2 ou 3 min. Si des grumeaux se forment, passez la sauce au travers d'une passoire très fine.

Conseil

On peut toutefois réduire légèrement la quantité de farine, sans que cela nuise aux vertus liantes de cette préparation, soit 40 g de farine pour 50 g de beurre. Pour faciliter l'incorporation du beurre manié dans la sauce, il convient de le diviser en petites noisettes et de l'incorporer au fur et à mesure, en remuant.

Beurre (monté)

"Du calme !"

Inutile d'utiliser un fouet pour incorporer du beurre dans une sauce. Tout ce qu'il faut faire, c'est ce qu'on appelle "vanner", autrement dit, après avoir incorporé le beurre bien froid dans la sauce, remuer la queue de la casserole en lui imprimant un mouvement circulaire ❶. Et retirer la casserole du feu, pour stopper l'ébullition, dès que le mélange est bien homogène.

❶

Conseil

Une règle veut que l'on incorpore le beurre froid coupé en morceaux et au fur et à mesure. C'est tout à fait inutile. Pour simplifier le procédé, il suffit de placer le morceau de beurre froid (quelle que soit sa taille) au milieu du liquide bouillant et de le laisser fondre, sans oublier de remuer la casserole pour homogénéiser le mélange.

Beurre (noisette)

"Ne broyez pas du noir"

Le beurre noisette, c'est bon mais c'est nocif quand on le brûle, incident fréquent. Pour éviter cela, il faut séparer le beurre en 2 morceaux. On place le premier morceau dans une casserole que l'on met de côté et on chauffe le second morceau dans une autre casserole.

Dès que le beurre prend une couleur ambrée, on le verse dans la casserole contenant le morceau de beurre frais et on ajoute 2 cuillerées d'eau. C'est ainsi qu'on obtient un résultat parfait.

Conseil

On peut adopter le même principe pour le beurre en pommade quand on a besoin de le faire ramollir rapidement.

On fait alors juste fondre le premier morceau de beurre dans une casserole avant de le verser sur le morceau de beurre frais.

Il ne reste plus qu'à bien l'écraser à l'aide d'une fourchette.

Beurre (pommade)

"Allez-y mollo !"

Le terme de pommade dit bien ce qu'il veut dire. On doit donner au beurre la consistance de la pommade. Pour cela, il ne faut pas laisser le morceau de beurre près d'une source de chaleur, ce qui est trop aléatoire, mais utiliser le procédé suivant : passez une casserole sous l'eau chaude du robinet ; lorsque la casserole est bien tiède, divisez le morceau de beurre en petits morceaux, placez-les dans la casserole ❶ et malaxez jusqu'à la consistance de la pommade, c'est-à-dire une consistance souple et lisse, exempte de tout grumeau.

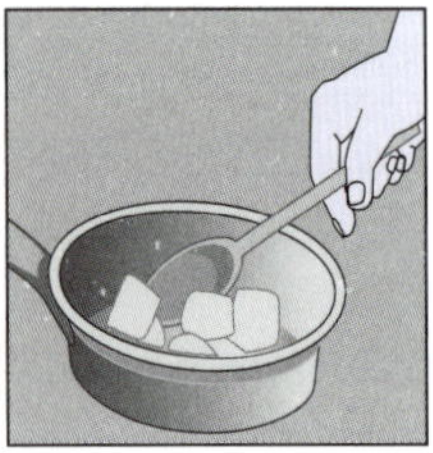

❶

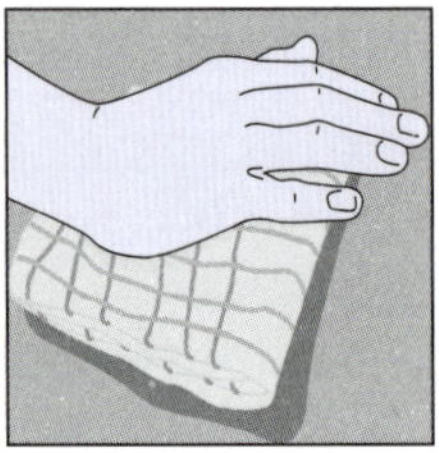

❷

Conseil

Pour mener à bien cette opération, évitez de procéder avec un beurre dur. Laissez-le, au préalable, à température ambiante.
Si vous manquez de temps, assouplissez-le en employant cette astuce : enveloppez le morceau de beurre froid dans un torchon propre et humide, puis malaxez-le avec la paume de la main sur votre table pour bien l'assouplir ❷.
Cette astuce vaut pour le beurre incorporé dans la pâte feuilletée.

Bisque

"Pour ne pas bisquer"

Pour relever la saveur d'une bisque, qui est un coulis de crustacés, il suffit d'y ajouter une pointe de cognac au dernier moment. Mais il est toujours indispensable de flamber préalablement le cognac pour le débarrasser de ses acides.

Blanc

"Évitez l'accrochage"

Bien que tombé en désuétude dans la cuisine moderne parce que remplacé par le jus de citron, le blanc est encore utilisé pour éviter que noircissent certains légumes, à commencer par les artichauts, cardons, etc. Reste à respecter les proportions exactes qui sont rarement indiquées dans les livres de recettes. On compte, pour un litre d'eau, une grosse cuillerée de farine et trois cuillerées à soupe de vinaigre d'alcool dont l'acidité remplace ici celle du citron.

Conseil

Si vous ne connaissez pas les subtilités du blanc, vous aurez maille à partir pour bien le mener. Le tout est de ne pas laisser le temps à la farine de retomber et de s'attacher alors au fond du récipient. Pour cela, commencez par la délayer dans de l'eau froide, puis portez à ébullition en battant constamment et énergiquement au fouet, jusqu'à ce que les particules soient bien stabilisées. Si vous n'y parvenez pas, inutile de vous acharner. Tout est à recommencer.

Blanquette de veau

"Misez sur le blanc"

Pour obtenir une blanquette parfaite : blanchissez 2 min la blanquette dans de l'eau bouillante légèrement vinaigrée.
Démarrez la cuisson à l'eau froide pour qu'elle exsude son albumine, sans oublier d'ajouter à l'eau de cuisson le jus d'un citron. Ainsi, la blanquette reste bien blanche.

Rajoutez, de temps en temps, de l'eau froide en cours de cuisson. Cela vous permettra d'écumer les impuretés et graisses remontant à la surface sous l'effet thermique provoqué par la baisse de température du bouillon.

CONSEIL

Pour donner du goût à une blanquette, une astuce consiste à mixer les légumes puis à les incorporer à la crème.

BŒUF (AIGUILLETTE DE)

"Ne touchez pas le fond"

Pour réussir la cuisson d'une aiguillette, il ne faut pas que le morceau de viande touche le fond de la casserole.
Sinon, évidemment, la partie qui repose sur le fond est plus cuite et l'effet est raté.
Pour éviter cet écueil, il suffit d'attacher l'aiguillette au manche d'une spatule plus longue que le diamètre de la casserole.
Avant de commencer la cuisson proprement dite, on pose la spatule sur laquelle est attachée l'aiguillette sur les bords de la casserole.
On enroule alors la ficelle sur le manche de la spatule en le faisant tourner autant que nécessaire pour que la viande soit suspendue à bonne hauteur ❶.

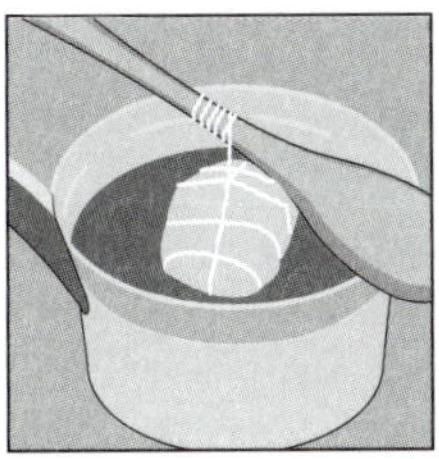

❶

BŒUF (CÔTE DE)

"Pour ne pas faire un four"

On peut faire cuire une côte de bœuf, même très épaisse, sans que le cœur de la viande soit froid. Mais pour cela, il convient de la saisir à la poêle, sur ses 2 faces, avant de la glisser au four.

CONSEIL

Une bonne découpe commence par l'élimination de l'os. Ensuite, on ne tranche pas la côte à la verticale mais en biais, ce qui permet notamment de la reconstituer.
Il est impossible d'obtenir un chateaubriand à la fois saignant et chaud à l'intérieur, si l'on ne prend pas la précaution de le placer sur un radiateur au préalable.
Aussitôt le chateaubriand saisi, la cuisson doit être menée à feu doux, pour permettre une cuisson à cœur, sans carboniser la surface.

BŒUF (PAVÉS, STEAKS AU POIVRE)

"Pour les tirer à 4 épingles"

Pour que le poivre tienne à la cuisson, il ne suffit pas de saupoudrer la viande de mignonnette. Il faut poser le pavé sur une assiette et exercer une forte pression de la paume de la main, pour imprimer la mignonnette dans la chair. Il est préférable d'utiliser du poivre blanc, moins ardent mais plus parfumé que le poivre noir.

CONSEIL

Bien qu'il s'agisse d'une petite pièce de viande, le steak doit être traité comme un rôti. Une fois cuit, on le place sur une assiette et on le couvre d'une feuille de papier aluminium pendant quelques minutes, le temps que le sang quitte le cœur de la viande pour se répandre dans les couches extérieures.

BŒUF (ROSBIF, JUS)

"L'ail ne doit pas faire de mal"

Ce n'est pas parce qu'on aime l'ail qu'il faut en piquer le rosbif. Sinon, la viande perd tout son sang. Il vaut mieux faire cuire le rosbif entouré de gousses d'ail non épluchées que l'on presse avec le dos d'une fourchette en fin de cuisson pour en extraire la chair, qui a alors la consistance de la purée.

CONSEIL

Rien ne remplace l'eau pour déglacer une sauce. Pour bien décoller les sucs, le mieux est de procéder le plat sur la flamme. Il faut donc faire cuire le rosbif dans un plat qui supporte le feu.

Pour lier le jus, on peut ajouter quelques morceaux de beurre au dernier moment.

BŒUF (ROSBIF, TRANCHAGE)

"Traitez avec la planche"

Quand on tranche un rosbif, il ne faut pas disposer les tranches au fur et à mesure dans le plat de service. Sinon, elles refroidissent. Pour les conserver chaudes, il faut les trancher sur la planche à découper en ne les déplaçant pas, de sorte qu'elles s'adossent au fur et à mesure du découpage ❶. Puis, on glisse une spatule en dessous pour les placer telles quelles dans le plat de service.

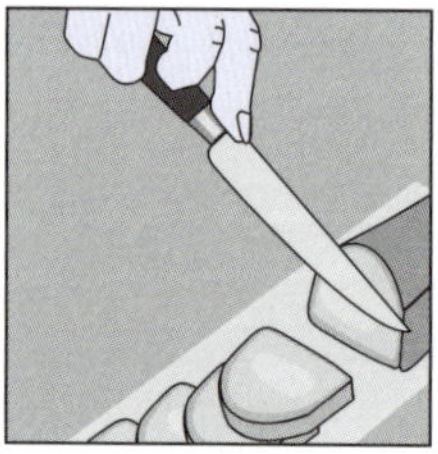

❶

CONSEIL

On arrose les tranches du sang rendu par le rosbif pour qu'elles s'en imprègnent. En revanche, on ne doit jamais incorporer le sang rendu par le découpage dans la sauce. En effet, ce sang caille, s'agglomérant en plaques mollassonnes sur la surface de la sauce.

BOUDINS NOIR ET BLANC

"Pas de mauvais sang"

Le boudin se dessèche après cuisson. On peut cependant éviter ce désagrément, en l'enveloppant dans du papier aluminium préalablement beurré et en le glissant à four doux.

❶

Conseil

Avant cuisson, le boudin, comme toutes les charcuteries enveloppées dans un boyau, ne doit pas être piqué à la fourchette, mais avec une épingle en divers endroits. En effet, les dents trop rapprochées de la fourchette peuvent engendrer des fissures qui éclatent à la cuisson.
Quand on grille un long morceau de boudin enroulé sur lui-même, il convient de l'embrocher en croix à l'aide de 2 piques ❶, ce qui permet de le retourner plus facilement à mi-cuisson.

Bouillon (Clarification)

"Couvez l'œuf d'attention"

Pour clarifier un bouillon, le blanc d'œuf est de rigueur. Pas question, cependant, de le monter en neige, auquel cas il serait trop aérien, restant ainsi en surface. L'astuce consiste à "le casser", c'est-à-dire le battre, sans excès, jusqu'à ce qu'il dégage de grosses bulles et soit légèrement mousseux. Ensuite, incorporez-le au liquide bouillant. Ainsi, simplement «cassé», le blanc, de par son poids, tombe au fond de la marmite puis remonte en surface sous l'effet de l'ébullition, entraînant avec lui les impuretés, comme le ferait un filet.
Pour resserrer les mailles de ce "filet", une autre méthode consiste à mélanger aux blancs d'œufs du vert de poireau préalablement mixé. Comptez 5 min, le temps nécessaire pour que les impuretés remontent à la surface et écumez.

❶

❷

Conseil

Il n'est pas toujours nécessaire de clarifier un bouillon. Il suffit d'écumer très consciencieusement le bouillon à l'aide d'une louche. Pour cela, veillez à ce que la surface de l'eau frémisse seulement. Avec le dos d'une louche, dans un mouvement concentrique allant du milieu vers les bords, caressez délicatement la surface frissonnante pour rabattre les impuretés et l'écume sur ces bords ❶ et, ainsi, les éliminer plus facilement. Renouvelez l'opération autant de fois qu'il est nécessaire, sans oublier, également, d'éliminer les impuretés qui se trouvent collées contre les parois du récipient à l'aide d'un torchon mouillé. ❷

Bouillon (Coloration)

"L'embarras du choix"

Pour colorer le bouillon, la méthode la plus courante est d'employer de l'arôme Patrelle ou encore d'y incorporer un oignon coupé en 2 préalablement roussi dans une poêle à semelle anti-adhésive. On peut aussi (et c'est la méthode la plus orthodoxe) y ajouter des os rissolés au four auparavant.

Conseil

La liste n'est pas close. On peut encore confectionner un petit caramel. À défaut d'oignon, on le remplace par une grosse rondelle de carotte noircie au préalable dans une poêle à semelle anti-adhésive.

Bouillon (conservation)

"Des mesures à prendre"

Qu'il s'agisse d'un bouillon à base de viandes ou plus simplement de légumes, méfiez-vous de ses traîtrises, les microbes y prospérant à une vitesse singulière. Pour le conserver, placez-le au froid dès que possible et faites-le bouillir chaque jour, sans oublier de lui donner une ébullition avant de vous en servir. Malgré ces précautions, il n'est pas conseillé de le conserver plus de quatre jours. Quand on congèle du bouillon, il ne faut pas oublier de le porter à ébullition avant de s'en servir.

Conseil

Si vous voulez conserver du bouillon, éliminez le céleri qui a une fâcheuse tendance à le faire tourner, le rendant aigre. Notez que, pour plus d'usage, vous pouvez parfaitement allonger le bouillon d'un peu d'eau, ce qui ne nuit en rien à sa saveur, pour peu que vous n'en rajoutiez jamais plus de 10 % de la quantité.

Bouillon (cube)

"Une astuce carrée"

Le bouillon dit "cube", et particulièrement le cube de bouillon de volaille, est d'un grand secours. Cependant, quand vous l'utilisez, soyez très modéré avec le sel, car le cube de bouillon instantané est déjà très salé pour sa bonne conservation.

❶

Conseil

N'incorporez pas le cube de bouillon de volaille (ou de bœuf) dans la préparation, en vous contentant de l'émietter. Par précaution, il est préférable de le faire fondre d'abord dans un verre d'eau très chaude, en l'écrasant avec le dos d'une fourchette ❶.
En effet, compte tenu de sa texture compacte, vous ne l'émietterez jamais parfaitement, prenant ainsi le risque qu'il ne se désagrège pas totalement dans le liquide et colle au fond de la casserole.

Bouillon (dégraissage)

"Une toilette particulière"

Le mieux, pour dégraisser un bouillon, est de le laisser reposer au froid, toute une nuit, de préférence, pour que la croûte formée par la graisse soit bien solide. Lorsque le temps nécessaire manque, une astuce consiste à plonger quelques glaçons dans le bouillon ❶ pour figer le gras, qui remonte ainsi à la surface. L'autre astuce consiste à pomper le gras à l'aide d'un papier absorbant que l'on passe sur la surface du bouillon ❷.

❶

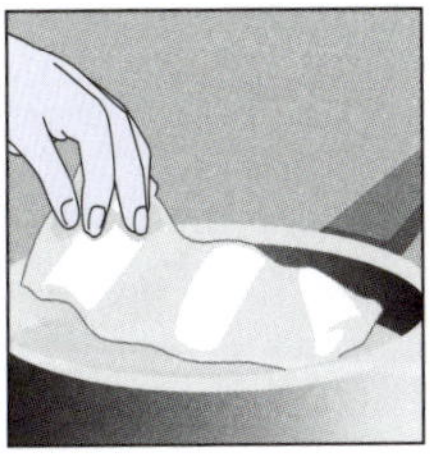

❷

Conseil

Pour ce faire, le meilleur papier n'est pas celui que l'on croit. Bien que peu orthodoxe en cuisine, parce qu'il n'est pas dans son univers, le papier qui convient le mieux est le papier toilette le moins cher, celui d'une couleur gris-beige, que l'on appelle papier de soie. Pour mener à bien l'opération de dégraissage, il suffit de passer le papier en «léchant» la surface du bouillon de part en part et de renouveler l'opération autant de fois que cela est nécessaire.

Bouillon (express)

"Hachez à propos"

Si vous êtes réfractaire au bouillon «cube» et trop pressé pour réaliser un véritable bouillon de viande, il reste toujours l'alternative de faire un bouillon express. Pour cela, il suffit de faire cuire la viande hachée de son choix avec des légumes pendant 1/2 h. On ne doit cependant pas envisager une quelconque utilisation de la viande hachée ainsi bouillie, si ce n'est l'offrir à son chien.

Conseil

S'il s'agit de bœuf, utilisez une viande hachée de première qualité, à raison de 250 g de viande hachée au litre d'eau. S'il s'agit de veau, privilégiez l'épaule hachée, morceau très goûteux. Enfin, s'il s'agit de volaille, pensez, lorsque vous faites un poulet en fricassée, à conserver la carcasse, les pattes et le cou. Bien nettoyés et concassés, vous obtiendrez un bouillon parfait.

Bouillon (ustensiles)

"Faut pas le fer"

La limpidité d'un bouillon n'est pas uniquement fonction de son bon écumage. Le choix de l'ustensile y fait aussi beaucoup. En ce domaine, le meilleur récipient est le cuivre étamé. Vient ensuite l'aluminium, autrement dit la cocotte-minute. Enfin, la fonte émaillée peut être utilisée, à condition qu'elle soit impeccable, c'est-à-dire exempte de tout éclat ou fissure.

Conseil

Bien qu'on ait tendance à l'utiliser, puisqu'elle constitue à priori le matériel le plus adéquat, proscrivez la cocotte en fonte qui a pour défaut, dans bien des cas, de donner une teinte louche au bouillon.

Bouquet garni

"Tenez-le en laisse"

Il n'est jamais aisé de récupérer un bouquet garni dans une casserole ou une cocotte, quand on juge que la préparation est assez parfumée. Il existe pourtant une astuce très simple : il suffit de ficeler le bouquet garni et de l'attacher à la queue de la casserole, afin de pouvoir le retirer quand bon vous semble, en soulevant simplement la ficelle ❶.

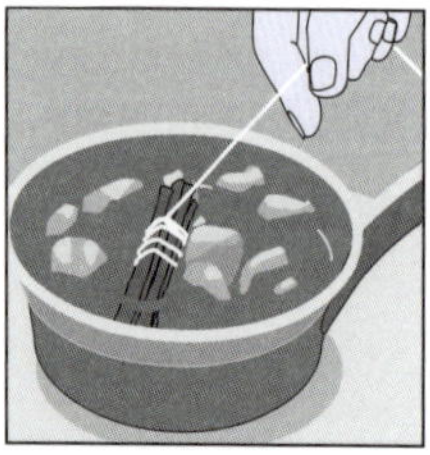

❶

CONSEIL

Quand on confectionne un bouquet garni, il faut toujours l'envelopper dans du vert de poireau. En prenant cette précaution, on évite que le thym se disperse et "fusille" le plat de son arôme.

BRANDADE (DE MORUE)

"À plumer comme un canard"

Pour faire une brandade, la première des choses est d'effeuiller la morue. Mais attention, il ne s'agit pas de s'y prendre n'importe comment ! On pince délicatement la chair entre les doigts, comme pour plumer un duvet de canard ❶. Et on roule les morceaux entre les doigts, pour bien les effeuiller.

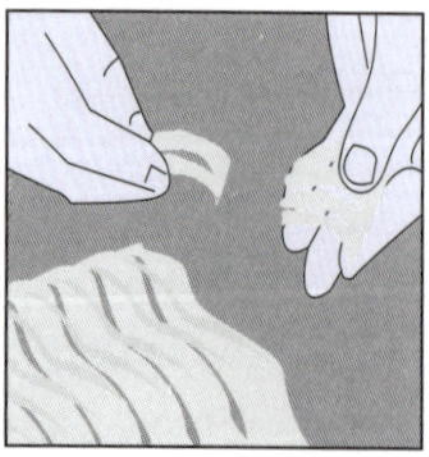

❶

CONSEIL

La morue nécessite 48 h de dessalage et il faut changer l'eau régulièrement, sans quoi la morue marine dans son propre sel.
Mais l'astuce consiste, au bout de 24 h, à remplacer l'eau par du lait dans lequel on aura ajouté 1/2 gousse d'ail épluchée. Le lait adoucit la chair et communique le parfum d'ail.

BRANDADE (DE MORUE)

"Mettez-vous aussi en frais"

La morue n'est pas toujours d'excellente qualité. Elle doit provenir de la dernière pêche, c'est-à-dire présenter des filets épais, une chair bien blanche, une peau brune d'un côté et argentée de l'autre. Si ce n'est pas le cas, c'est-à-dire si ses filets sont plats et si, en la pliant, le sel qu'elle contient tombe en poussière, il faut y renoncer.

CONSEIL

À défaut de bonne morue, on peut tout aussi bien réaliser une excellente brandade avec du cabillaud frais, découpé en gros cubes, que l'on fait cuire 15 min dans une crème d'ail mixée avec de l'huile d'olive, additionnée de crème fraîche, le tout ayant été réduit une quinzaine de minutes.

BROCOLIS

"Une âcreté à chasser"

Les brocolis doivent être systématiquement blanchis dans l'eau bouillante avant d'être cuisinés de préférence "à l'italienne", c'est-à-dire avec de l'huile d'olive, du vin blanc et de l'ail.

Aussitôt après les avoir blanchis, il ne faut pas oublier de les plonger dans de l'eau glacée pour qu'ils conservent leur belle couleur verte intacte.

Bulots, bigorneaux

"À gratifier d'un bon bouillon"

Ce n'est pas parce que le bulot n'est pas le roi des coquillages qu'il faut lui manquer de respect. Il mérite mieux que l'eau salée. Quand vous faites cuire un crabe, une araignée ou des langoustines, pensez à acheter des bulots que vous ferez cuire dans l'eau de cuisson de ces crustacés. Vous obtiendrez ainsi une saveur incomparable.

Conseil

Les bigorneaux doivent être entourés des mêmes attentions. À défaut d'avoir fait cuire des crustacés, réalisez un bon court-bouillon bien assaisonné avec un oignon piqué d'un clou de girofle.

Cabillaud

"Suivez le veau"

On ne grille jamais le cabillaud, car sa chair s'effeuille, un peu comme la chair du merlan.

C'est la partie la plus proche de la tête qui est la plus appréciée. Mais, de par son manque de tenue, il est toujours conseillé de la ficeler comme un rôti avant cuisson.

Quant à la queue, c'est un très beau morceau à rôtir ou à braiser.

Quel que soit le morceau choisi, la chair du cabillaud fait un excellent mariage avec le jus de veau.

Conseil

Pour accentuer la saveur de sa chair, une astuce consiste à saler le pavé de cabillaud, puis à le laisser mariner ainsi 24 h au réfrigérateur enveloppé dans du papier film. Ensuite on le fait cuire, le plus simple étant de le pocher à l'eau bouillante toujours enveloppé dans son papier film.

Cailles

"Organisez leurs obsèques"

Les cailles se plaisent avec le riz. Dans cette recette des plus classiques, l'astuce consiste à les colorer dans un plat jusqu'à mi-cuisson, puis à les enfouir dans le riz, pour que celui-ci absorbe leur jus.

Conseil

Les cailles doivent être juste immergées dans la casserole de riz, sans toucher à celui-ci. Sinon, si vous le remuez, il attachera au fond de la casserole. Couvrez et laissez cuire ainsi une dizaine de minutes, le temps nécessaire pour que le riz soit cuit et ait absorbé le jus des cailles.

Cailles

"À piquer à vif"

Pour ne pas se compliquer la vie, on peut "brider" une caille avec 2 cure-dents en bois.

Pour cela, commencez d'abord par disjoindre les os des cuisses : tenez les pilons et poussez les cuisses dans les côtes jusqu'à ce que vous entendiez un craquement ❶.

Il ne vous reste plus qu'à piquer les cure-dents de part et d'autre des ailerons puis des cuisses pour réunir les membres écartelés ❷.

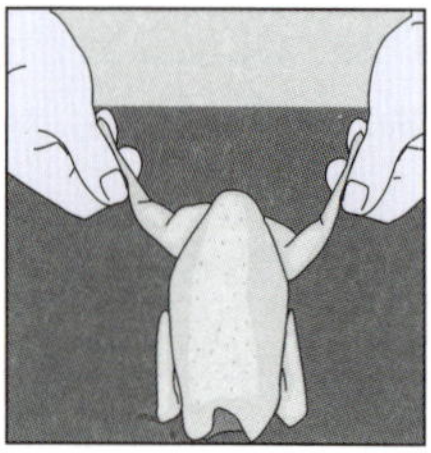

❶

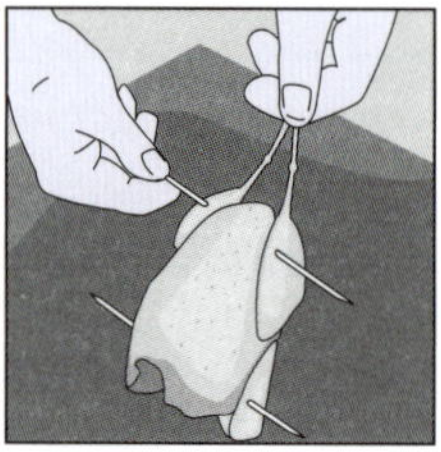

❷

CALMARS (DÉPOUILLER)

"Ne seichez pas sur la question"

Il est facile de dépouiller des calmars. D'abord on tire la tête, on coupe les tentacules ❶ et on jette la tête. Ensuite, on ouvre la poche en 2 et on la passe sous l'eau du robinet pour éliminer la couche blanchâtre et glaireuse qui attache à la poche ainsi que le cartilage ❷.

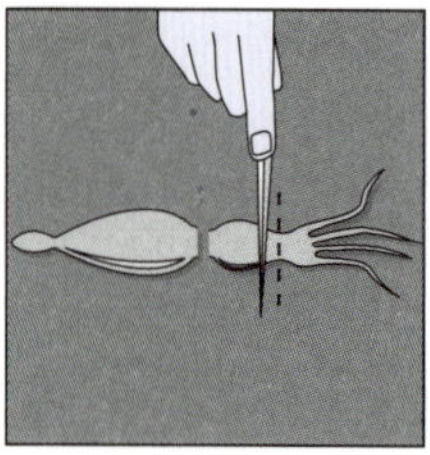

❶

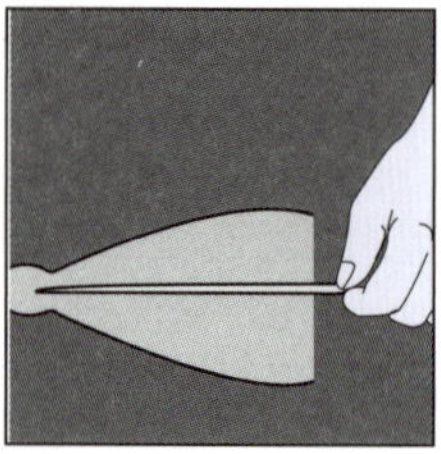

❷

Enfin, on gratte la pellicule noire virant sur le rouge, qui recouvre la poche, avec un tampon abrasif pour un nettoyage plus rapide ❸.

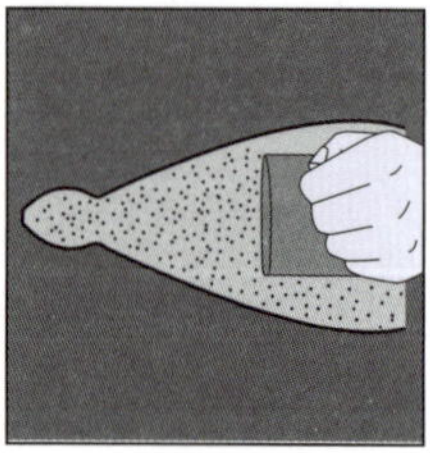

❸

CONSEIL

Coupé en lanières, le calmar étant apprêté en sauce, doit être au préalable poêlé pour le débarrasser d'une grande partie de son eau, puis légèrement flambé au cognac. L'erreur alors à ne pas commettre est de jeter ce jus de cuisson. Il faut le réduire et l'incorporer ensuite à la sauce, ce qui lui donne beaucoup de goût.

CALMARS (FARCIS)

"Pas irrétrécissables à la cuisson"

Le calmar farci rétrécit à la cuisson. Pour éviter cet écueil, on ne doit le farcir qu'aux 2/3, car s'il est trop rempli, la farce sortira comme un escargot de sa coquille ❶. Piquez-le aussi d'un bâtonnet pour maintenir chaque cornet fermé ❷.

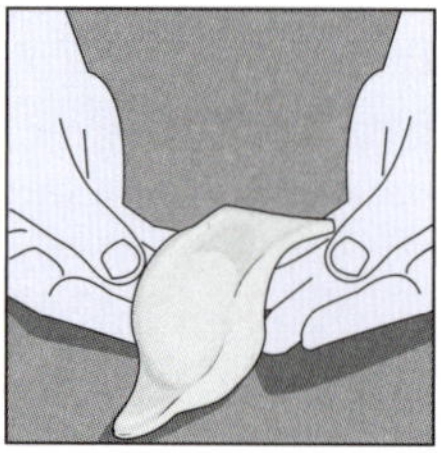

❶

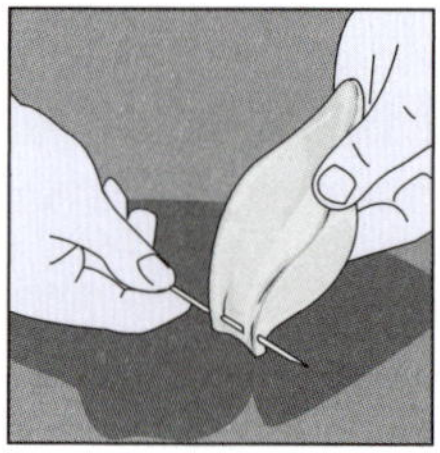

❷

Et n'oubliez pas de piquer vos calmars comme vous le feriez avec une saucisse ❸. Ainsi, ils ne risqueront pas d'éclater.

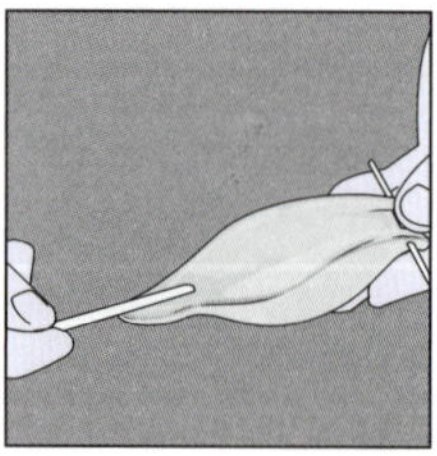

❸

❹

Conseil

On peut faire une très jolie présentation à l'assiette avec des calmars farcis servis froids. Pour cela, il suffit de les détailler en rondelles et de les coucher dans l'assiette en les superposant. En plaçant de part et d'autre une feuille de salade pour imiter des ailes et en décorant de 2 brins de ciboulette qui imiteront des antennes, on obtient un joli papillon ❹.

Canard

"Il en pince pour l'électricien"

Il faut veiller à éliminer les résidus de plumes qui communiquent un goût amer.
Pour cela, la meilleure solution est d'utiliser une petite pince d'électricien ❶.
Ensuite, pour faciliter le découpage des filets, il faut lui dégager le cou en ôtant l'os du bréchet : dégagez les chairs à la base du cou, préalablement coupé, en glissant la lame d'un couteau entre la chair et l'os du bréchet ❷. Une fois l'os détouré et bien décollé, tirez d'un coup sec ❸.

Conseil

Pour découper un canard, il faut d'abord ôter les cuisses puis les ailes. Et attaquer les filets en démarrant par la base du cou, là où il est le plus épais.

❶

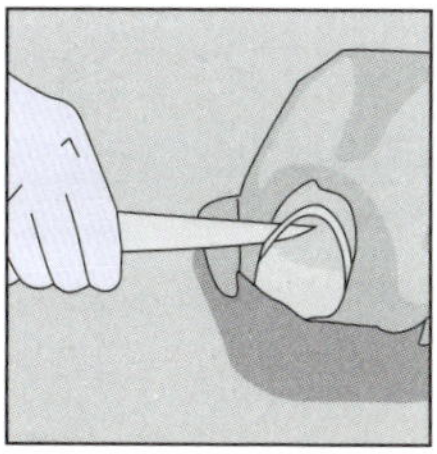

❷

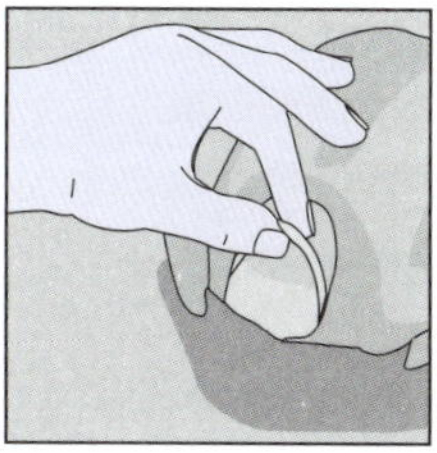

❸

Canard

"Pour qui sonne le gras !"

Le canard est gras.
Pour éliminer en partie cette graisse et obtenir des filets (ou magrets) bien croustillants, tailladez la peau des filets en croisillons avec la pointe d'un couteau, avant de plonger le canard 3 min dans l'eau bouillante.
Grâce à cette méthode, la graisse fond au contact de l'eau bouillante en s'échappant des entailles. C'est un bon moyen pour obtenir un canard maigre.
Pour rendre la peau bien croustillante, l'autre astuce consiste à le badigeonner de miel fondu 10 min avant la fin de la cuisson.
Le miel caramélisera la peau du canard en la rendant craquante à souhait, tout en lui apportant une note sucrée qui lui convient fort bien.

Canard (cuisson)

"Pas de couac"

Le canard est bon à rôtir quand il est jeune. Le canard se rôtit en le posant 8 min sur un flanc et 8 min sur l'autre, avant de le mettre à plat et de le laisser dans cette position jusqu'à la fin de la cuisson.

La farce est très complémentaire du canard dans la mesure où elle lui donne plus de volume. Il convient toujours de l'ailler ou, si l'on veut que son parfum soit encore plus discret, d'ailler le saladier dans lequel on mélange la farce.

Si l'on accompagne le canard d'olives, celles-ci doivent être blanchies au préalable pour les débarrasser de leur saumure.

Lorsqu'on fait un canard à l'orange, les zestes comme le jus ne doivent être incorporés qu'au dernier moment, toute ébullition dénaturant le goût du fruit.

Conseil

Le beurre, voire l'huile, c'est bien pour graisser un canard avant cuisson. Mais il y a mieux : la graisse de canard qui renforce bien évidemment le parfum de sa chair.

Canard (peau)

"Chinoisez-la"

Faites comme les cuisiniers chinois qui vouent une passion sans bornes au canard. Ne jetez pas la peau !

Après avoir passé les magrets au four, détachez la peau et tranchez-la en fines lanières ❶. Au dernier moment, faites les rissoler dans une poêle anti-adhésive, à sec, c'est-à-dire sans matières grasses, la peau du canard se suffisant à elle-même.

Égouttez les lanières et parsemez-en votre salade verte.

Cette astuce vaut également pour la peau de toutes les autres volailles.

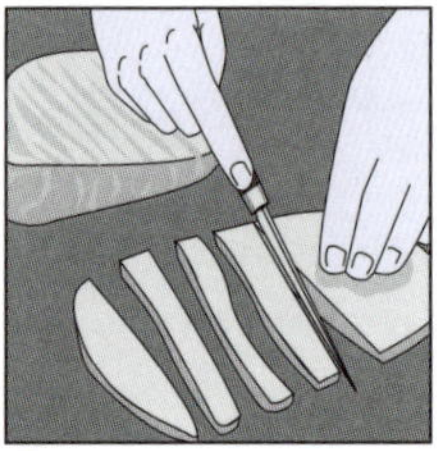

❶

Conseil

On peut facilement confectionner des rillons de canard. Pour cela, on hache finement la peau du canard avec sa graisse qu'on laisse cuire ensuite à petite ébullition dans une casserole avec une petite cuillerée d'eau, jusqu'à ce que les résidus de graisse et de peau aient blondi.

Ensuite, on égoutte à travers une passoire et on assaisonne d'échalotes hachées, de sel et de poivre avant de servir sur des tranches de pain de campagne grillées.

Canard (sauvage)

"Pas à la fortune de la peau"

C'est toujours une bonne idée d'ajouter à l'intérieur du canard sauvage un brin de persil et une noix de beurre. Pour relever son goût, une autre astuce consiste à déglacer les sucs de cuisson au vin blanc.

Conseil

Quand on fait un canard sauvage en salmis (ou tout autre gibier d'eau), il convient de ne conserver que les carcasses et d'éliminer les morceaux de peau, celle-ci communiquant un goût trop fort à la sauce. L'ajout d'un zeste de citron ou d'orange est conseillé.

Canette (farcir une)

"Une responsabilité à endosser"

Après avoir longé le dos de la canette pour détacher les filets ❶, on tranche la chair sur les côtés pour les contourner.

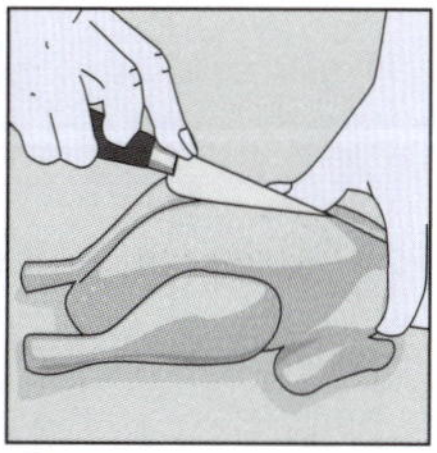

❶

Les filets dégagés, on masque de farce la carcasse ❷. Puis on escalope délicatement les filets et on les reconstitue, en les replaçant sur la farce ❸.

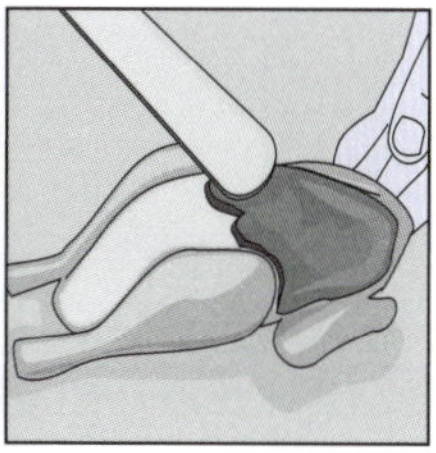

❷

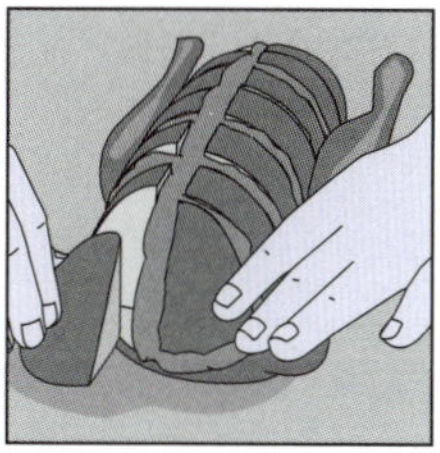

❸

Conseil

Cette méthode, qui permet de lever les filets en les contournant pour qu'ils demeurent intacts, peut être appliquée au canard. Mais pas au poulet, compte tenu de la configuration de sa carcasse.

Cannelle

"Ne soyez pas roulé"

Ne commettez pas l'erreur d'utiliser le bâton de cannelle tel quel. Comme il s'agit d'un rouleau d'écorce, il ne rendrait pas tout son parfum. Il faut le tailler en 2 dans le sens de la longueur à l'aide d'un petit couteau ❶ pour en tirer le meilleur profit. Cette astuce vaut également pour les bâtons de réglisse.

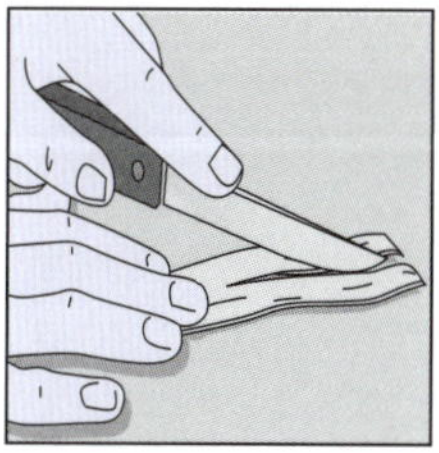

❶

Cannelle

"Elle aime aussi le canard"

Si la cannelle se marie merveilleusement bien avec le vin, elle s'entend aussi fort bien avec le sang. Par exemple, quand on fait un canard à la sauce au sang, il ne faut jamais oublier d'ajouter de la cannelle. Mais avec parcimonie. 1/5 de bâton de cannelle suffit largement.

Cannellonis

"Ne soyez pas à la colle"

Attention ! Les cannellonis chauds collent. Après cuisson des rectangles de pâte, pour les étaler sans difficulté avant de les farcir, l'astuce consiste à les baigner dans un peu d'eau tiède. Pour une meilleure présentation, n'oubliez pas non plus, une fois les cannellonis farcis, de les retourner de manière que la bordure repose sur le plat ❶.

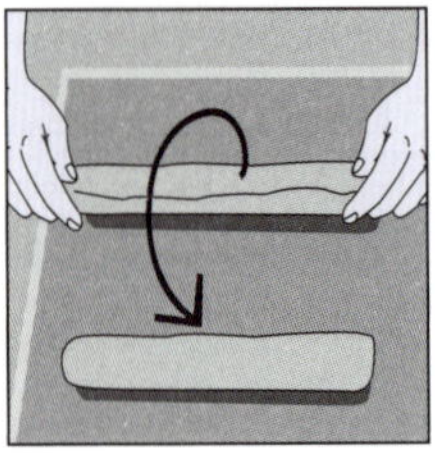

1

Conseil

Ne salez pas une pâte à cannellonis (comme toute autre pâte) préparée la veille. Sinon, elle deviendrait grise. Mieux vaut la préparer sans adjonction de sel et la faire cuire le jour prévu dans de l'eau bien salée.

Câpres

"Mariage mixte"

Quand on fait de la raie, on peut très bien mixer les câpres, puis les mélanger à du beurre fondu.
C'est une autre version très agréable du beurre aux câpres qui vaut également pour la cervelle.
On retrouve le goût aigrelet et parfumé des câpres dans les fleurs de capucine. Parsemés sur une salade, c'est joli et bon.

Conseil

Les boutons de la renoncule, du genêt et aussi du souci, peuvent servir de succédanés aux câpres, comme le souligne astucieusement Robert J. Courtine, dans le Larousse gastronomique.

Cardons

"Prenez-les de vitesse"

Les cardons, comme les bettes, ont une telle tendance à noircir qu'il faut les prendre de vitesse.
D'abord, en les trempant dans de l'eau vinaigrée au fur et à mesure qu'on les épluche.
Ensuite, en les faisant cuire à l'eau citronnée, dans laquelle on aura également incorporé 50 g de farine au fouet, avant de la porter à ébullition.

Conseil

Pour conserver des cardons quelques jours, il suffit de les laisser dans de l'eau fraîche légèrement salée. On peut également les conserver dans le bac à légumes du réfrigérateur, mais en aucun cas à température ambiante. Sans quoi, ils ramollisent très vite.

Carottes

"Des liens avec le vin"

La pulpe de carottes est un excellent lien. Il suffit de cuire des carottes, de les mixer, puis de les sécher en casserole avant de les lier avec une sauce au vin.
Elles remplacent alors la farine, et avec plus de succès, puisque, sucrées, elles gomment l'acidité du vin.

Conseil

Lorsque des rondelles de carottes entrent dans la composition d'un court-bouillon, la cuisson de celui-ci devant toujours être très rapide, il convient de les tailler en très fines tranches pour qu'elles apportent plus de parfum. À l'inverse, quand elles entrent dans une préparation à la cuisson plus longue, il faut les tailler en grosses rondelles pour qu'elles ne tombent pas en charpie.

CAROTTES

"On leur fend le cœur"

Les grosses carottes entières ne cuisent pas facilement à cœur. Faute d'être un lapin, l'astuce consiste à inciser la carotte d'un coup de couteau transversal sur les 2/3 de sa longueur pour qu'elle demeure entière, tout en étant uniformément cuite ❶.

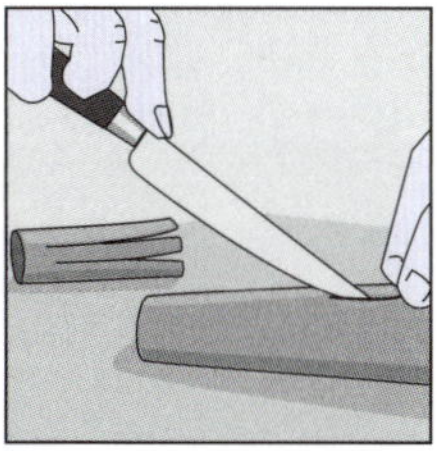

❶

Il est dommage de ne pas conserver un peu de tiges aux carottes nouvelles.

Mais alors, comment les faire cuire pour qu'elles ne se flétrissent pas ? L'astuce consiste à les envelopper en botte dans du papier film ❷, puis à les faire cuire à la verticale, pointe en bas, de manière que les tiges ne soient pas immergées ❸.

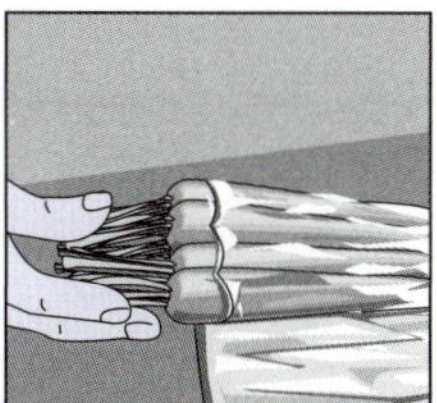

❷

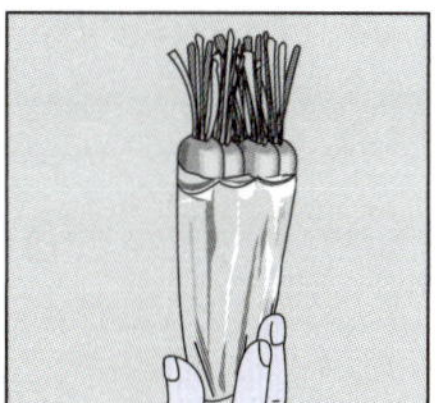

❸

CONSEIL

Les carottes râpées se marient très bien avec le citron, l'ail, le persil, l'huile d'olive, mais aussi avec une pointe de sauce soja et du gros sel.

Quant aux carottes Vichy, on doit les recouvrir d'un papier sulfurisé beurré, pour qu'elles ne perdent rien de leur moelleux.

CAROTTES

"Pour les transformer en olive"

Oblongues, les carottes sont très faciles à tourner pour leur donner la forme d'une olive.

Coupez la carotte en tronçons de 5 cm ❶. Taillez en 2 chaque tronçon dans le sens de la longueur ❷ et rognez les arêtes de chaque 1/2 tronçon ❸.

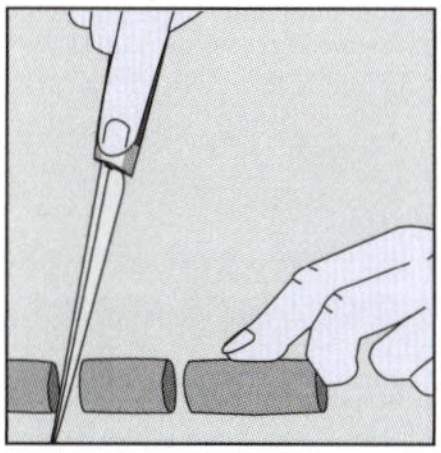

❶

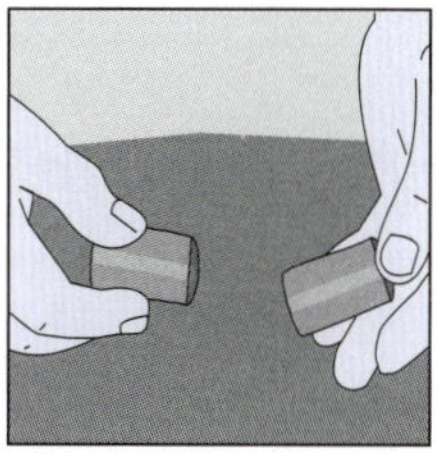

❷

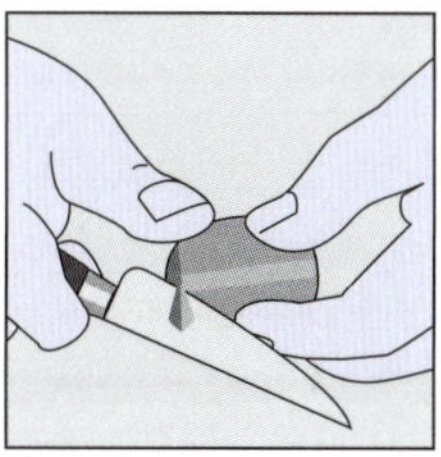

❸

On procède de la même façon pour les navets et les pommes de terre. Mais compte tenu de leur forme ronde, il faut d'abord les tailler en gros rectangles, si l'on veut obtenir un résultat similaire.

Conseil

Les grosses carottes d'hiver ont très souvent un gros tronc filandreux.
Dans ce cas, il vaut mieux couper la carotte en 4 dans le sens de la longeur et rogner largement les arêtes qui forment le tronc.

Carottes (canneler les)

"Admirez les étoiles"

Pour embellir la présentation d'un poisson entier, la carotte est parfaite. Il suffit de la canneler sur toute sa longueur avec un canneleur (à défaut, faites des entailles en «V» avec un couteau pointu ❶, et de la tronçonner. On obtient ainsi des étoiles ❷.

❶

❷

Conseil

Il convient de souligner que si ces étoiles entrent dans la composition d'un hors-d'œuvre quelconque, il ne faut pas commettre l'erreur d'utiliser des carottes d'arrière-saison, leur cœur étant trop ligneux pour être consommable.
Préférez les nouvelles !

Carottes (en copeaux)

"De l'aplomb dans l'aile"

À défaut de mandoline, on peut tailler des copeaux de carotte réguliers avec un couteau. Pour cela, on rogne la base d'une grosse carotte afin de lui donner de l'assise et on la pose debout, pointe en l'air ❶. Ensuite, en tenant la pointe d'un doigt, on taille des copeaux de haut en bas ❷ en faisant pivoter la carotte jusqu'à ce qu'on arrive au cœur, plus jaune que la chair.

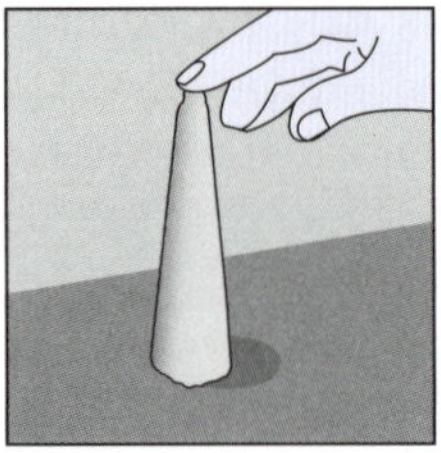

❶

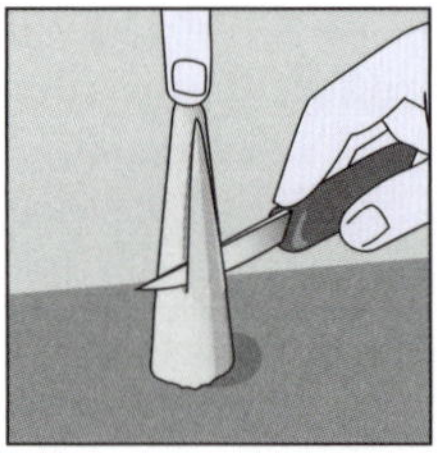

❷

❸

❹

Conseil

La carotte entière peut être très utile pour caler, par exemple, un poisson ou une viande, ou encore les surélever dans le plat de cuisson ou la casserole. Il suffit de coincer les carottes entre la pièce à cuire et les parois de l'ustensile ❸ ou encore de les disposer au fond du plat, comme des rondins ❹.

CARPACCIO

"Le froid comme allié"

Hors-d'œuvre italien, le carpaccio n'est autre que des tranches de viande de bœuf (on peut aussi utiliser le magret de canard cru comme variante), servies froides avec une sauce vinaigrette à l'huile d'olive et des oignons finement émincés.
Le problème, c'est que les tranches doivent être très fines.
Comment faire ? Il suffit de mettre 10 min la viande au congélateur pour permettre une meilleure découpe. Raidie par le froid, la viande se taille alors en fines tranches avec une grande facilité.

CARRELET

"Pile, mais pas face"

La chair du carrelet, très iodée, mérite l'attention de tout gastronome.
Son seul défaut est d'être fragile, c'est-à-dire qu'elle se défait à la cuisson.
Pour éviter cet écueil, on ne cuit le poisson que sur une face. On le désarête et on place les filets de la face supérieure (c'est-à-dire celle qui n'a pas reposée sur le fond de la poêle) sur des assiettes très chaudes. La chaleur des assiettes suffit à terminer la cuisson.

CASSOULET

"La preuve par 7"

Pour un amateur digne de ce nom, un cassoulet ne peut être réussi que si l'on a d'abord frotté la terrine avec de l'ail.
Et aussi, si l'on a enfoncé 7 fois la croûte du gratin pendant sa cuisson.

CAVIAR

"Contrôle de peau lisse"

Pour s'assurer de la fraîcheur d'un caviar, on en place une petite noix sur le dos de sa main ❶ et on la porte à sa bouche. Après ce geste, on ne doit sentir absolument aucune odeur de poisson sur la main. Dans le cas contraire, cela veut dire que le caviar n'est pas de première pêche.

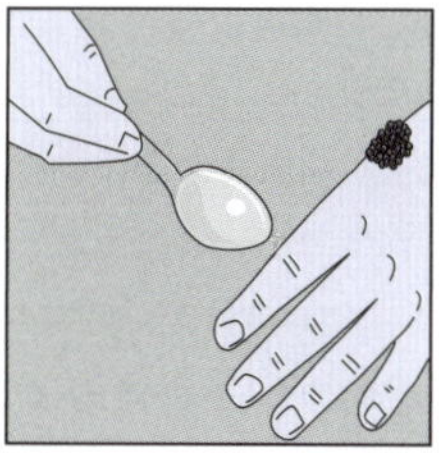

❶

CONSEIL

Méfiez-vous du caviar pas cher, car il n'y a malheureusement pas de miracle.
Ce ne sont pas, la plupart du temps, des caviars de "première pêche", mais de seconde seulement, ce qui veut dire qu'ils ont été pasteurisés, pour assurer leur conservation.
Il y a alors autant de différence de goût entre l'un et l'autre qu'entre un œuf frais et un œuf dur.

CAYENNE

"Pas de travaux forcés"

Le Cayenne, irremplaçable dans de nombreuses préparations, doit être dosé avec une grande parcimonie. Ici, la sagesse prime. Mieux vaut toujours en mettre moins que prévu dans la préparation, quitte à en rajouter, si nécessaire.

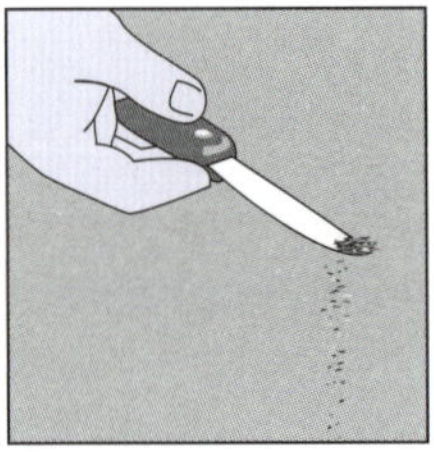

❶

Conseil

Compte tenu de sa puissance, il est de règle de respecter ce que l'on entend par «pointe de Cayenne». Ne procédez pas par pincée, ce qui rendrait le dosage trop important, mais à l'aide de la pointe d'un petit couteau ❶, *comme la dénomination l'indique. C'est ce qui ne tombe pas de la pointe du couteau qui fait la dose, soit 1/2 g maximum.*

Céleri

"Ayez de la branche"

Le céleri en branches doit être choisi bien blanc. Vert, il est ligneux. Comme pour le poireau, il faut couper le pied là où le vert commence. Si le pied est trop gros, on peut le trancher en 2 dans le sens de la longueur. Il convient d'éplucher le pied de céleri entier au couteau-économe, puis de tailler la base du pied au couteau pour lui donner la forme de la pointe d'un clou de tapissier ❶.

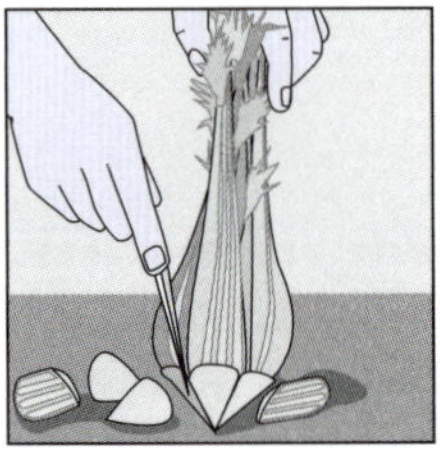

❶

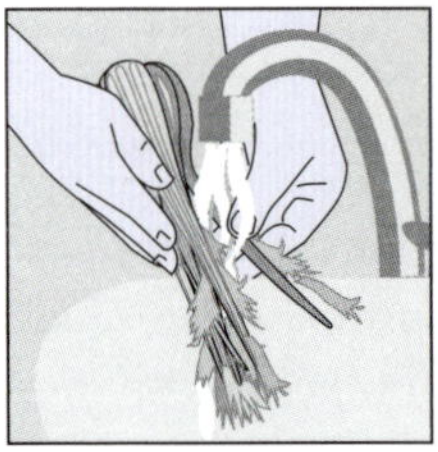

❷

Conseil

On doit veiller à laver le pied de céleri sous l'eau courante, en écartant les branches en bouquet ❷, *de manière à éliminer les insectes et limaces qui pourraient s'y trouver.*
Les feuilles de céleri en branches sont à conserver. Hachées, elles parfument agréablement un bouillon, pour peu qu'elles soient utilisées avec parcimonie. On peut également les sécher dans un bocal pour en avoir l'usage plusieurs mois.

Céleri

"Pour que ce soit le pied !"

Méfiez-vous du céleri incorporé dans un bouillon. Un demi-pied suffit largement, car ce légume, d'un arôme très puissant, sait prendre ses aises et jouer les envahisseurs dans un plat. Si l'on n'y prend pas garde, il domine alors tous les autres légumes.

❶

CONSEIL

Cru, le céleri se marie fort bien avec le fromage et notamment avec le gruyère, le cheddar, le chester. Il faut toujours choisir des petits pieds, bien blancs.
Pour une belle présentation, on conserve les feuilles et on le sert en bouquet dans un verre ❶.

CÉLERI-RAVE

"Une réputation entachée"

Le céleri-rave est un légume curieux. Il a souvent 2 peaux, surtout en hiver.
Aprés l'avoir pelé une première fois, renouvelez l'opération si vous constatez que des taches brunes persistent, car celles-ci confèrent de l'âcreté au légume ❶.

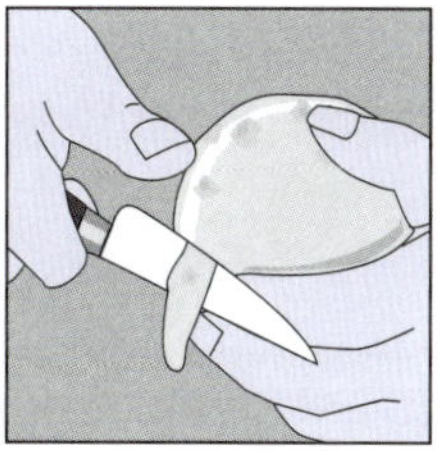

❶

CONSEIL

On doit toujours citronner un céleri-rave après l'avoir râpé pour qu'il ne noircisse pas.
Ciselées en fines lanières les jeunes feuilles de céleri en branches apportent un agréable parfum, à condition de les utiliser avec parcimonie car il est très envahissant.
On donne une pointe d'acidité agréable à une purée de céleri en y ajoutant un gros quartier de pomme.

CÉLERI-RAVE (PURÉE DE)

"Toujours accompagné"

Le céleri-rave ne se sert jamais seul en purée. Il faut autant de pommes de terre que de céleri, voire plus de pommes de terre, si l'on veut minimiser la puissance de son goût.
Pour donner du "pointu" à la purée de céleri-rave, il est conseillé d'y ajouter un bon quartier de pomme fruit. On allège la purée de céleri en y incorporant, au dernier moment, quelques cuillerées de crème fraîche montée.
Servi en gratin, et compte tenu de sa teneur en eau, le céleri-rave découpé en quartiers doit être aux 3/4 cuit à l'eau bouillante pour terminer sa cuisson dans un plat au four. Sinon, il manque de tenue.

CONSEIL

Pour qu'ils conservent leur blancheur, il est bon de laisser mariner les quartiers de céleri dans de l'eau fraîche bien citronnée, puis de les faire cuire dans du lait. Les tranches de céleri-rave préalablement blanchies et servies en salade réclament une mayonnaise très vinaigrée.

CÈPES (CUISSON)

"Une urgence à respecter"

Une fois poêlés, les champignons ne supportent pas l'attente. Ceci vaut tout particulièrement pour les cèpes qui ramollissent très vite. Si l'on aime les cèpes fermes, une astuce consiste à les poêler sans matière grasse dans une poêle à semelle anti-adhésive. Comme tous les autres champignons, on ne poivre les cèpes qu'au dernier moment. Sinon, le poivre brûle et communique de l'amertume.

Conseil

Les cèpes en boîte doivent être trempés à l'eau très chaude au préalable, mais jamais blanchis à l'eau bouillante, afin de les débarrasser de leur enduit gluant. Il faut ensuite bien les égoutter sur un papier absorbant.
Le cèpe dit «bouchon de champagne», c'est-à-dire tout jeune, peut être servi cru. Accompagné de pommes râpées, il constitue une merveilleuse entrée.

Cervelle

"De la jugeote"

Avant de la nettoyer, la cervelle doit être trempée au moins 2 h dans de l'eau froide, qui doit être renouvelée fréquemment.
Ensuite, on enlève les peaux. Si la cervelle n'est pas totalement nettoyée de ses peaux, c'est-à-dire si des traces de sang subsistent, on la place dans de l'eau tiède pour achever de dissoudre les parties sanguinolentes.
Avant de la cuire, pour qu'elle conserve sa blancheur, il est conseillé de la badigeonner de jus de citron avec un pinceau.

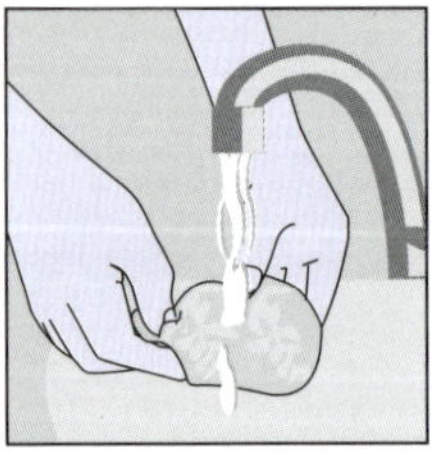

❶

Conseil

Une autre méthode consiste à faire tremper au préalable la cervelle dans de l'eau vinaigrée, puis à éliminer peaux et filaments de sang sous l'eau fraîche du robinet ❶.

Cervelle

"Pour lui donner plus d'esprit"

La cervelle étant d'un naturel fade, il convient toujours de préparer un court-bouillon bien corsé à l'avance et, seulement ensuite, de la faire pocher dans ce court-bouillon. Sinon, la cervelle n'a pas le temps de s'imprégner des aromates employés dans le court-bouillon.

Conseil

Quand on la prépare en beignets, pour lui donner plus de goût, il est conseillé d'éliminer le lait de la pâte à beignets pour le remplacer par un vin blanc sec.

Champignon de Paris

"N'en fait qu'à sa tête"

On peut très facilement décorer la tête d'un champignon de Paris.
L'astuce consiste à imprimer une étoile sur son chapeau en pressant 4 fois le plat de la lame d'un couteau pointu ❶.

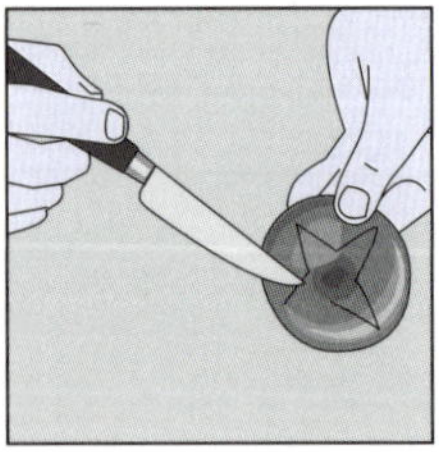

❶

CHAMPIGNONS DE PARIS

"Le coup de l'éventail"

Pour transformer des têtes de gros champignons de Paris en éventail, il suffit de les détailler en lamelles sur les 4/5 de leur surface ❶, puis de presser délicatement du doigt pour que les lamelles coulissent et forment ainsi un éventail ❷.
En brochettes, les champignons de Paris doivent être au préalable blanchis à l'eau bouillante.

❶

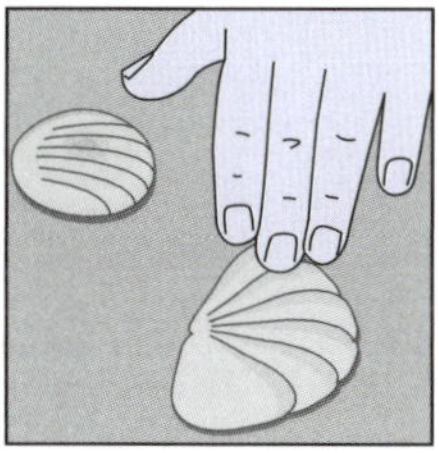

❷

CONSEIL

L'ail est l'accompagnement classique pour tous les champignons, y compris les champignons de couche. Mais tout le monde n'aime pas. De fait, même si l'on adore l'ail, son goût puissant supplante l'arôme du champignon. C'est pourquoi on peut préférer l'échalote finement ciselée, d'un tempérament plus discret que celui de l'ail.
Il convient alors de ne pas faire cuire l'échalote ciselée avec les champignons, celle-ci communiquant de l'amertume. Mieux vaut l'incorporer à cru, juste au moment de servir.

CHAMPIGNONS DE PARIS (ÉQUEUTER)

"Trop de gâchis"

Si l'on veut conserver le maximum de chairs de champignons de Paris, il ne faut pas «guillotiner» les queues, mais les tailler en pointe ❶, de manière à n'enlever que la terre. Ainsi, on a beaucoup moins de perte.
Pour une meilleure conservation, il est impératif d'équeuter les champignons au dernier moment.

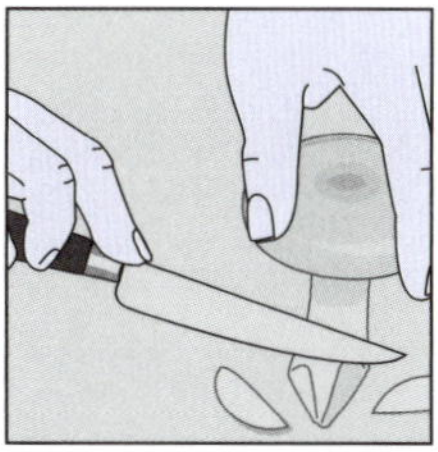

❶

CONSEIL

C'est une erreur de faire cuire les champignons de Paris dans une sauce. Pour qu'ils conservent leur goût comme leur texture intacts, il faut les faire cuire à part, et en les conservant fermes, avec beurre, eau, citron et sel, puis les incorporer au dernier moment dans le plat en sauce.
En revanche, il faut ajouter les pelures de champignons à la sauce, celles-ci suffisant à la parfumer, sans oublier d'y ajouter le jus de cuisson des champignons préalablement réduit.

Champignons de Paris (farcis)

"Fleur de lisse"

Avant d'être farcies, et pour qu'elles n'éclatent pas ni ne dessèchent, il faut blanchir à l'eau bouillante les grosses têtes de champignons, saler l'intérieur, et les laisser égoutter, retournées sur une grille. Les queues de champignons hachées doivent être incorporées à la farce.

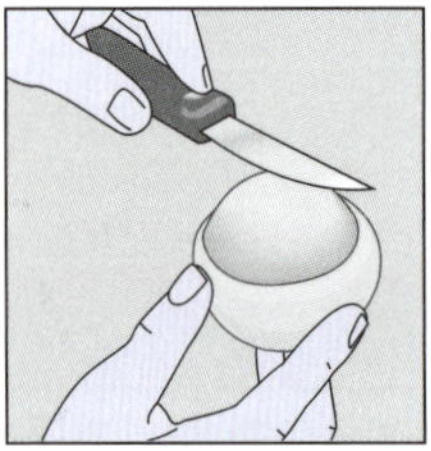

❶

Conseil

On remplit le champignon de farce à la cuiller. Sans oublier, ensuite, de bien lisser la farce avec la lame d'un couteau, préalablement trempée dans de l'eau chaude, pour lui donner la forme d'un dôme ❶.

Champignons sauvages

"Pour mieux pratiquer ses spores"

1. Si vous les cueillez vous-même, ne commettez pas l'erreur de les entasser dans un sac en matière plastique.

Si les champignons ne respirent pas, ils risquent de prendre un "coup de chaud" qui peut leur être fatal. Seul le panier doit être utilisé.

2. Conservation par congélation

Les girolles et les lactaires se congèlent remarquablement bien. Les truffes aussi, mais préalablement enveloppées, une par une, dans du papier aluminium.

On ne congèle pas les cèpes entiers, mais en quartiers ou en lamelles préalablement poêlés. Quel que soit le champignon, il doit être impeccablement nettoyé et toujours congelé en petites quantités, dans des barquettes spéciales. Il est indispensable de leur laisser leurs aises pour éviter qu'ils ne s'agglomèrent en bloc.

3. Conservation dans l'huile

Il faut impérativement les blanchir pendant 2 min dans de l'eau bien salée, avant de les mettre en bocaux.

4. Conservation par réfrigération

S'il s'agit de gros champignons comme les cèpes, il ne faut pas oublier de les disposer au réfrigérateur, pieds en bas, de manière que les vers ne se réfugient pas dans le chapeau. S'ils sont petits, l'astuce consiste à les nettoyer, puis à les blanchir 2 min dans l'eau bouillante, avant de les égoutter pour qu'ils se conservent une semaine, sans subir la moindre altération.

5. Conservation par séchage

Le séchage peut s'effectuer soit à l'air libre, soit sur un fil, soit au four.

Les mousserons se sèchent à l'air libre, mais sur une natte, de manière à respirer. Les morilles et les trompettes-de-la-mort, en chapelet, bien espacés, au cas où l'un d'eux serait véreux.

Pour les morilles, champignon creux, on

doit prendre une précaution supplémentaire : il faut entailler la pointe d'une petite croix qui fera office de sortie de secours pour le ver logé éventuellement à l'intérieur.

Les cèpes se sèchent au four. Après avoir nettoyé et épluché les queues des cèpes au couteau-économe, on les coupe en 2, afin de vérifier qu'ils ne sont pas véreux. Ensuite, on les dispose sur la grille du four éteint et préalablement préchauffé à 200 °C.

Autres considérations : les bébés cèpes, appelés aussi "bouchons de champagne", s'accommodent parfaitement crus, en salade. Le jus de pomme verte leur convient très bien en assaisonnement.

Pour tirer le maximum de goût des champignons poêlés, il faut d'abord les faire revenir doucement, puis poursuivre la cuisson jusqu'à ce que le jus soit totalement évaporé.

Quand on mixe des champignons de Paris, on doit incorporer un jus de citron pour qu'ils ne noircissent pas. Une astuce consiste à équeuter les champignons puis mixer les queues, ce qui permet de rehausser leur parfum.

Champignons sauvages

"Le coup du pinceau"

Les champignons sauvages ne se lavent jamais dans l'eau vinaigrée. C'est le meilleur moyen de les dénaturer.

Après avoir systématiquement éliminé tous les champignons véreux, on doit essuyer les champignons sains, avec un pinceau, plutôt qu'avec un torchon.

Rien de tel, en effet, que le coup du pinceau pour éliminer des grains de sable dans les lamelles d'un chapeau ❶.

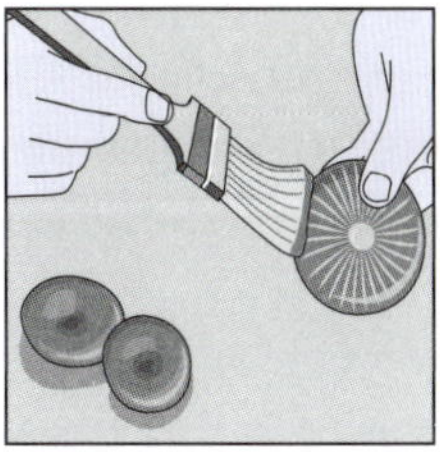

❶

Si on les passe à l'eau, on prend soin de bien les sécher à l'air libre, pendant 24 h, avant de les faire cuire.

Champignons sauvages (poudre de)

"Condiment royal"

La poudre de champignons, et notamment de cèpes, se révèle un excellent condiment. Non seulement dans les plats en sauce, mais aussi avec les lentilles et les pommes de terre au four. Quand il ne s'agit pas d'une sauce, on doit ajouter la poudre de champignons au dernier moment et en petite quantité. Une pincée suffit pour parfumer, par exemple, un plat de lentilles.

Conseil

Pour réduire en poudre des champignons séchés, il faut les mixer au mixeur, ou mieux au robot-coupe. Pour obtenir un bon résultat, on procède par petites quantités tout en mixant par à-coups.

Champignons sauvages (en sachets)

"Avoir la poudre aux yeux"

Les champignons secs, achetés en sachets, sont très pratiques.
Il faut néanmoins bien examiner le sachet avant de les acheter, pour vérifier qu'il n'y a pas de poussière de champignons au fond.
Si c'est le cas, dites-vous bien que les champignons ont été mis en sachet il y a un an, voire 2 ou 3 ans et qu'ils ont eu largement le temps de perdre leur arôme. Ou encore qu'ils n'étaient pas sains. Car les vers aussi réduisent les champignons en poussière.

Chapelure

"Rien ne vaut des dés"

La chapelure doit être faite à partir d'un pain débarrassé de toute humidité. Pour cela, il convient de faire sécher à four doux des morceaux de mie, puis de les écraser au rouleau à pâtisserie, ou encore de les mixer.

Conseil

Quand on couvre un gratin de chapelure, il faut toujours, au préalable, la mélanger correctement au gruyère râpé. Bien mélangée au gruyère, la chapelure pompe ses graisses, ce qui a pour effet de rendre le gratin bien croustillant.

Chevreuil

"C'est jeune et ça ne sait pas !"

Un vieux réflexe veut que l'on marine la viande de chevreuil. Dans la mesure où la bête est jeune, c'est une erreur car la marinade "casse" alors les délicats parfums de sa chair. On ne marine qu'une bête âgée.

Conseil

Quand on fait mariner un chevreuil, il ne faut pas oublier d'ajouter à la marinade non seulement les os, mais aussi tous les déchets de chair. Attention à l'excès de vinaigre dans la marinade. Il doit être ajouté avec parcimonie pour ne pas détruire le parfum des chairs.

Chou (cuisson)

"Respectez le quartier"

Avant de faire cuire un chou, il faut éliminer les feuilles superficielles, c'est-à-dire celles qui se détachent facilement.
On le coupe ensuite en 2, puis on recoupe ces moitiés en 2 pour obtenir 4 quartiers de chou.
Enfin, on tranche en biseau le cœur du chou à la base de chaque quartier ❶.

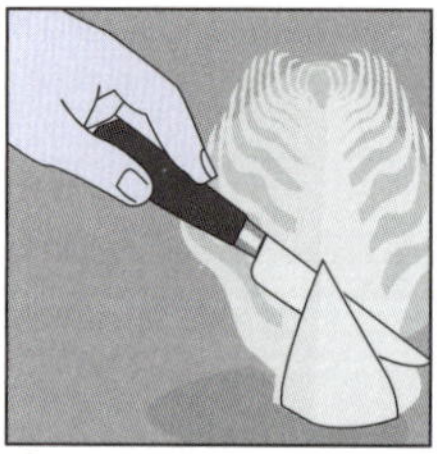

❶

Il restera ainsi assez de cœur pour maintenir les feuilles de chou entre elles et le chou ne se défera pas en cuisant.

CONSEIL

Pour éviter que l'odeur du chou n'embaume toute la maison, le morceau de pain ne suffit pas. La meilleure astuce, ou du moins la moins mauvaise, est de poser sur la casserole un linge imbibé de vinaigre blanc.

CHOU (EN CHARTREUSE)

"Abondez dans leur sens"

Le chou se plaît en chartreuse. Encore faut-il bien le disposer.
Pour rendre plus belle la chartreuse, placez les feuilles de chou en les présentant côté nervures vers l'intérieur du moule ❶ et tapissez celui-ci, en alternant les feuilles claires et les feuilles foncées ❷.

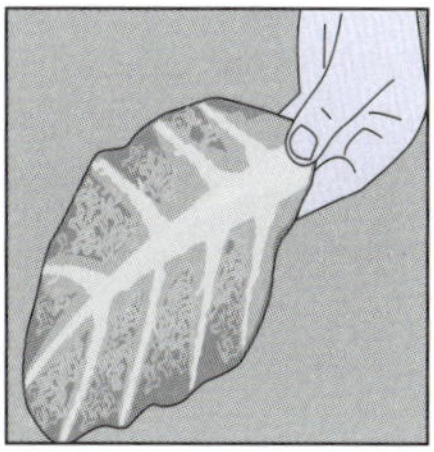

❶

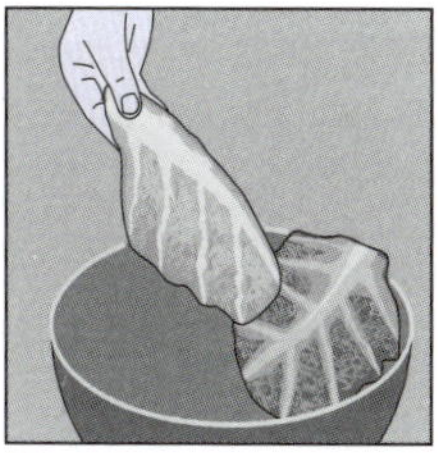

❷

CONSEIL

Pour éviter que la chartreuse se transforme en un véritable "bain de pieds", il faut blanchir les feuilles de chou la veille et les laisser reposer sur un linge toute la nuit, pour qu'elles soient bien égouttées avant de chemiser le moule.

CHOU (EN CHIFFONNADE)

"De l'ordre, pas d'anarchie"

Pour réaliser rapidement des lanières de chou très régulières, il suffit d'empiler les feuilles les unes sur les autres ❶, puis de les rouler bien serrées avant de trancher le rouleau de chou en fines rondelles ❷.

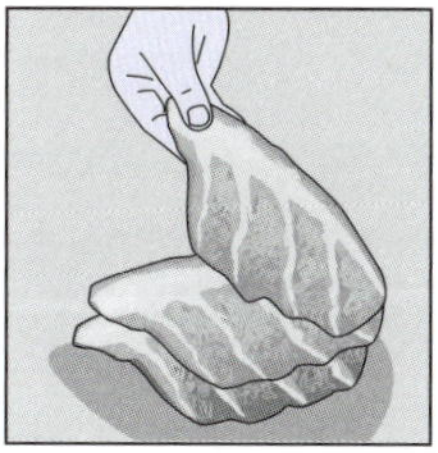

❶

❷

CONSEIL

Aussitôt après avoir fait blanchir des feuilles de chou, il faut les plonger dans de l'eau glacée pour qu'elles conservent leur belle couleur verte.

CHOU (FARCI)

"Une affaire à mener rondement"

Comment obtenir de petits choux farcis bien ronds ? Après avoir emprisonné la farce dans la feuille de chou, enveloppez le baluchon de chou dans un morceau de papier-film ❶, puis entortillez le papier ❷. Par précaution, ficelez le tortillon de papier et plongez dans l'eau bouillante. Ainsi vous obtiendrez une boule d'un aspect parfait.
Quelle que soit la préparation que l'on destine aux feuilles de chou, il faut toujours éliminer la base rigide de la côte en la taillant en «V» ❸.
On peut aussi farcir un gros chou. Il convient alors de prendre soin de le blanchir à l'eau bouillante au préalable pour lui faire perdre son âcreté, tout en assouplissant les plus grosses feuilles.
Ensuite, après l'avoir rafraîchi sous l'eau

fraîche du robinet, il ne reste plus qu'à écarter les feuilles jusqu'au cœur et à intercaler délicatement de fines couches de farce entre chaque feuille.

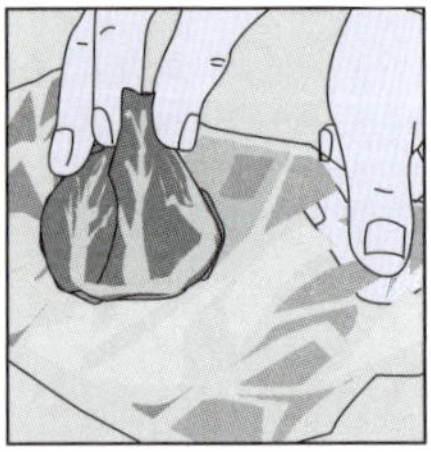

❶

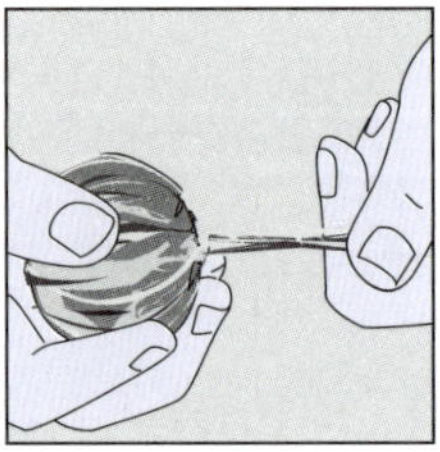

❷

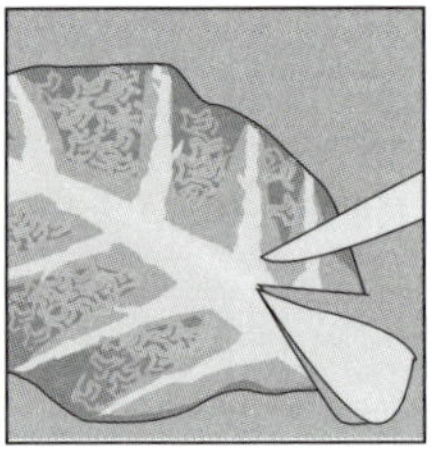

❸

Chou de Bruxelles

"Partez en croisade"

Difficile de cuire uniformément des choux de Bruxelles, le trognon réclamant toujours plus de cuisson que les feuilles. Il y a quand même une astuce.
Celle-ci consiste tout simplement à entailler le trognon d'une petite croix ❶, de manière que celui-ci absorbe mieux l'eau de cuisson et par conséquent cuise à la même vitesse que les feuilles, plus tendres.

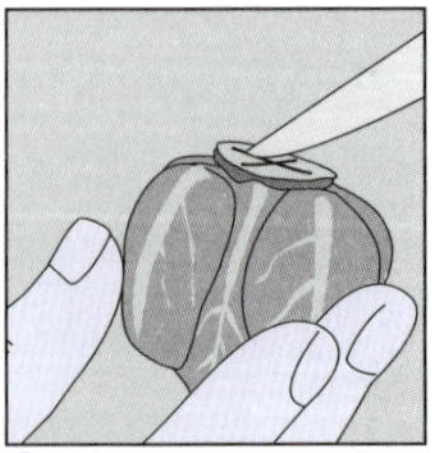

❶

Conseil

Les choux de Bruxelles doivent être blanchis à l'eau bouillante avant cuisson, afin d'éliminer leur amertume.
Sautés à la poêle, les choux de Bruxelles, préalablement cuits à l'eau bouillante, doivent être non seulement égouttés mais aussi séchés dans une casserole pour perdre leur humidité. Sinon, on obtient un mauvais résultat.
Les choux de Bruxelles se marient à merveille avec des marrons brisés cuits au naturel.

Chou de Bruxelles (cuisson)

"Que d'eau, que d'eau !"

Malgré un premier blanchissage, il persiste toujours de l'âcreté dans les choux de Bruxelles. Pour l'éliminer, il convient donc de compter 5 l d'eau pour 1 kg de choux. Pour qu'ils conservent leur couleur vert tendre, on ne doit pas couvrir la casserole. Il faut également conduire la cuisson à grand feu.

Conseil

Dès que la cuisson des choux est à point, il faut les égoutter dans une passoire. Surtout, ne les laissez pas dans leur eau de cuisson. Sinon, ils jaunissent très rapidement, et, surcuits, tombent en charpie.

Choucroute

"Le fumé ne fait pas un tabac"

Pour la débarrasser de sa saumure, il faut laver la choucroute fraîche dans plusieurs

eaux, en la brassant, et bien l'égoutter en la pressant dans la paume de la main.
Pour ne pas dessécher ni se colorer en surface, la choucroute doit cuire recouverte d'un papier sulfurisé grassement beurré. La cuisson doit être maintenue régulière et au four, si possible.

Conseil

Si l'on n'aime pas la texture des grains de genièvre, il convient de les enfermer dans une mousseline.
Une erreur fréquente consiste à faire cuire la choucroute avec du lard fumé. On obtient alors une choucroute dans laquelle le goût du fumé est omniprésent. Pour éviter cela, tout produit fumé doit être juste réchauffé dans la choucroute.

Chou-fleur (choix)

"N'acceptez que le dense"

On doit choisir le chou-fleur bien rond, très blanc et dense de texture. Attention : si vous devez conserver le chou-fleur plus de 24 h après achat, n'éliminez pas ses feuilles. Sinon, il se pigmenterait et deviendrait mou. Pour qu'il conserve toute son eau, le trognon ne doit être rogné qu'au dernier moment.

Chou-fleur (cuisson)

"Étêtez avec entêtement"

Avant cuisson, le chou-fleur doit être étêté. Pour mener à bien cette opération, il faut, après avoir éliminé les feuilles, creuser le trognon en cône ❶, afin de faciliter la division des bouquets. Ensuite, les bouquets divisés, éliminez leurs tiges ❷ qui ont pour défaut de pomper l'eau de cuisson comme de véritables éponges. On ne doit, en fait, que conserver les sommités en les plaçant, au fur et à mesure, dans de l'eau vinaigrée pour conserver leur blancheur. Pour accentuer cette blancheur, les sommités doivent être cuites dans de l'eau citronnée.

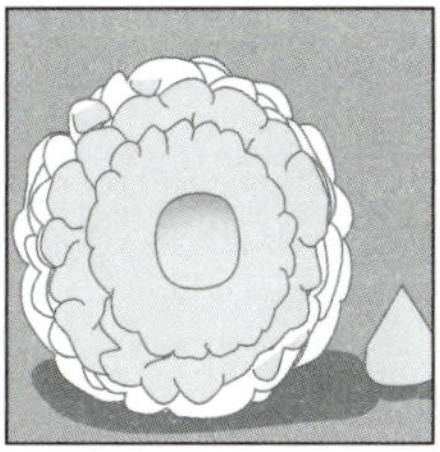

❶

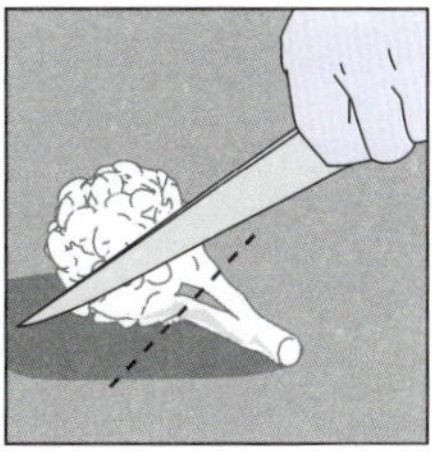

❷

Conseil

Destiné à un gratin, le chou-fleur doit être cuit légèrement croquant pour supporter le passage au four. Il faut bien l'égoutter en le pressant délicatement dans un linge propre de manière à éliminer l'eau absorbée en abondance pendant sa cuisson. Sinon, le gratin porte le nom de «bain de pieds».

Chou-fleur (gâteau de)

"Une remise en forme"

On procède à la réalisation d'un gâteau de chou-fleur (soit, à peu de choses près, un chou-fleur reconstitué) en faisant cuire les bouquets comme indiqué (voir Chou-fleur, cuisson, ci-dessus), mais sans éliminer les tiges. Pour le réussir, il convient d'utiliser un saladier rond aux dimensions du chou-fleur entier. Dans le fond du saladier, on place, tiges en l'air, les plus gros bouquets de chou-fleur, et sur les bords de plus petits bouquets, afin de reconstituer le dôme naturel du chou-fleur entier ❶. Ensuite, on dispose les bouquets de chou-fleur tiges en bas pour qu'elles s'imbriquent dans les premières ❷. Enfin, on retourne le chou-fleur ainsi reconstitué sur une assiette.

❶

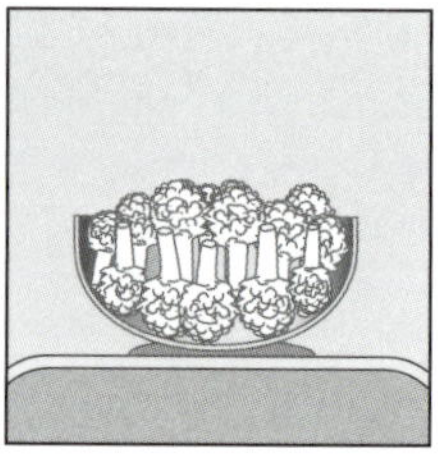

❷

Conseil

Ce procédé est infiniment préférable à celui qui consiste à faire cuire le chou-fleur entier, parce que, entier, l'extérieur du chou-fleur est trop cuit quand on veut le cœur à point.
Il va de soi qu'en cours de montage on peut arroser les bouquets de beurre fondu ou de vinaigrette.

Ciboulette

"Une autre corde à son arc"

A condition d'être blanchie au préalable pendant quelques secondes dans l'eau bouillante, la ciboulette remplace agréablement la ficelle.
Elle est donc parfaite pour lier des aumônières, par exemple. Pour cela, il suffit de pincer les bords d'une tranche de saumon ❶, puis de ficeler le tout avec la tige de ciboulette ❷.

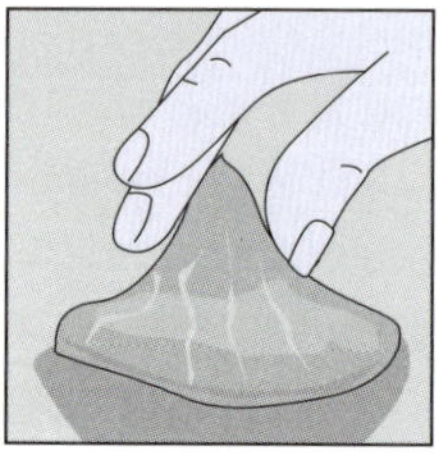

❶

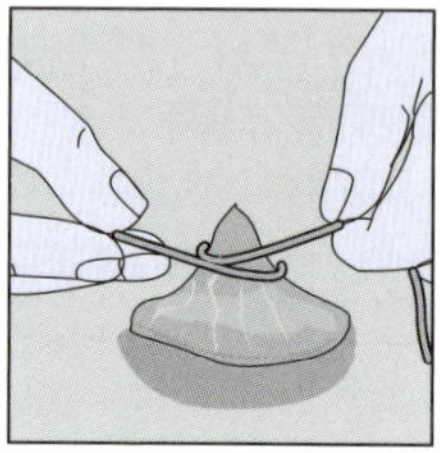

❷

Conseil

Contrairement aux autres fines herbes, la ciboulette ne se lave pas avant d'être ciselée, car elle absorbe l'eau et se flétrit aussitôt.
On se contente donc de l'essuyer.
Elle ne se hache pas non plus au couteau. Mais on la cisèle avec une paire de ciseaux.

Citron

"2 trucs anti-pépins"

Dans le citron, ce sont les pépins qui font faire la grimace : aller les repêcher quand ils sont tombés dans une sauce n'est pas si simple.
Pour éviter cela, 2 astuces. La première consiste à envelopper la moitié de citron dans un linge puis à le presser.
Et la seconde, tout aussi efficace, et non moins simple, revient à presser le citron au-dessus d'une passoire fine.

Citron

"Une fourchette presse-fruit"

On peut remplacer le presse-fruit par la fourchette. Pour cela, il suffit d'enfoncer une fourchette dans le 1/2 citron.
Puis, tout en le pressant, d'imprimer à la

fourchette un mouvement de gauche à droite ❶.
Mais ne la faites surtout pas pivoter. Sinon la pulpe vient avec le jus et il faudra le filtrer, ce qui n'a plus aucun intérêt.

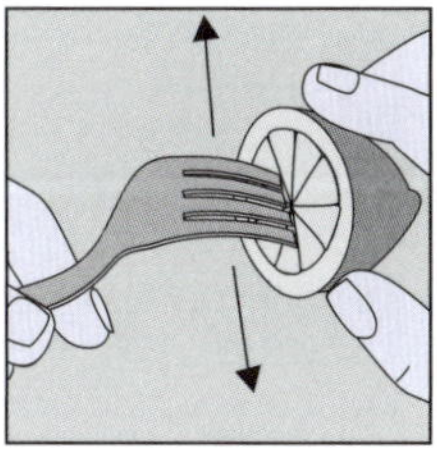

❶

CONSEIL

Pour qu'un citron donne le maximum de jus, il suffit de le rouler au préalable sur une surface plane, en appuyant fortement avec la paume de la main, de manière à déstructurer ses fibres.
Pour décorer plaisamment la bordure d'un plat avec des quartiers de citron, on décolle au couteau sur quelques centimètres l'écorce de la pulpe en partant d'une des pointes.
Cette encoche permet ainsi de fixer le citron sur le bord relevé d'un plat. C'est notamment idéal pour la paella.

CITRON

"Pour faire des économies"

Quand on n'a besoin que de quelques gouttes de citron, il n'est pas nécessaire de le couper en 2. Il suffit de le piquer avec une grosse aiguille (ou avec les dents d'une fourchette)❶.
Pour conserver une moitié de citron, il ne suffit pas de le retourner sur une soucoupe. Pour que sa conservation soit plus longue, il convient de retourner également un verre sur la soucoupe ❷.

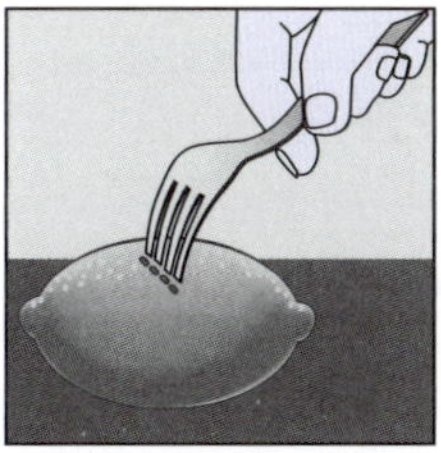

❶

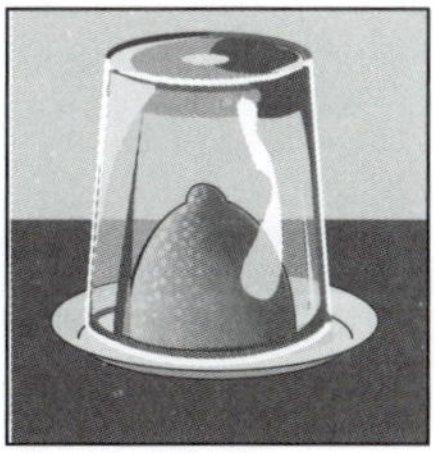

❷

CONSEIL

Le citron vert, toujours à conseiller quand on marine des filets de poisson, se conserve mieux que le jaune, s'il est entier. En fait, il ne pourrit pas, mais se dessèche. Même vieux, son jus est toujours utilisable.

CITRON (HISTORIÉ)

"Soyez sur les dents"

"Historier", cela veut dire enjoliver d'ornements. Le citron s'y prête particulièrement bien. Pour cela, il suffit d'éliminer d'abord d'un coup de couteau ses 2 extrémités, afin de donner une bonne assise à chaque moitié obtenue.
Ensuite, enfoncez de biais la lame d'un petit couteau pointu au centre du fruit, en faisant pression, manche à la verticale, pour le traverser de part et d'autre. Retirez la lame et enfoncez le couteau, toujours de biais, de manière à former une dent ❶. Et ainsi de suite, sur toute la circonférence du citron ❷. Il ne reste plus, alors, qu'à détacher les 2 moitiés de citron ❸.

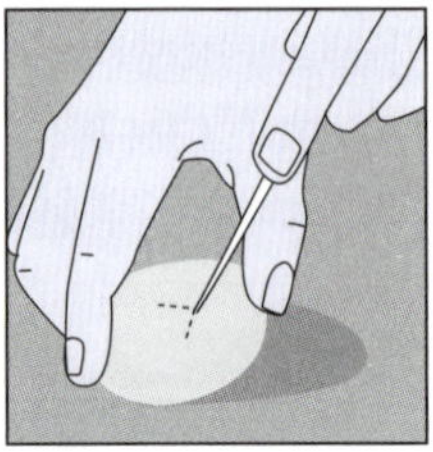

❶

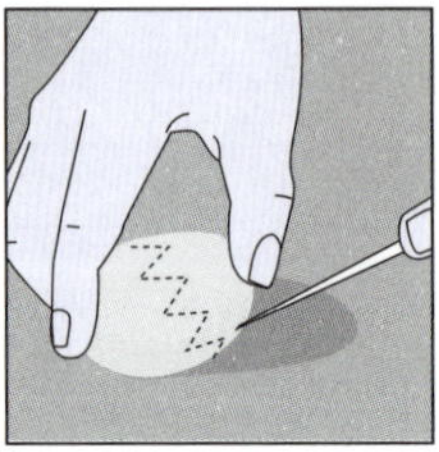

❷

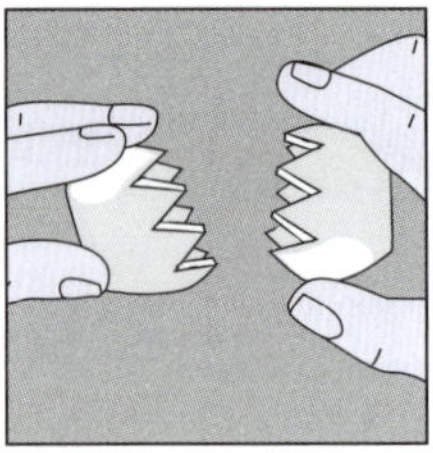

❸

Civet

"Quand on est sans sang"

A défaut de sang, on le remplace par le foie du lapin ou du lièvre, en le mixant avec du vin rouge. Mais on ne doit rajouter cette liaison qu'en fin de cuisson et ne plus faire bouillir. Sinon la sauce tourne et devient granuleuse.

Conseil

Un civet est meilleur réchauffé. Mais avant, il ne faut pas oublier d'ajouter un peu d'eau, pour détendre la sauce. Sinon, la viande est sèche.

Concombre

"Savoir mener sa barque"

Le concombre renferme beaucoup d'eau. Pour l'éliminer, on peut le laisser mariner dans de l'eau bien salée. Mais il y a plus rapide.

La méthode consiste à l'éplucher, l'ouvrir en 2 dans le sens de la longueur, puis éliminer pépins et eau de végétation, à l'aide d'une cuiller à café ❶.

Ensuite, on tranche "les barquettes" ainsi obtenues, en fines lamelles et on les presse dans un linge, mais sans excès.

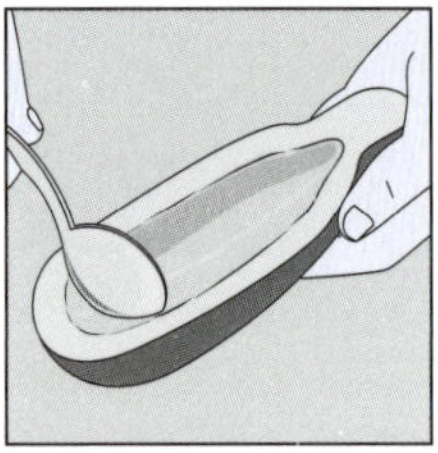

❶

Conseil

Coupé en gros tronçons, le concombre fait d'excellents puits ou coquetiers. Il suffit de le creuser à la petite cuiller et de le farcir selon l'inspiration du moment.

Notez cependant qu'il est préférable de blanchir les morceaux au préalable, de les égoutter, et de les laisser sécher sur un linge propre, arrosés de quelques gouttes de citron.

Confit (de canard)

"Votre grain de sel"

L'un des secrets du confit est de laisser mariner la viande crue, pendant 3 h dans le gros sel, pour absorber son humidité tout en la salant ❶.

Ensuite, il suffit d'éliminer le sel avec un torchon bien propre.

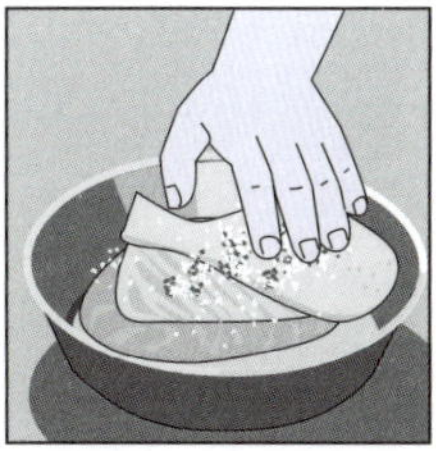

❶

CONSEIL

En suivant cette méthode, on peut aussi masser de gros sel les volailles à cru. Leur peau n'en sera que plus croustillante, le sel pompant l'humidité.

CONGRE

"Cramponnez-vous"

Sa peau étant toujours plus ou moins visqueuse, le poisson (et pas seulement le congre) a tendance à glisser entre les mains, ce qui rend son découpage difficile. Pour éviter cet inconvénient, il suffit de le saupoudrer de gros sel avant de l'empoigner ❶.

❶

Buvant instantanément l'humidité de la peau, le sel adhère aux écailles, formant un revêtement rugueux et antidérapant.

CONSOMMÉ

"Voyez double"

Le consommé a pour base le bouillon, qu'il s'agisse d'un bouillon de bœuf, de volaille ou encore de poisson. Quand il est fait à partir d'un bouillon de bœuf, et si ce bouillon est trop léger de goût, il convient, pour accentuer sa puissance, de le porter à ébullition avec de la viande hachée crue avant de le passer. Froid, un bon consommé ne perd rien de sa saveur.

CONSEIL

Pour atteindre la perfection, le consommé doit être velouté, terme signifiant qu'il faut légèrement le lier avec du tapioca. Pour cela, au préalable, il convient de surcuire du tapioca à part dans un peu de bouillon, puis de le passer au travers d'une passoire et de l'ajouter au dernier moment.

COQ

"Soyez pointilleux sur la découpe"

Pour faire un bon coq au vin, il faut le découper en petites portions pour que la chair, qui est sèche, s'imprègne au maximum de la sauce.
Un coq se découpe donc en 16 morceaux. Soit 8 morceaux pour les cuisses ❶ et 8 morceaux pour les blancs ❶, à découper en suivant les pointillés.

CONSEIL

Pour donner du "pointu" à la sauce, l'astuce consiste à rajouter une petite cuillerée de concentré de tomates.

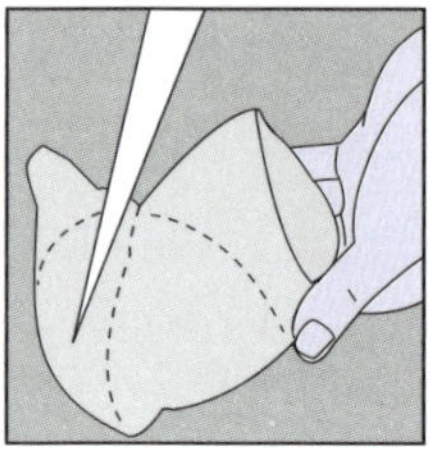

❶

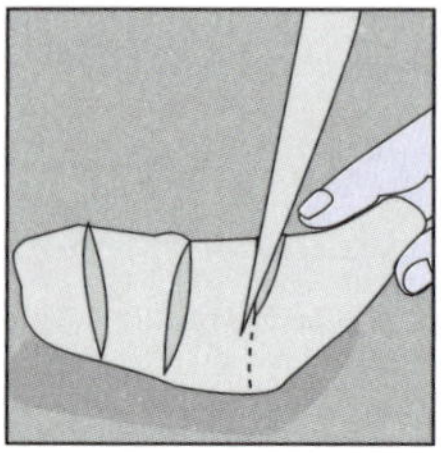

❷

Coq (crêtes de)

"Pour faire cocorico !"

Les crêtes de coq demandent beaucoup de soin avant cuisson. Il faut d'abord les faire dégorger pendant 48 h dans de l'eau fraîche, en prenant soin de renouveler celle-ci. Ensuite, on doit les mettre dans une casserole, les recouvrir d'eau froide et chauffer sur feu très doux, en laissant un doigt trempé dans l'eau. Dès que le doigt ne supporte plus la température de l'eau, il faut les égoutter avant de les "sasser" dans un torchon avec du gros sel pour les peler. Enfin, on les remet quelques heures dans de l'eau fraîche avant de bien les presser dans un torchon. Ce n'est qu'en observant ces conditions que l'on obtient des crêtes de coq bien blanches.

Coques

"Pour ne pas rester sur le sable"

Pour dessabler les coques, on les laisse tremper au moins 1 h dans de l'eau et du gros sel. Puis on les retire de l'eau, en les soulevant les doigts en éventail, pour ne pas charrier du sable dans la casserole.
Mais pour plus de précaution, une fois les coques ouvertes, il est conseillé de supprimer d'un coup de ciseaux la poche noire ❶ qui peut, elle aussi, contenir du sable.

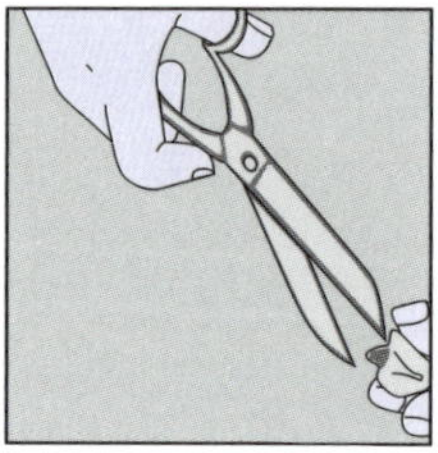

❶

Coquillages

"Les bonnes politiques de l'ouverture"

Les coquillages, selon l'espèce, ne s'ouvrent pas de la même façon.
Chacun a son secret qu'il est bon de connaître, si l'on ne veut pas s'énerver, voire se blesser.
Clams : le tout est de viser le muscle. Les clams s'ouvrent en introduisant la pointe du couteau dans le muscle noir, situé sur le côté ❶.

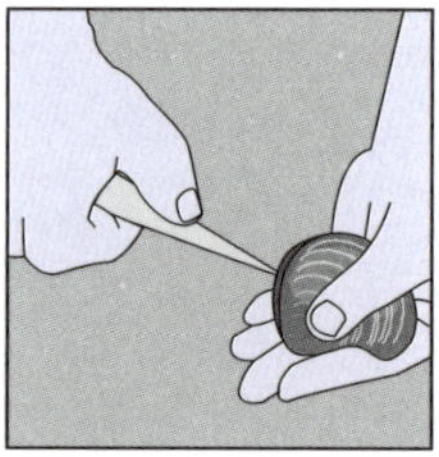

❶

Huîtres creuses : on place la face bombée de l'huître creuse dans la paume de la main. On insère le couteau aux 2/3 de la longueur à partir du talon, puis on fait levier ❷.

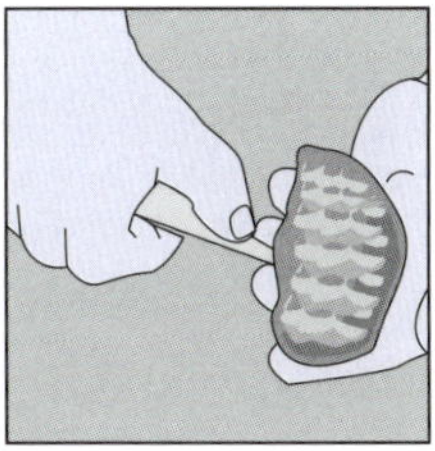

❷

Huîtres plates : l'huître plate s'ouvre au talon en utilisant le côté de la lame du couteau ❸.

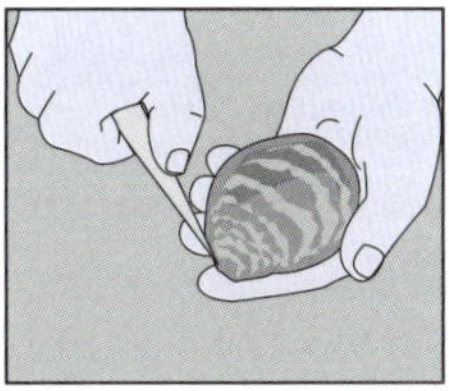

❸

Moules d'Espagne: il faut d'abord disjoindre les coquilles, en les faisant glisser l'une contre l'autre, d'un bon coup de pouce, avant d'introduire le couteau ❹.

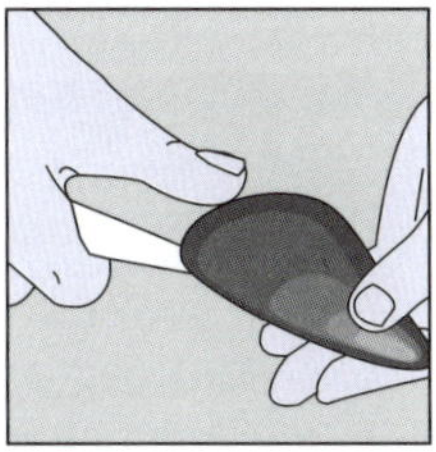

❹

Oursins : pour obtenir une bonne présentation, il vaut mieux éviter de partir de la «bouche». La meilleure solution est d'enfoncer les ciseaux au sommet du dos de l'oursin, pour commencer le découpage ❺. Une fois la calotte retirée, on égalise les bords.

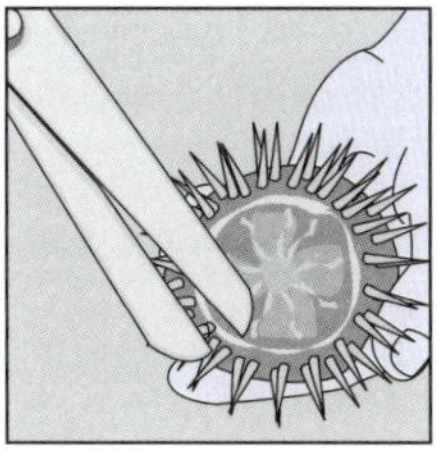

❺

Prairies, palourdes et amandes : elles s'ouvrent comme les huîtres plates.

Cornichons au vinaigre

"Pour mieux craquer"

Pour qu'ils soient bien croquants, l'astuce consiste à les mouiller à hauteur de vinaigre. Ensuite, chauffez jusqu'à frémissement avant de les mettre en bocaux. Faites de même avec les petits oignons.

CONSEIL

Quand on fait une grande quantité de cornichons, on les enferme dans un sac de pommes de terre en toile de jute et on le secoue à 2, en tenant chacun une extrémité, dans un mouvement de va-et-vient.
C'est le procédé le plus efficace pour éliminer les poils des cornichons.

Couenne (de porc)

"Une chemise sur mesure"

Quand on mitonne une viande, on court toujours le risque qu'elle attache au fond de la cocotte compte tenu du temps de cuisson extrêmement long.
Pour éviter cette catastrophe, rien ne rem-

place la couenne de porc, avec laquelle on chemise le fond et les parois du récipient, en veillant à ne pas se tromper de sens : c'est le côté peau de la couenne qui doit reposer sur le métal ❶.

❶

CONSEIL

Dans tous les cas, on doit blanchir au préalable la couenne de porc, afin de la débarrasser de ses impuretés.

COURGETTES

"L'attirance de sa peau"

Il n'est pas indispensable de peler les courgettes. Il suffit de les laver.
Cependant, si vous les pelez, ne jetez pas la peau, mais taillez-la en très fines lanières, pas plus grosses que des spaghettis, et blanchissez-les 1 min dans l'eau bouillante.
Mélangées à des pâtes, c'est excellent.

CONSEIL

Le sel a pour défaut de brûler les chairs en les attaquant.
C'est la raison pour laquelle il ne faut jamais cuire des courgettes dans de l'eau salée mais les assaisonner uniquement en fin de cuisson, pour qu'elles conservent une certaine tenue. Mais le mieux, compte tenu de leur fragilité, c'est encore de les poêler.

COURT-BOUILLON

"Respectez la dénomination"

En cuisine ancienne, on avait une fâcheuse tendance à confondre "court-bouillon" avec "long-bouillon". Le court-bouillon doit être réalisé rapidement (pas plus de 20 min) comme son nom l'indique. Au-delà, ses saveurs s'estompent et on dépense de l'énergie inutilement.

CONSEIL

De par la rapidité de son exécution, il est toujours préférable de confectionner le court-bouillon avant, puis de le passer. Et c'est seulement ensuite que l'on court-bouillonne la pièce de son choix. On peut encore très bien diminuer de moitié la quantité d'eau conseillée, ce qui réduit encore le temps de cuisson. Il suffit ensuite d'ajouter de l'eau pour allonger ce court-bouillon concentré.

CRÉPINE

"Pour arriver à bon porc"

On utilise la crépine de porc pour 2 raisons : envelopper les aliments et leur apporter du moelleux.
Mais il ne faut pas oublier de faire dégorger la crépine à l'eau fraîche quelques heures avant de s'en servir, puis de la rincer sous l'eau du robinet.

CREVETTES VIVANTES

"À saler une dernière fois"

La meilleure façon de faire cuire des crevettes vivantes n'est pas de les plonger dans

de l'eau salée, à moins d'avoir de l'eau de mer à sa disposition.
Mais plutôt de les faire cuire à la poêle sur un lit de gros sel. Dès que le sel commence à crépiter, on ajoute les crevettes.
Si l'on aime le sel, on peut les servir telles quelles ; sinon, on les place dans une passoire et on les rince rapidement, sous l'eau du robinet.

CONSEIL

Quand on achète des crevettes cuites, il faut veiller à ce que leur queue soit rabattue sur l'abdomen, preuve qu'elles ont été cuites vivantes. Si la queue est flasque et détendue, c'est la preuve qu'elles n'étaient déjà plus en grande forme au moment de leur cuisson.

CROSNES

"Ne vous laissez pas entortiller"

Pour être de qualité, les crosnes doivent être de belle taille.
La méthode qui consiste à les nettoyer sous l'eau du robinet en les brossant est trop laborieuse. Il est de loin préférable de les sasser dans un linge propre avec une poignée de gros sel ❶. Ainsi, ils se pèlent d'eux-mêmes sous l'action du gros sel qui fait office de râpe.

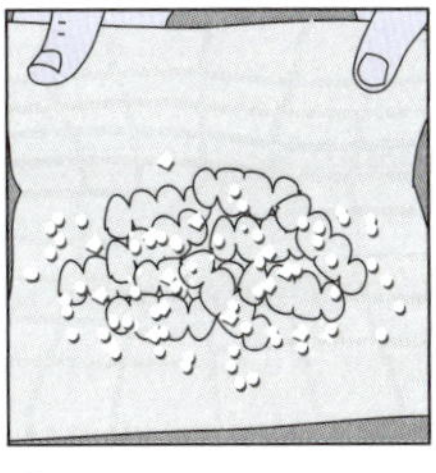

❶

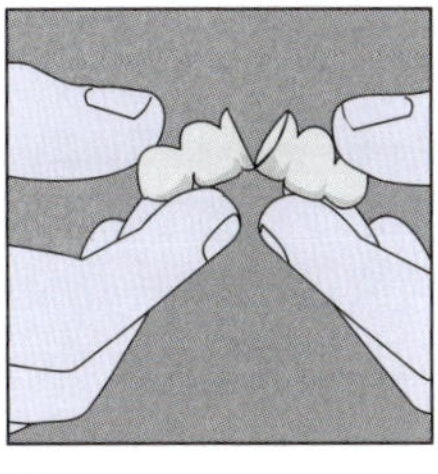

❷

CONSEIL

Les crosnes réclament une cuisson exacte. La cuisson à point se constate en prenant un crosne entre les doigts. Il doit casser net ❷.
Si l'on poursuit alors la cuisson, le crosne s'écrase facilement entre les doigts et n'est plus bon qu'à jeter, ayant absorbé trop d'eau. On doit le laisser égoutter longtemps afin qu'il perde une grande partie de son eau.

CROÛTONS

"L'avarice est un bon défaut"

Pour frire des croûtons, mieux vaut utiliser du beurre clarifié. Et en petite quantité ! Le beurre ne doit pas imbiber l'intérieur des croûtons, mais juste les dorer en surface. Pour obtenir une croûte bien dorée, il faut procéder sur feu doux.

CONSEIL

Si les croûtons doivent attendre, ne serait-ce que quelques minutes, ne les couvrez pas. Sinon, ils ramollissent.
Tout croûton destiné à un potage ne doit pas être frit. Il convient de tailler le pain rassis en très fines tranches et de les laisser sécher au four.

CROÛTONS

"Haut les cœurs"

Pour tailler des croûtons en cœur, il faut retirer la croûte d'un pain de mie, puis le couper dans sa diagonale, avant d'arrondir ❶ et d'évider ❷ le côté opposé à l'angle aigu.

❶

❷

Conseil

Pour ailler un croûton, il suffit de le sécher quelques minutes au four.
Et de ne l'ailler que sur une seule face et au dernier moment. Sinon le croûton se ramollit. Pour le persiller, il suffit de tremper rapidement la pointe du croûton dans la sauce pour l'humecter et, ensuite, de le passer dans le persil.

Crustacés (cuisson)

"Surveillez votre montre"

Il est franchement inutile, voire déconseillé, de cuire un crustacé plus de temps qu'il n'en faut. Il faut savoir, en effet, que sa chair coagule à 85 °C, température rapidement atteinte, dans la mesure où sa carapace est une véritable passoire. Vingt minutes, au plus, suffisent.

Conseil

Beaucoup de chefs préconisent l'emploi de l'eau salée, à raison de 35 g de sel au litre d'eau. Et rien d'autre, si ce n'est l'eau de mer. Quand on ajoute du vinaigre (ce qui est très discutable), il convient d'aller au plus simple. Pas de vinaigre de vin, et encore moins s'il est aromatisé, mais du vinaigre d'alcool. Enfin, pas de queues de persil.

Crustacés (mutilés)

"Une astuce de guerre"

Sacha Guitry, dînant chez «Maxim's», interrogeait le maître d'hôtel, étonné qu'on lui ait servi un homard mutilé. Celui-ci lui ayant répondu que le homard qu'il avait dans son assiette avait perdu une patte après s'être battu avec l'un de ses congénères, le maître répondit en repoussant son assiette : «Enlevez-moi cette mauviette et apportez-moi le vainqueur !»
Les crustacés mutilés, vendus moins cher, sont cependant à considérer, étant «réparables» grâce à une opération très rapide. Pour qu'ils ne se vident pas à la cuisson, il suffit de boucher le trou avec de la mie de pain, ou encore, avec un petit bouchon de papier aluminium.

Cumin

"À ressusciter"

Si votre cumin est trop vieux, ne le jetez pas pour autant.
Pour lui permettre de retrouver une nouvelle jeunesse et son parfum, il suffit de l'étaler sur la plaque du four et de le torréfier ainsi, pendant 5 min, à four bien chaud.

Dinde

"Une idée pas bête"

Pour que la dinde ne se dessèche pas, il faut l'arroser à tour de bras pendant la cuisson. Mais pour parvenir à un meilleur résultat, il faut faire cuire la volaille en 2 temps : d'abord la pocher dans l'eau bouillante pendant 20 min, puis la placer au four. On peut encore la pocher, ce qui garantit son moelleux.

CONSEIL

On peut farcir la dinde à sa guise, et notamment avec du pied de cochon : cela donne un excellent résultat ; mais l'une des façons les plus originales est de la garnir de boudins blancs et de saucisses, tels quels, sans les couper ni les fendre. Quand on fait une dinde farcie, il est toujours conseillé de faire cuire la farce avant. Cela, pour avoir l'assurance que la farce sera cuite, ce qui est très rarement le cas quand on fourre la dinde de farce crue.

DINDE (DÉCOUPE)

"Deux écoles"

Les Anglo-saxons, qui s'y connaissent en la matière, ont fait du découpage de la dinde un art, celui-ci consistant à tailler le plus grand nombre de tranches fines comme du papier à cigarette.

Pour cela, on peut commencer soit par le haut, soit par le bas, cette dernière méthode ❶ étant la plus simple, faute d'être expert en la matière.

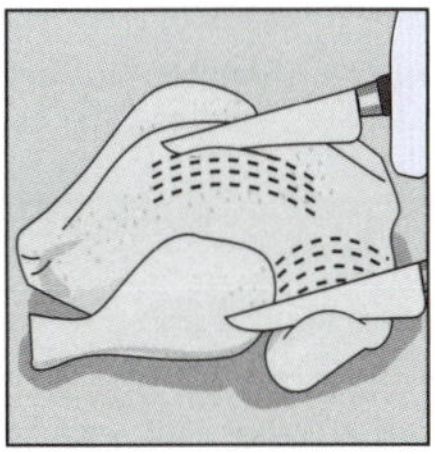

❶

CONSEIL

Froides, les tranches de dinde se servent sur un lit de salade bien assaisonné. Les cuisses de dinde se servent en morceaux avec le reste de farce aux marrons.
Rappelons encore que les marrons doivent être cuits avant d'être incorporés à la farce. Sinon, ils sont encore crus quand la dinde est cuite.

DORADE

"Marinez-la"

Parce qu'elle a tendance à dessécher, on ne doit jamais faire cuire une dorade au four sans la laisser mariner, au préalable, au moins 1/2 h dans un fond d'huile citronnée.
Selon le même principe, pour qu'elle ne dessèche pas au réfrigérateur, il convient de l'enduire d'huile d'olive et de l'envelopper dans du papier film. Cela vaut bien évidemment pour tous les autres poissons, l'huile formant une pellicule protectrice assurant une meilleure conservation.

EAU SALÉE

"Pour jouer Harpagon"

Il faut toujours ajouter le sel dans l'eau lorsqu'elle arrive à ébullition, jamais quand elle est froide. On gagne du temps et de l'argent. En effet, le sel ralentit la montée en température de l'eau. Il faut également savoir que le sel, une fois que l'eau bout, stabilise son ébullition.

Conseil

Quand on fait cuire un crustacé, on peut très bien remplacer le classique court-bouillon par de "l'eau de sel", c'est-à-dire de l'eau salée à raison de 35 g au litre, ce qui équivaut, peu ou prou, à la composition de l'eau de mer. En bord de mer, il convient de rincer les poissons à l'eau de mer, une fois vidés. Cela leur confère plus de goût.

Échalotes

"Un petit air pincé"

Quand on fait confire des échalotes dans l'huile, on ne les épluche pas au préalable. Une fois confites, il suffit de les pincer entre le pouce et l'index ❶ pour se débarrasser très facilement de leur peau. Mais on peut aussi les éplucher et les faire confire dans du beurre, sur feu très doux.

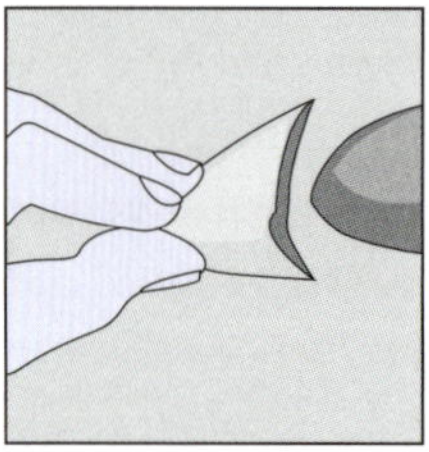

❶

Conseil

On peut aussi confire des échalotes en ne les épluchant qu'à moitié, c'est-à-dire en éliminant seulement leur peau. Ainsi une enveloppe subsiste et retient la pulpe à la cuisson. Bien sûr, la peau restante ne se consomme pas. Une fois dans son assiette, on presse l'échalote avec le dos de la fourchette ❶ pour en exprimer la chair.

Écrevisses

"Arrêtez-vous au rouge"

Pour décortiquer une écrevisse, on commence par arracher délicatement les nageoires de la queue ❶. Ensuite, on la pince fortement entre le pouce et l'index, pour briser correctement les anneaux de la carapace ❷.

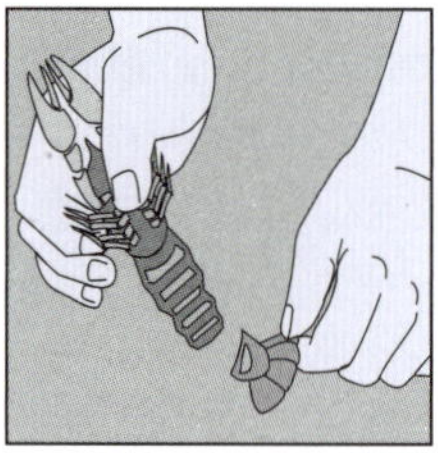

❶

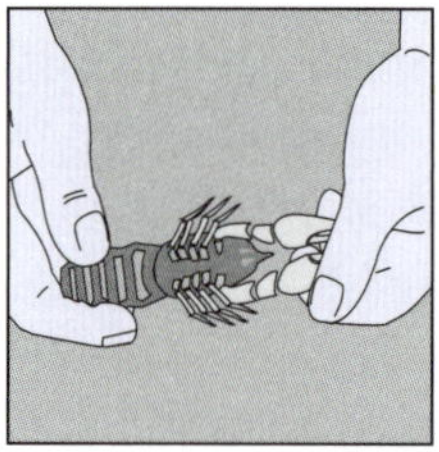

❷

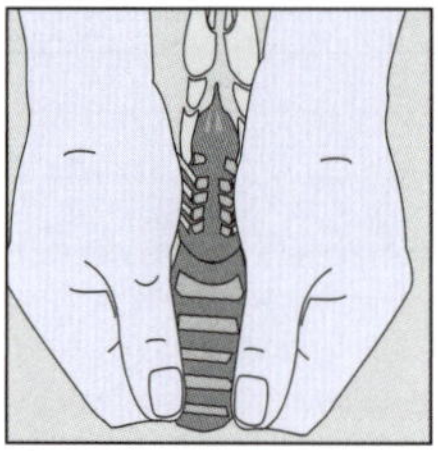

❸

Les anneaux bien brisés, on écarte la carapace avec les pouces ❸. L'écrevisse est décortiquée et intacte.

Il est très facile de constater la bonne cuisson d'une écrevisse. Quand elle est rouge, c'est qu'elle est cuite.

Conseil

Il est conseillé de dégorger les écrevisses pendant1 h dans le lait, avant de les faire cuire. Châtrer une écrevisse ne relève pas des arts martiaux, mais nécessite tout de même une certaine rapidité : on tient la queue et on déboîte la nageoire centrale en imprimant un mouvement de va-et-vient, de gauche à droite, tout en tirant doucement pour entraîner le boyau.

Écrevisses (cuisson, conservation)

"Un feu d'enfer"

Il est préférable de choisir les écrevisses tirant sur le brun plutôt que sur le gris bleuté. Les premières deviennent d'un beau rouge à la cuisson.

Les écrevisses nécessitent un feu très puissant. À défaut, comme le conseille l'excellent Jean Ducloux, il faut d'abord colorer oignons et carottes dans une sauteuse et passer les écrevisses par douzaine à la poêle, avant de les remettre dans la sauteuse.

Parler de "court-bouillon" pour les écrevisses prête à l'erreur. Les écrevisses doivent cuire dans un minimum d'eau, soit 2 verres au plus, et toujours assaisonnées d'une pointe de Cayenne. C'est ce qui fait la particularité des écrevisses dites "à la nage". Les écrevisses peuvent encore se servir ouvertes en 2 et simplement grillées au four, arrosées d'un beurre fondu aromatisé.

Conseil

Les écrevisses vivantes se conservent très bien dans un sac à pommes de terre rempli de paille. On peut aussi les conserver dans un panier plein d'orties.

Endives

"Les dangers de l'amer"

Pour ne pas accentuer leur amertume, on ne doit pas laisser tremper les endives, mais les passer très rapidement sous l'eau du robinet et les essuyer.

Si l'on fait cuire des endives entières, on élimine l'intérieur du pied en le creusant ❶.

On supprime également la pointe de l'endive si elle frisotte, car l'amertume s'y concentre aussi.

Si on la sert émincée, on coupe l'endive en 2, dans le sens de la longueur, et on taille le pied en "V" ❷ pour l'éliminer.

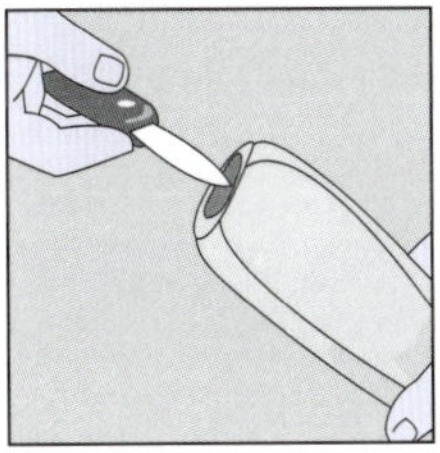

❶

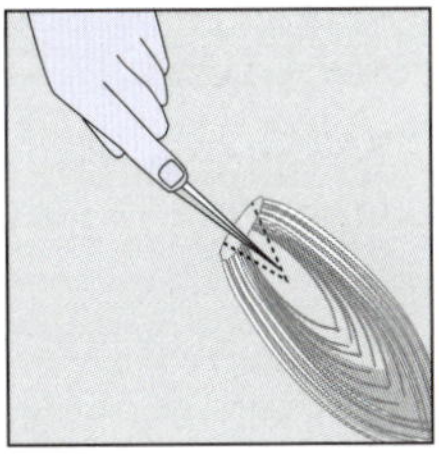

❷

Conseil

Les endives se cuisent avec très peu d'eau. Il faut juste les mouiller d'eau à hauteur et ajouter du beurre avec le jus d'1/2 citron. Sans oublier un morceau de sucre.

Endives

"Pour être à la pointe"

Les endives, une fois cuites, ont l'avantage de se conserver au réfrigérateur. Pour cela, il convient de les ranger sur un plat assez grand pour qu'elles ne se chevauchent pas, puis de les recouvrir d'un papier grassement beurré.

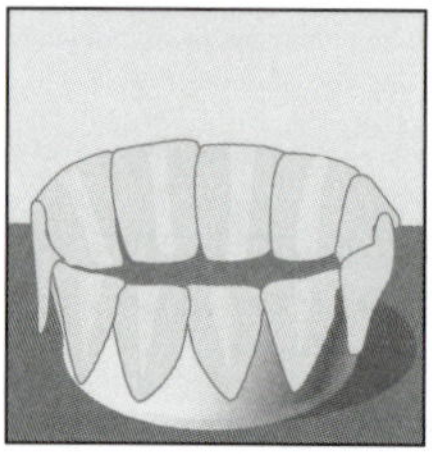

❶

Conseils

Les endives à la béchamel et au jambon, plat de ménage par excellence, doivent être longuement égouttées. Les feuilles d'endives, préalablement poêlées ou cuites à l'eau, permettent d'envelopper très facilement des mousses en ramequins. Il suffit de disposer des feuilles d'endives en corolle dans le ramequin en les laissant dépasser de quelques centimètres ❶, d'ajouter la mousse de son choix et de rabattre les feuilles sur celle-ci.

Épinards

"Un truc pour Popeye"

Pas besoin de couteau pour ôter les côtes des branches d'épinards. Il suffit de plier la feuille en 2, comme si l'on refermait un portefeuille. On la tient d'une main et de l'autre on tire d'un coup sec sur la côte ❶. Cela revient, à peu de choses près, à suivre la méthode employée pour équeuter les haricots verts.

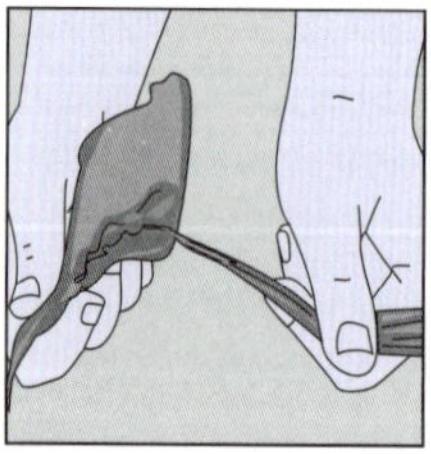

❶

Conseil

Il n'est pas utile de cuire les épinards à l'eau. Au contraire, certains les estiment meilleurs, cuits à cru, à la poêle. Dans ce cas, on les asperge au préalable d'eau bouillante pour qu'ils réduisent de volume. L'expression "mettre du beurre dans les épinards" a sa raison d'être. Plus on met de beurre dans les épinards, meilleurs ils sont. On peut ainsi arriver, en procédant lentement et à condition de les avoir bien séchés en casserole, à incorporer une quantité de beurre égale à celle des épinards.
Enfin, on ne doit jamais oublier d'ajouter dans les épinards une pincée de sucre en poudre. On peut aussi les faire cuire avec un zeste de citron.

Escargots

"Attention aux bavures"

Les escargots en coquilles réclament un peu de respect. On ne doit pas les glisser au four n'importe comment.
Il faut d'abord préchauffer le four au maximum, l'éteindre, puis enfourner les escargots. Sinon le beurre brûle et on mérite un carton jaune.

Conseil

La cuisson à la vapeur convient aussi aux escargots par le moelleux qu'elle leur apporte. Quand on farcit soi-même des coquilles, il convient d'introduire la valeur d'un pois de beurre dans la coquille avant d'y enfoncer l'escargot, puis de boucher avec du beurre, tout en appuyant bien avec le pouce pour éliminer toute poche d'air.

FAISAN

"L'as des piques"

On peut facilement présenter un faisan en volière, c'est-à-dire en donnant l'illusion qu'il a été remplumé après cuisson.
Pour cela, il suffit de conserver la tête et le cou, ainsi que les ailes et la queue, et d'avoir des piques en bois d'une longueur de 20 cm environ (soit celles qu'on utilise pour les brochettes) que l'on réduira, si nécessaire.
On pique la base du cou à l'aide de 2 piques, qu'on laisse dépasser de 3 cm.
On transperce chaque aile d'une longue pique, de manière à les maintenir ouvertes, tout en veillant, ici aussi, à ce qu'elle dépasse d'au moins 3 cm.
Il ne reste plus qu'à enfoncer dans la chair du faisan les piques qui dépassent ❶.

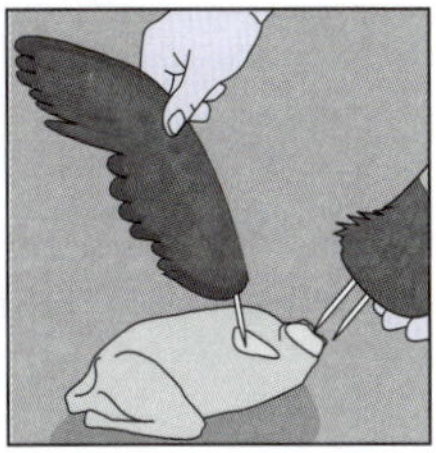

❶

CONSEIL

Il est toujours conseillé d'acheter un faisan en plumes et de le laisser entre 4 et 5 jours dans le réfrigérateur. Cela lui donnera un goût sauvage.

FAISANDAGE

"Ayez le plomb en tête"

Le faisandage exige certaines règles. On ne doit pas faire faisander le gibier s'il est blessé au ventre. Il faut également surveiller le baromètre. Par temps froid, le gibier peut être plus longuement faisandé que par temps lourd et humide. Le gibier doit être conservé dans une pièce très aérée, mais jamais dans un air confiné et encore moins dans un sac plastique. Même tué, il faut qu'il respire.

CONSEIL

Le gibier destiné à être mis en terrine ne doit faisander en aucun cas. Il faut qu'il soit d'une fraîcheur absolue. Prenez patience avant de servir vos terrines de gibier. Quelques jours sont nécessaires pour que la terrine prenne corps en se tassant. Sinon, la découpe est plus qu'hasardeuse.

FARCE

"Pas de silence, mais du repos"

Pour qu'une farce soit bonne, il ne faut pas la préparer au dernier moment, mais au moins la veille, pour qu'elle se "repose". C'est la période nécessaire pour que tous les ingrédients qui la composent se communiquent leur parfum, que la farce se tasse et soit plus compacte au moment de l'utiliser.

CONSEIL

L'assaisonnement d'une farce s'entend à raison d'une bonne vingtaine de grammes de sel au kilo (soit une bonne cuillerée à soupe), 5 g de poivre et une belle pincée d'épices. Selon son goût, ces doses peuvent être légèrement augmentées, mais jamais diminuées. Quand vous prenez de la farce avec les doigts, n'oubliez pas d'avoir les mains mouillées. Sinon, elle colle.

FARINER

"Une peau de colle"

Il faut se méfier du tempérament collant de la farine. On doit d'abord poser le morceau (de viande ou de poisson) sur un papier absorbant, pour éliminer toute humidité avant de le fariner. Et ensuite, tapoter le morceau avec les doigts pour supprimer l'excédent de farine ❶.

❶

FEUILLETÉS (RONDS)

"Allez les verres !"

Pour obtenir des petits feuilletés individuels bien ronds, on badigeonne de jaune d'œuf le cercle inférieur avant de poser le cercle supérieur et de le modeler délicatement avec les doigts pour qu'il épouse la farce ❶. Enfin, on retourne un verre d'un diamètre légèrement supérieur à celui du monticule et on le presse sur la pâte ❷.

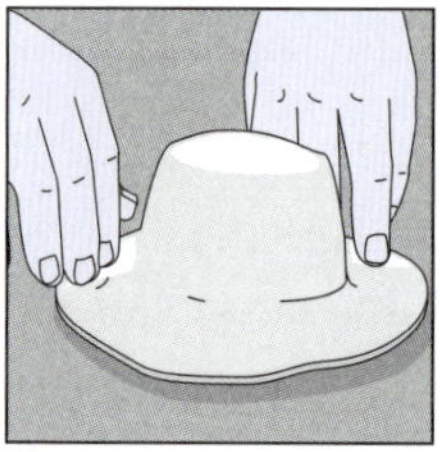

❶

❷

CONSEIL

Quand on recouvre un poisson de feuilletage, on imite les écailles en pressant à intervalles réguliers une cuiller retournée sur la pâte.

FEUILLETÉS (EN SOUPIÈRE)

"Faites le tour de la question"

La soupe V.G.E de Paul Bocuse ne manque pas d'allure. De plus, elle est très facile à réaliser comme à réussir si l'on veille, d'une part à prendre un cercle de pâte feuilletée d'une circonférence légèrement supérieure à celle de la soupière, et d'autre part à dorer à l'œuf le bord de la soupière ❶, pour que la pâte colle bien dessus.

Ensuite, on pose le cercle de pâte sur la soupière individuelle, et on presse délicatement des doigts les bords du chapeau de pâte pour qu'ils adhèrent bien ❷.

❶

❷

CONSEIL

Qu'il s'agisse de légumes ou de fruits, la soupière individuelle ne doit être remplie qu'aux 2/3 seulement. Une fois la soupe servie, il convient d'enfoncer le chapeau de pâte feuilletée d'un coup de cuiller pour que le feuilletage tombe dans la soupe.

FEUILLETÉS (EN VOL-AU-VENT)

"savoir tourner en rond"

Pour confectionner un vol-au-vent, on taille deux cercles de pâte l'un après l'autre, en contournant une grande assiette, retournée sur les cercles, à l'aide d'un couteau. Puis on pose sur l'un des cercles une assiette moyenne (soit légèrement plus petite que la première) et on la contourne au couteau, de manière à obtenir une collerette que l'on pose sur le plus grand cercle, après l'avoir badigeonné de jaune d'œuf battu ❶.

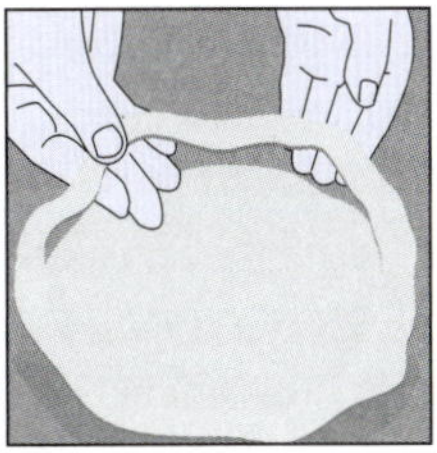

❶

Une fois le vol-au-vent cuit, on détoure délicatement le chapeau à l'aide d'un couteau, puis on égalise les bords avec une paire de ciseaux ❷. Enfin, on farcit le vol-au-vent et on le recoiffe de son chapeau.

❷

CONSEIL

Il est toujours préférable, une fois le vol-au-vent cuit, d'extraire le chapeau et de creuser l'intérieur de celui-ci pour éliminer les morceaux de pâte qui ne sont pas assez cuits, c'est-à-dire mous et collants. Puis, on sèche l'intérieur du vol-au-vent en le glissant quelques minutes supplémentaires au four et cela, bien sûr, sans l'avoir recouvert de son chapeau.

FÈVES

"À manier avec des gants"

Pour écosser des fèves sans se salir les doigts, il y a un truc. Il consiste à briser la cosse entre chaque fève.
Lorsqu'elle est entièrement désarticulée, il suffit de presser, en appuyant sur chaque fève pour qu'elle sorte ❶.

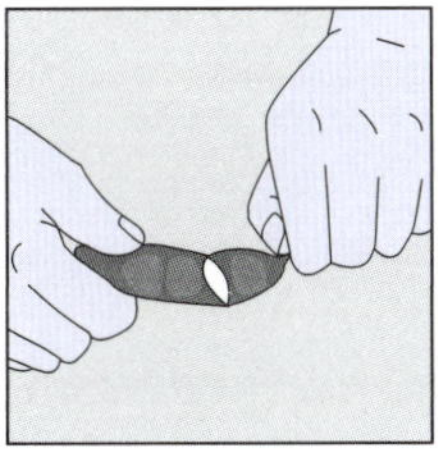

❶

Ensuite, pour éliminer leur peau cotonneuse et amère, il suffit de blanchir les fèves en les plongeant 30 secondes dans l'eau bouillante.

Un seul coup d'ongle suffit alors pour enlever leur peau.

Conseil

Quand on cuit des fèves, il faut toujours ajouter un bouquet de sarriette dans l'eau. Une fois cuites, on doit les plonger immédiatement dans de l'eau glacée, pour qu'elles ne jaunissent pas.

Fines herbes

"Ne pas flétrir leur renommée"

Aussitôt coupées, les fines herbes flétrissent et jaunissent très vite.

Pour les conserver au mieux, l'astuce consiste à les placer dans un pot de verre et, avant de le refermer, à les humidifier en secouant la main préalablement trempée dans de l'eau froide ❶.

❶

Conseil

Quand on congèle des herbes, il faut les blanchir au préalable en les plongeant 30 secondes dans l'eau bouillante.

Pour obtenir des fines herbes en portions, l'astuce consiste à les placer dans un bac à glaçons que l'on met au congélateur.

Les fines herbes ne s'incorporent dans un plat qu'en fin de cuisson. Jamais en début.

Foie gras

"Savoir faire le jeu de l'oie"

Qu'on l'achète frais ou en conserve, il est conseillé de porter son choix sur l'oie. Plus cher au départ, il l'est moins à l'arrivée, dans la mesure où le foie gras d'oie rend moins de graisse que le foie de canard. Quand on le fait soi-même, on doit commencer par le laisser tremper quelques heures dans de l'eau à température ambiante, ce qui facilite le dénervage.

Le foie gras doit être bien salé mais aussi sucré, à raison d'une bonne cuillerée à café de sucre semoule par kg. Le but de cette précaution est de conserver au foie sa couleur. Sinon, il noircit.

Enfin le foie gras est le seul pâté que l'on sert froid.

Tous les autres doivent être apportés sur la table à température.

Foie de veau

"Doré sur tranche"

Avant de faire cuire une tranche de foie, il faut la laisser tremper dans le lait pendant 10 min.

Le léger film de matières grasses formé par le lait empêchera le foie de noircir à la cuisson, tout en lui permettant de blondir.

Conseil

Il faut être particulièrement vigilant quand on achète du foie de veau.

La surface de la coupe doit avoir un aspect très lisse, mais surtout pas granuleux. Si c'est le cas, le foie deviendra cotonneux à la cuisson.

Foie de veau (brochettes)

"De la fermeté !"

De par leur consistance très molle, il est difficile d'embrocher des morceaux de foie de veau. C'est une des raisons pour laquelle il est toujours préférable de poêler les morceaux de foie de veau avant de les embrocher. Une autre raison est que l'on obtient ainsi une précuisson, offrant un avantage considérable : celui de ne pas laisser trop longtemps la brochette sur le gril. Les morceaux de foie étant précuits, il ne reste plus qu'à les "marquer", éliminant de la sorte le risque de les carboniser.

Conseil

Quand vous choisissez du foie (que ce soit pour le cuisiner en tranches ou en brochettes), il est conseillé de l'acheter dans sa partie noble, c'est-à-dire en son milieu, partie la plus épaisse de l'abat, afin d'obtenir des tranches bien régulières. En effet, ses extrémités, tant la plus grosse que la plus mince, n'offrent pas la même régularité de coupe.

Foie de veau (grillé)

"Ne l'envoyez pas en enfer"

La tranche de foie de veau grillée nécessite un certain savoir-faire et beaucoup d'attentions, si l'on ne veut pas obtenir de la corne. Il s'agit donc de mener la cuisson doucement et non à feu d'enfer, après avoir poivré et salé la tranche de foie à cru.

Conseil

Pour conserver au foie son moelleux, il est indispensable de le badigeonner de beurre fondu avant de le poser sur le gril et de renouveler ce badigeonnage quand on le pose sur sa seconde face.

Foie de veau (pavé de)

"Pensez marinade"

Le pavé de foie de veau (rôti ou braisé) doit toujours être mariné au préalable, afin de rehausser sa fadeur naturelle. On peut employer du porto auquel on ajoute des aromates, voire une pointe de cognac. On peut également, à l'aide d'une seringue remplie de porto, le piquer en plusieurs endroits pour accentuer la saveur ❶.

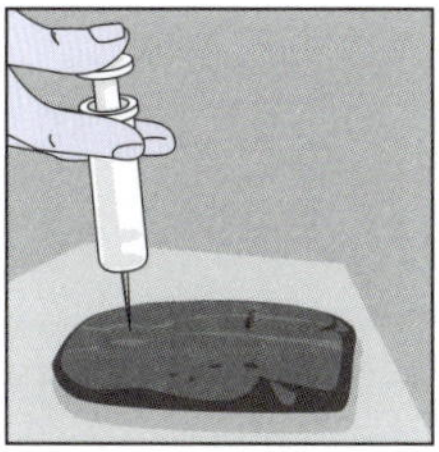

❶

Conseil

Qu'il s'agisse de foie de veau en tranches ou en pavé, il est toujours conseillé de déglacer la sauce au vinaigre préalablement réduit de moitié sur feu vif. Un trait de vinaigre, notamment, ajoute une touche originale très savoureuse.

Fondue

"Faites-en tout un fromage"

La fonte du fromage doit être menée à feu doux et régulier, toute surchauffe intempestive faisant tourner le fromage.
Pour une bonne homogénéité, il convient de ne pas cesser de tourner avec une spatule en bois, en formant des "8" dans le fond du caquelon ❶.
Si la fondue est trop liquide, on l'épaissit en ajoutant du fromage râpé ou en morceaux. Si elle est trop épaisse, on la liquéfie en ajoutant du vin blanc bouillant.

❶

Conseil

Quand la fondue tourne, il faut la placer sur feu vif et la fouetter le plus rapidement possible. Ce faisant, on peut incorporer un peu de Maïzena délayée dans du vin blanc.
Pour que le fromage ne gratine pas au fond du caquelon, il faut le protéger de la flamme par un diffuseur de chaleur.

Fondue bourguignonne (cuisson)

"Ayez de la branche"

Pour éviter que l'huile saute quand on y plonge les morceaux de viande, il faut mettre une belle queue de persil dans le caquelon. Si l'huile s'enflamme, on ne doit en aucun cas ajouter de l'eau pour éteindre le feu, mais étouffer les flammes avec une serviette.

Four

"Quand le thermostat cloche"

Même en panne de thermostat, il est toujours possible de déterminer la température de son four.
Pour cela, il faut le préchauffer 15 min et y glisser une feuille de papier. Quand le papier ne fait que jaunir, le four est à chaleur moyenne. S'il brunit, tirant sur le marron foncé, le four est chaud. S'il noircit, le four est très chaud.

Four (à micro-ondes)

"Du bon et du mauvais"

Le four à micro-ondes n'est pas un four traditionnel, dans la mesure où il cuit en émettant des ondes électromagnétiques, qui réchauffent les molécules d'eau.
Toute méthode de cuisson a ses avantages et ses inconvénients.
Que peut-on réussir dans un four à micro-ondes à condition, toutefois, de respecter le temps de cuisson ?
- Les coquillages : en les plaçant quelques minutes sur le sol du four, ils s'ouvrent sans peine, conservant un goût intact compte tenu de la rapidité de la cuisson.
- Les filets de poisson : c'est même la gloire de ce type de four, qui, de plus, ne diffuse aucune odeur.

- Et encore les fruits cuits : piqués au préalable pour qu'ils n'explosent pas et dénoyautés pour les fruits à noyaux, ils cuisent dans leur jus ce qui les parfume à souhait.
- Le four à micro-ondes est aussi très utile pour une sauce béarnaise ou hollandaise. C'est logique : le four provoquant un mouvement oscillatoire très rapide des molécules d'eau, toute émulsion est plus rapide qu'en cuisson classique.

Mais, attention. Si le four à micro-ondes est parfait pour quelques préparations, dont celles citées, ce n'est pas la panacée. On ne doit le considérer que comme un appoint.

Bien que nécessaire, ne serait-ce que pour remplacer un chauffe-assiette, faire fondre du chocolat ou chauffer du lait, il n'est pas indispensable.

Rôtir une viande obéit à une règle stricte : il faut d'abord caraméliser les sucs. C'est impossible avec ce type de cuisson. Le four à micro-ondes ne remplacera jamais le four traditionnel pour les gâteaux. Sortis du micro-ondes, ils seront peu engageants et pas du tout dorés.

Certains affirment, cependant, qu'en changeant les proportions, on obtient le même résultat. Soit ! Mais en changeant les proportions, on change aussi le goût... Il convient donc de connaître les limites du four à micro-ondes. Si l'on conserve à l'esprit qu'on n'obtient pas une viande rôtie en la pochant ni un poisson poêlé en le braisant, on doit pouvoir se servir intelligemment d'un four à micro-ondes.

Frisée (braisée)

"La dame de la côte"

La frisée (ou chicorée) est amère. C'est ce qui fait son charme, mais point trop n'en faut. On doit donc éliminer les feuilles superficielles pas très saines, puis rogner largement les côtes qui se situent à la base du pied ❶, véritables réservoirs d'amertume. Ensuite, il faut blanchir la frisée, la rafraîchir à grande eau, la hacher, et enfin l'envelopper dans un torchon que l'on tord vigoureusement ❷, pour éliminer le plus d'eau possible.

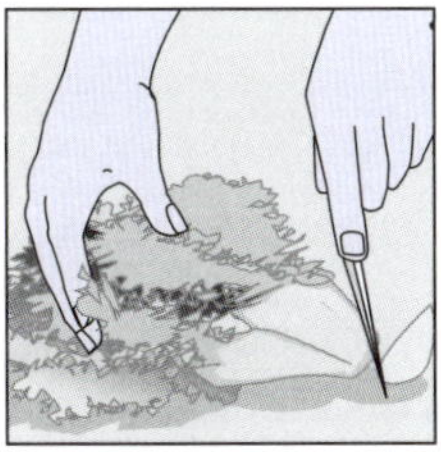

❶

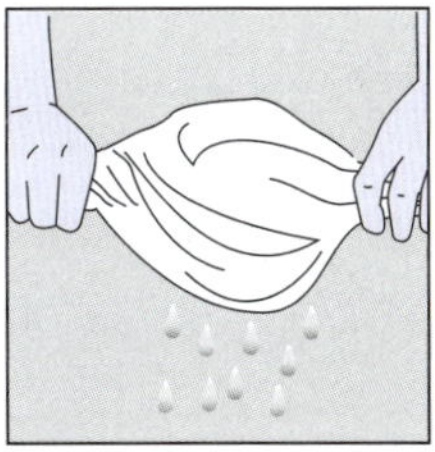

❷

Conseil

Jadis, dans la cuisine de ménage, on utilisait les restes de chicorée braisée en gratin. Pour cela, on incorporait à la chicorée le tiers de son volume de purée de pommes de terre. Il est très dommage que cette recette soit tombée dans l'oubli.

Friture (conservation)

"Soyez dans le bain"

L'huile de friture doit toujours être filtrée après emploi, afin d'éliminer les résidus. Le filtre à café est parfait pour cette opération.

Quand on conserve l'huile de friture, il convient d'ajouter de la nouvelle huile dans celle utilisée pour atténuer sa coloration.

CONSEIL

Un poisson est plus croustillant quand on remplace la farine par de la fécule de pomme de terre. Pour débarrasser une graisse végétale de ses impuretés, il faut la faire tout juste fondre, la mouiller d'eau bouillante et la laisser se solidifier.
Puis, une fois débarrassée de ses impuretés, qui se trouvent dans l'eau, on retire le plateau qu'elle forme.

FRITURE (CUISSON)

"La goutte explosive"

Pour reconnaître la bonne température de l'huile, on peut y jeter un croûton de pain. Quand l'huile bouillonne sans fumer, elle a atteint 180 °C. Mais il y a une autre astuce encore plus simple. Elle consiste à faire tomber une goutte d'eau dans l'huile. À 180 °C, la goutte doit exploser. Si l'huile fume, c'est qu'elle est trop chaude.

CONSEIL

On ne doit pas surcharger l'huile d'aliments. Sinon, leur immersion provoque une chute de température et ils se gorgent d'huile. On doit donc procéder par petites quantités pour respecter un équilibre entre la quantité d'huile et les aliments.

GAMBAS (DÉCORTICAGE)

"Une technique de pointe"

Pour décortiquer facilement des queues de gambas, commencez par ôter la tête. Ensuite, en maintenant la queue d'une main, coupez la carapace en y glissant la pointe des ciseaux ❶.

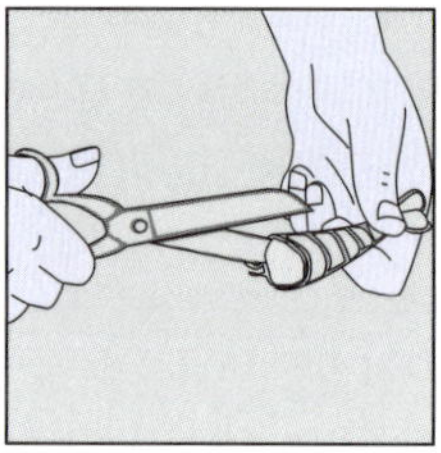

❶

Vous n'avez plus qu'à dégager la queue en tirant tout doucement dessus ❷. Enfin, incisez le dos pour éliminer le boyau ❸. Cette incision comporte un autre avantage. Grâce à elle, les gambas se recroquevilleront à la cuisson en formant une jolie corolle.

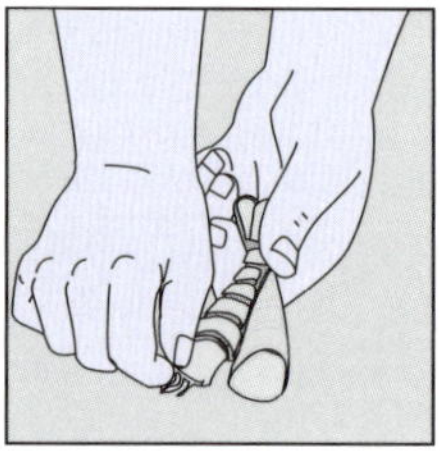

❷

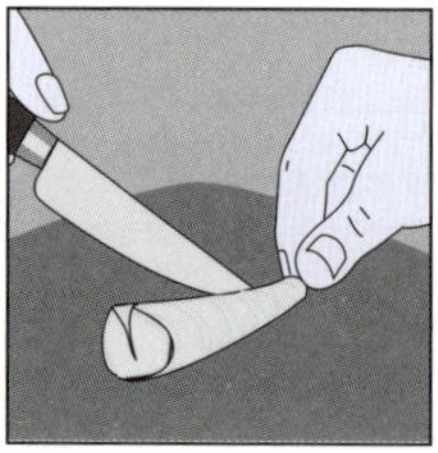

❸

GASPACHO

"Un Espagnol qui vieillit mal"

Il ne faut jamais faire du gaspacho en grande quantité.
Car, lorsqu'ils sont passés au mixeur, les

légumes ont une fâcheuse tendance à fermenter en un clin d'œil.
Surtout si, de surcroît, on y ajoute du céleri, légume qui tourne très vite.

GÉLATINE

"Ainsi fond, fond, fond"

La gélatine doit fondre, sans plus. Pour obtenir ce résultat, la meilleure méthode, parce qu'elle évite toute surcuisson, est de faire chauffer une casserole légèrement, la retirer du feu, et lorsqu'elle est tiède, y faire fondre la gelée, sans trop l'égoutter au préalable.

GELÉE

"Coincez les bulles"

Pour avoir bel aspect et bonne consistance, une gelée ne doit pas renfermer de bulles. Comment y parvenir ?
Pour cela, versez la gelée chaude dans un saladier préalablement refroidi au réfrigérateur et placez-le dans un bac rempli aux 2/3 d'eau fraîche et de glaçons.
Puis "vannez" la gelée. C'est-à-dire, caressez sa surface, doucement, du dos de la louche, en tournant lentement.
N'accélérez pas le mouvement, sinon des bulles risquent de s'infiltrer dans la gelée. Continuez ce mouvement circulaire (dont le but est de refroidir uniformément la gelée), jusqu'à ce que celle-ci commence à prendre.
Ce stade atteint, on procède aussitôt au montage.

CONSEIL

Si on utilise des feuilles de gélatine (qui s'achètent également à l'unité dans toutes les pharmacies), on doit les faire tremper quelques minutes dans un bol d'eau glacée pour les ramollir.
Puis bien les égoutter, en les pressant dans la paume de la main.

GELÉE (DÉCOR)

"Tout un plat"

La gelée hachée s'obtient en la coulant au préalable dans une grande plaque ❶. L'épaisseur ne doit pas dépasser le centimètre. Ensuite, il suffit de la démouler et de la hacher grossièrement au couteau, ou encore de la détailler en cubes ❷. On peut aussi la découper en formes variées à l'aide d'un emporte-pièce.

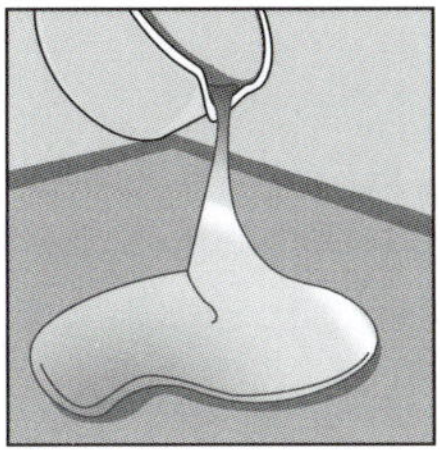
❶

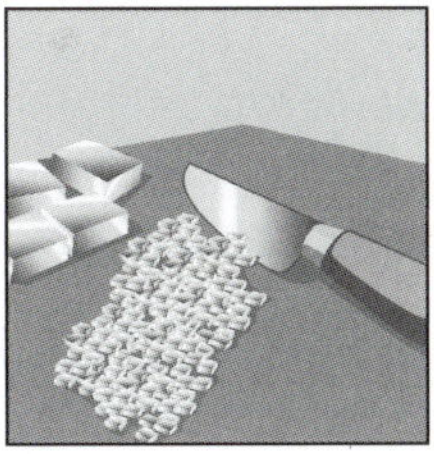
❷

GELÉE (DÉMOULAGE)

"L'eau et le feu"

On peut démouler de différentes manières toutes les préparations à base de gelée. Soit en laissant couler un filet d'eau chaude sur le fond du moule, soit en entourant le moule d'un linge mouillé d'eau chaude, soit encore en trempant quelques secondes le cul du moule dans de l'eau très chaude. Mais rien ne vaut un petit chalumeau : il suffit de chauffer quelques secondes les parois du moule à la flamme.

CONSEIL

Peu importe la méthode employée, le tout est de mener l'opération rondement, pour que la gélatine n'ait pas le temps de se liquéfier.

GELÉE (MOULAGE)

"Piquez-vous au jeu"

Pour chemiser un moule de gelée, il convient de le placer au congélateur au préalable, puis de verser la gelée encore liquide dans le moule, en le tournant dans tous les sens pour que la pellicule soit bien uniforme.

❶

CONSEIL

Il faut décorer la pellicule de gelée quand elle commence tout juste à prendre. Qu'on utilise pour la décoration des motifs en poivrons ou en blancs d'œufs, il ne faut pas se servir des doigts pour les poser dans le fond du moule, mais d'une aiguille à brider ❶. Quand il s'agit de décorer les bords du moule, il faut, au préalable, tremper le motif dans de la gelée encore liquide pour qu'il adhère mieux.

GINGEMBRE

"Une profession de foie"

On faisait grand cas du gingembre au Moyen Age, époque où on l'accommodait à toutes les sauces. Aujourd'hui, il y a beaucoup moins d'amateurs de son goût puissant.

Il n'empêche. Même si l'on n'apprécie pas sa saveur forte, il convient d'en ajouter un soupçon dans les foies de volaille.

Si le gingembre est bien dosé, il relève le goût du foie, sans même se faire remarquer.

CONSEIL

Compte tenu de sa puissance aromatique, il est rare d'utiliser une grande quantité de gingembre. En règle générale, un coup de râpe suffit pour parfumer un plat ou un dessert. Pour ne pas gâcher le reste de gingembre, il faut donc le congeler et le râper au fur et à mesure, sans le décongeler. Ainsi, on a un minimum de perte.

À la coupe, le gingembre doit être humide et brillant. Le meilleur est le "trois doigts", c'est-à-dire celui pourvu de trois pousses.

GLAÇONS

"Une froideur à apprécier"

Les glaçons sont très appréciables en cuisine. Ne serait-ce que parce qu'ils permettent de fixer la chlorophylle des légumes verts.

Cette fameuse chlorophylle, qui n'est autre qu'un pigment vert conférant sa couleur aux légumes, est stoppée dans sa dégénérescence en passant du chaud au froid.

Il convient donc, après avoir fait cuire des légumes qui doivent leur couleur à la chlorophylle, de les tremper dans de l'eau assortie de beaucoup de glaçons.
Plus l'eau est froide, plus la couleur des légumes est préservée.

CONSEIL

Il est toujours très utile de conserver les boîtes d'œufs en plastique alvéolé. Cela permet de faire des glaçons en quantité quand on reçoit chez soi.
Pour que les glaçons ne collent pas entre eux dans un seau à glace, une astuce consiste à mouiller les glaçons d'un peu d'eau gazeuse.

GONDOLE

"Pas de quoi ramer"

Pour embellir la présentation d'un plat long, il est très facile de faire une gondole. Recouvrez aux 4/5 une serviette blanche de 2 feuilles de papier aluminium superposées, puis rabattez les angles de la serviette ❶.
Rabattez une deuxième fois les angles et repliez-les sur eux-mêmes ❷.

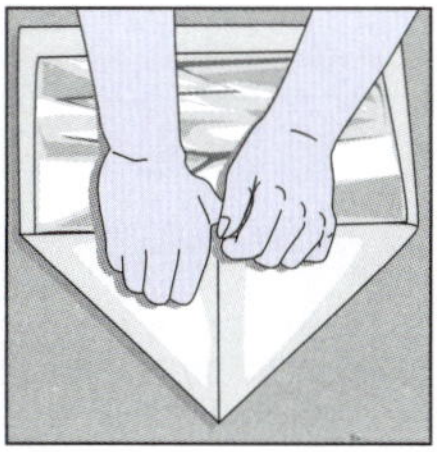
❶

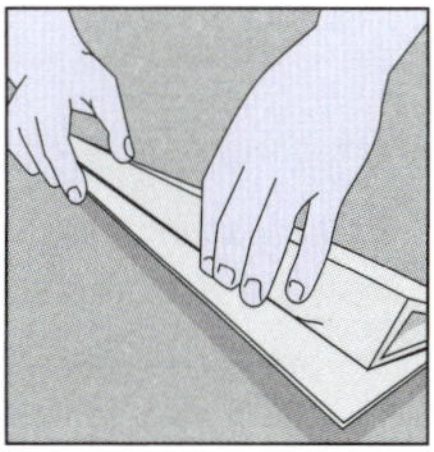
❷

Il ne vous reste plus qu'à retourner la pointe sur elle-même en vous aidant du pouce ❸, et à ouvrir le bas de la serviette pour obtenir une gondole ❹ que vous glisserez sous le plat.

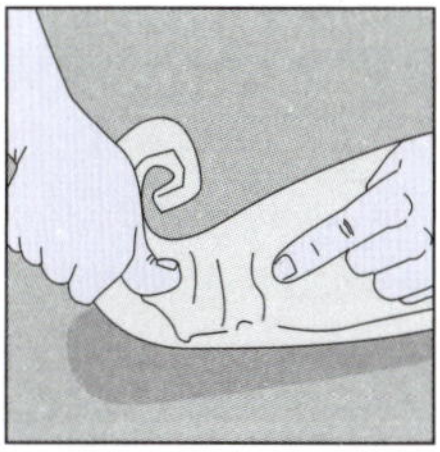
❸

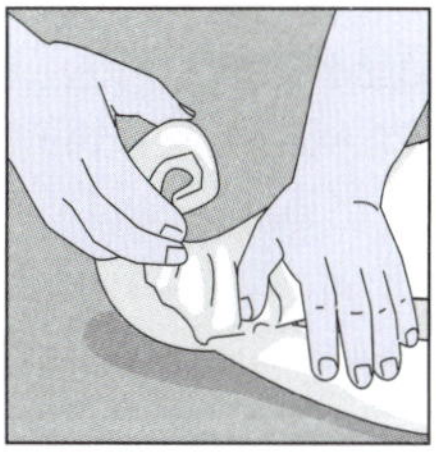
❹

GRENOUILLES (CUISSES DE)

"Ne rien laisser au coffre"

Si l'on veut bien présenter les cuisses de grenouilles, il faut les "décoffrer", c'est-à-dire supprimer leur thorax ❶.

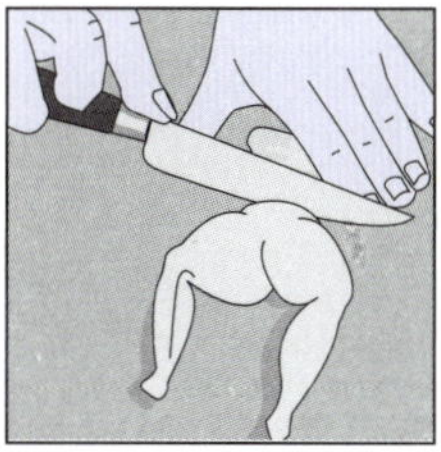
❶

Mais pas question de procéder n'importe comment ! Ne commettez pas l'erreur de les trancher à la base des cuisses.
Il faut laisser un bon centimètre de marge. Sinon la chair se rétracte et coulisse le long de l'os sous l'effet de la cuisson.

CONSEIL

On peut aussi supprimer le jarret pour ne conserver que le haut, de manière à obtenir ce qu'on peut appeler un gigot de grenouille. Mais dans ce cas, la perte devient alors relativement sévère.

Grenouilles (fariner)

"Mise à sac"

Fariner des cuisses de grenouilles, c'est la poisse. On en met partout. Sauf si l'on verse la quantité de farine nécessaire dans un sac en plastique, avant d'y glisser les grenouilles ❶. Il ne reste plus qu'à fermer le sac en faisant un nœud et à le secouer quelques instants, dans un mouvement de va-et-vient, posé sur la table.

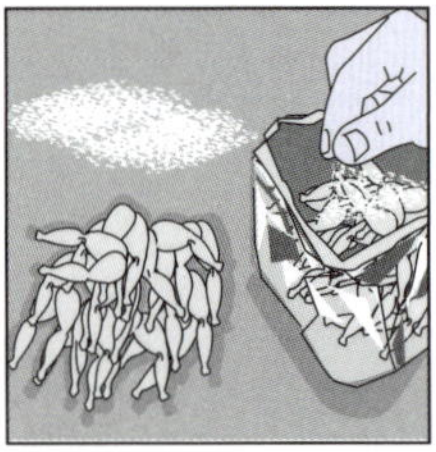

❶

Grives

"À cuisiner en urgence"

Aussitôt tuée, aussitôt consommée. C'est l'urgence que réclame la grive qui ne se bride pas. Il suffit de retourner les pattes d'avant en arrière, de les croiser, puis de tirer la tête à hauteur des cuisses pour piquer le bec dans la poitrine.

Hachis parmentier

"Gare à l'erreur"

On utilise 2 ingrédients dans le hachis parmentier : de la viande hachée et de la purée de pommes de terre.
Le tout consiste à placer chacun au bon endroit.
On met d'abord le hachis dans le fond du plat, puis on ajoute la purée de pommes de terre. Si l'on fait l'inverse, la viande se dessèche au four.
Ce n'est pas tout : si l'on souhaite que la viande soit bien moelleuse, il faut incorporer un hachis d'oignons cuit dans une fondue de tomates.

Conseil

Pour donner du "pointu" à un bœuf miroton, on peut y incorporer du vinaigre réduit, juste avant de servir. C'est une excellente astuce dans la mesure où, l'oignon se trouvant en très forte proportion, ce plat est souvent fade.

Haddock

"Du yaourt, capitaine !"

On reproche au haddock d'être trop salé et pas assez moelleux. Aussi le trempe-t-on dans du lait.
Mais l'efficacité de ce procédé est relative. Mieux vaut le tremper dans du lait auquel on aura mélangé un yaourt.
L'acidité des ferments lactiques du yaourt neutralise le sel, tout en mortifiant la chair, ce qui la rend plus tendre et plus moelleuse.

Hareng frais

"Pour lui faire un saur"

Compte tenu de son épaisseur, il faut entailler le hareng de plusieurs incisions profondes pour que la chair soit bien cuite au niveau de l'arête. Le hareng doit être grillé ou poêlé lentement. Sinon, il se "défait" avant d'être cuit à point.

CONSEIL

Le hareng saur doit être rebondi et souple. Pour enlever sa peau, il convient de le tremper une heure dans l'eau, puis d'inciser la peau tout le long de l'arête. Ensuite, il suffit d'utiliser les doigts. En pinçant la peau, elle se décolle toute seule.

HARICOTS BLANCS

"Comment les ressusciter"

On peut faire une excellente salade avec un reste de haricots blancs cuits en sauce.
Pour cela, il suffit de débarrasser les haricots de leur sauce en les passant sous l'eau chaude.
Il faut ensuite bien les égoutter, avant de les assaisonner comme on le désire.

HARICOTS MANGE-TOUT

"Sauf les fils"

Les mange-tout doivent être d'une fraîcheur exemplaire. Mais malgré cela, il faut les éplucher avec la plus grande attention. Pour qu'il ne subsiste aucun fil, on doit procéder de la façon suivante : rompre les deux extrémités et tirer le fil de part et d'autre. Ensuite on casse le mange-tout en son milieu pour vérifier qu'il ne subsiste aucun fragment de fil ❶.

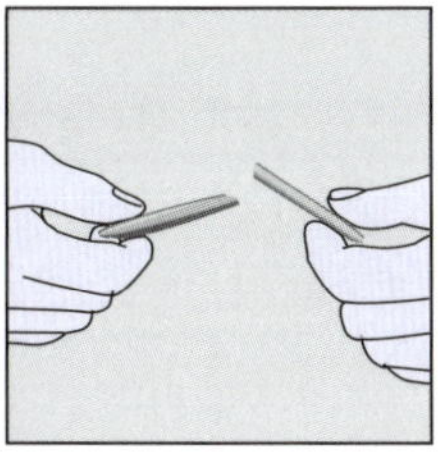

❶

CONSEIL

Extra-frais, le mange-tout est excellent en salade.
Pour lui conserver sa couleur d'un beau vert tendre, il convient cependant de ne pas le laisser dans son eau de cuisson. Sans quoi, il jaunit en l'espace d'un éclair. Aussitôt cuits, et afin de ne pas les abîmer, il ne faut pas verser en tas les mange-tout dans une passoire, mais les retirer délicatement de leur eau de cuisson avec l'écumoire puis les plonger dans de l'eau glacée.

HARICOTS VERTS (CUISSON)

"Verts et versatiles"

Pour que les haricots verts conservent leur couleur, il faut les faire cuire dans beaucoup d'eau et ne les jeter dans l'eau que lorsqu'elle est à forte ébullition. Il ne faut pas non plus couvrir la casserole : les haricots gardent mieux leur couleur verte si les acides volatils qu'ils contiennent peuvent s'échapper.
Enfin, aussitôt cuits, on les plonge dans l'eau glacée, de sorte que la chlorophylle se fixe sous le choc thermique.

CONSEIL

Les haricots verts servis en salade doivent être débarrassés de toute humidité. Sinon, ils ne s'imprègnent pas de leur assaisonnement. Il faut donc les laisser égoutter une bonne demi-heure, de manière à ce qu'ils soient bien secs d'aspect.
On peut ajouter une pincée de sucre semoule dans les haricots verts au beurre.

Haricots verts (en fagots)

"Lard et la manière"

Les haricots verts extra-fins se prêtent bien à être liés en fagots. Il suffit de réunir une petite gerbe de haricots verts, puis de l'enrouler dans une lanière de bacon qui fait ainsi office de lien ❶.

Ensuite, après avoir égalisé chaque extrémité, on pose délicatement les fagots dans une poêle avec du beurre, juste le temps de raidir la lanière de bacon.

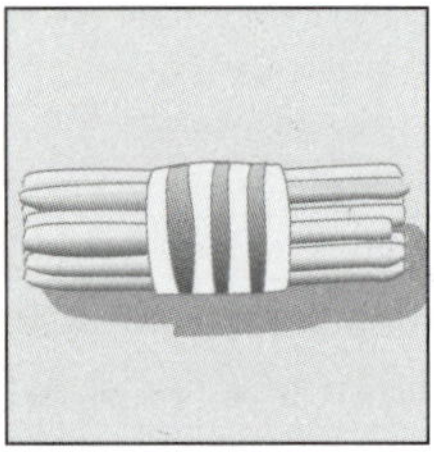

❶

Homard (corail et œufs de)

"Rien à jeter"

Le contenu du coffre du homard, matière glaireuse grise ou verdâtre, selon qu'il s'agit d'une femelle ou d'un mâle, représente le corail. Cuite, elle devient d'un rouge éclatant, d'où son nom.

C'est cette substance qui est indissociable du homard à l'américaine, lui apportant saveur, couleur et liant.

Conseil

Quand on ne cuisine pas le homard à l'américaine, il suffit de monter le corail avec de l'huile sur feu vif, soit pour en napper le homard, soit pour l'incorporer à une sauce. Les œufs aussi méritent l'attention. Après avoir égréné les œufs, on les passe au tamis avant de les incorporer à la sauce, ce qui renforce sa couleur.

Homard (découpe)

"Pas besoin de se décarcasser"

Pour couper en 2 la queue d'un petit homard, il faut l'étendre sur la planche à découper, tenir le coffre et tailler au couteau en démarrant à partir de la base du coffre ❶.

Pour décortiquer la queue, il faut couper la carapace avec une paire de ciseaux ❷.

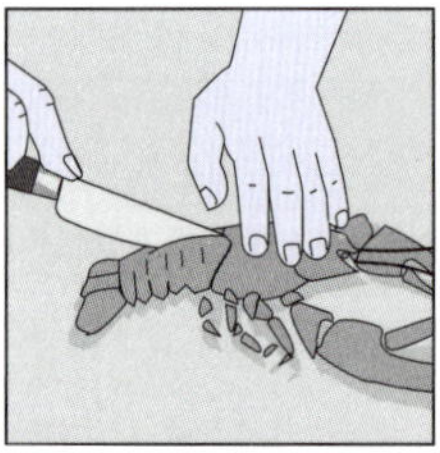

❶

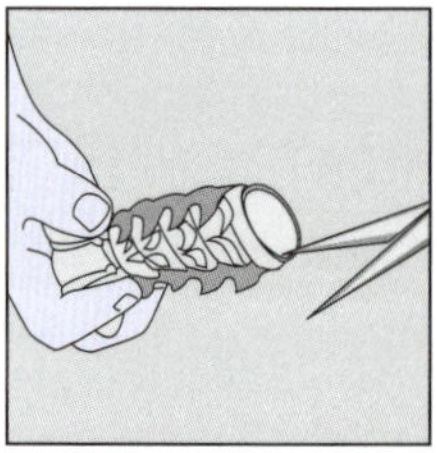

❷

Conseil

Les femelles sont toujours meilleures que les mâles. Pour les discerner, il suffit de soulever la queue. Le ventre du mâle est concave, celui de la femelle convexe... puisqu'il faut bien qu'elle range ses œufs quelque part.

Homard (pinces)

"Une technique assommante"

Pour sortir intacte la chair d'une pince de homard, il faut commencer par désarticu-

ler la petite pince ❶ en imprimant un mouvement de va-et-vient.
Puis placer la pince à la verticale, sur son arête et la briser en son milieu avec le dos de la lame d'un gros couteau ❷.

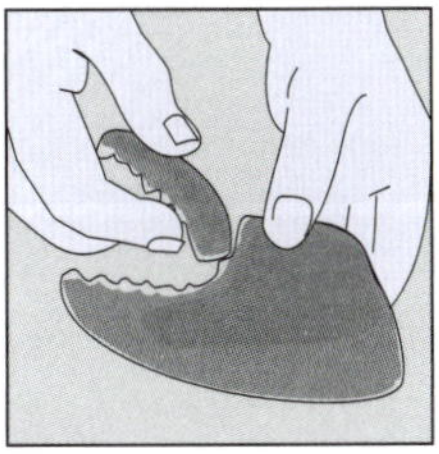

❶

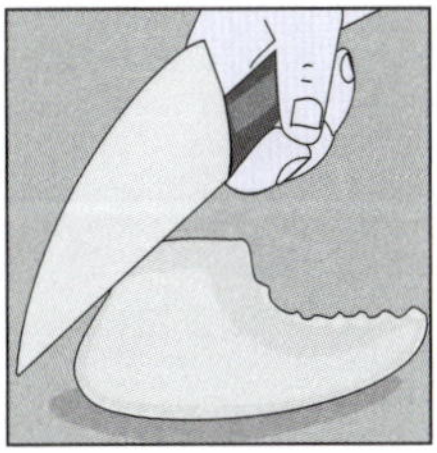

❷

Enfin, retirer le morceau de carcasse brisée, enfoncer le doigt délicatement dans l'orifice laissé par l'extraction de la petite pince ❸ et pousser la chair qui sort alors très facilement.

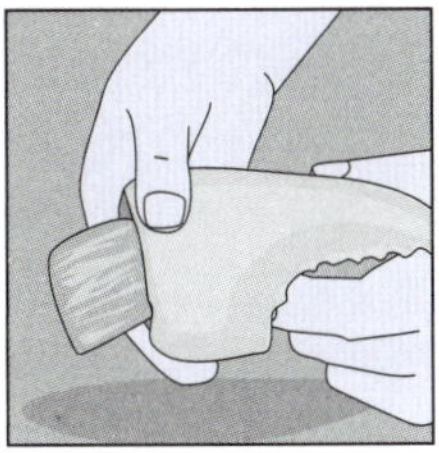

❸

HOMARD ET LANGOUSTE (CUISSON)

"Vas-y cocotte !"

L'une des meilleures façons de cuire le homard et la langouste est d'utiliser une cocotte minute. Par la rapidité de cette cuisson, ils conservent tout leur parfum. Quand on les grille, on doit toujours les placer sur le dos, en aucun cas sur le ventre.

CONSEIL

Pour accentuer les saveurs marines du homard, on peut le recouvrir d'algues à mi-cuisson.
Une astuce, de plus en plus employée, consiste à blanchir très rapidement le homard à l'eau bouillante pour le tuer, avant de le fendre en 2. On peut encore le passer au congélateur pendant 15 min pour "l'assommer" par le froid. On ne doit jamais faire flamber un homard. On brûlerait alors les poils, qui communiquent de l'amertume.

HUILE D'OLIVE

"Pain et fantaisies"

Pour parfumer une huile d'olive, il suffit d'y incorporer l'herbe de son choix, lavée et séchée, et de laisser mariner un mois à température ambiante. L'ail et le piment conviennent également. On utilise le même procédé pour le vinaigre que l'on peut encore aromatiser de miel ou de framboises.

CONSEIL

L'huile d'olive peut encore être servie, tartinée sur des petits croûtons. Il suffit de la placer au réfrigérateur pour qu'elle fige, puis de l'étaler. Quand l'huile d'olive est trop forte, il faut la couper avec une autre huile.

HUILE DE NOIX

"À l'image d'un jeu de cartes"

Il faut toujours couper une huile de noix avec une autre huile. C'est essentiel car sa puissance est trop envahissante.

De même, il faut la conserver au réfrigérateur pour qu'elle ne rancisse pas. De ce fait, il est toujours préférable de l'acheter par demi-litre.

Huîtres (chaudes)

"Il faut trouver grasse"

Pour être réussies, les huîtres pochées ne doivent pas être cuites, c'est-à-dire racornies, mais elles doivent rester souples et encore onctueuses, les chairs à peine raidies par le pochage.
C'est pour cette raison que le pochage ne convient qu'aux huîtres grasses et qu'il ne doit pas excéder 30 secondes, juste le temps de l'apparition des premières vapeurs. Aussitôt après, il faut les égoutter.

Conseil

Les recettes d'huîtres pochées varient à l'infini. L'une d'entre elles, simple et amusante, consiste à les décorer de minuscules billes de légumes (ou encore de feuilles de cresson) et à couler dans la coquille de l'eau de mer dans laquelle on aura préalablement fait fondre un peu de gélatine.

Jambon

"Tombez sur l'os"

Quand on fait un jambon soi-même, il ne paraît pas évident de contrôler sa cuisson. C'est pourtant simple : il suffit de tirer sur l'os attaché à la pointe, comme la corde fixée à l'archet.
Le jambon est cuit quand on peut l'arracher sans effort.

❶

Conseil

Il faut une grande et haute marmite pour faire cuire un jambon, celui-ci ne devant pas, tant que faire se peut, être couché sur le fond. L'astuce consiste à le placer debout (à défaut, de biais) dans la marmite, à poser une spatule à cheval sur la marmite et à attacher avec une ficelle la crosse à la spatule ❶ pour suspendre le jambon.
Le jambon doit être dessalé 24 h dans de l'eau fraîche. Ensuite, on le met dans de l'eau froide que l'on porte à ébullition. Dès ébullition, on égoutte le jambon que l'on plonge enfin dans de l'eau bouillante, de préférence additionnée de vin blanc. En règle générale, on compte 1 l de vin blanc pour 4 l d'eau.

Jambon (cornet de)

"Consignez une bouteille"

Pour réaliser des cornets de jambon, il faut détailler des tranches fines de jambon en rondelles. Pour cela, on retourne une petite soucoupe sur les tranches superposées que l'on contourne ensuite à l'aide d'un couteau.
Les tranches fines étant taillées en rondelles, il convient alors d'en prendre une et de la rouler sur elle-même pour lui donner la forme d'un cornet, puis on introduit un

morceau de beurre à l'aide de la pointe d'un couteau ❶, le beurre remplaçant ici la colle.

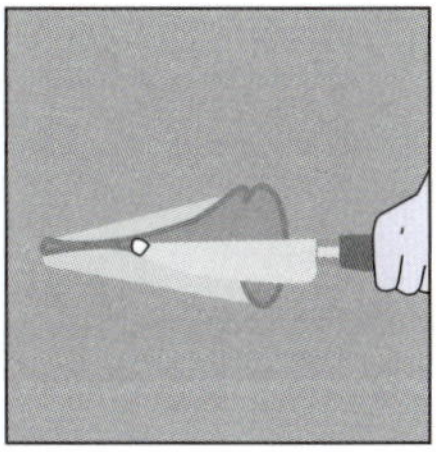

❶

On enfonce ensuite la pointe dans un goulot de bouteille couchée pour maintenir le cornet en forme. Enfin, on introduit le deuxième cornet dans le premier, celui-ci faisant office de moule, et ainsi de suite ❷, avant de placer les cornets au réfrigérateur pour que le beurre fige et soude bien chaque cornet.

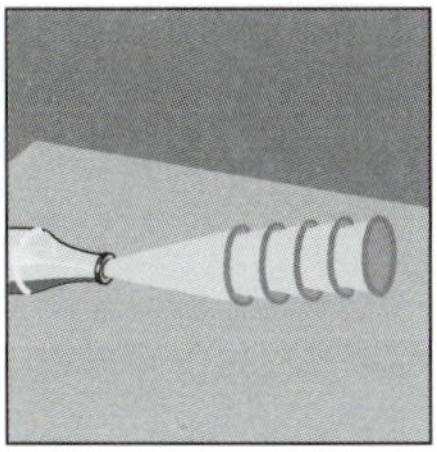

❷

JOUE (DE BŒUF)

"À serrer de près"

La joue de bœuf est un abat exceptionnel. C'est une viande à la fois très moelleuse et très goûteuse.
Pour conserver au maximum ce moelleux, il ne faut pas la cuire à la mode anarchique. On doit la ficeler comme un rôti ❶ en la serrant bien, pour qu'elle tienne en cuisson.

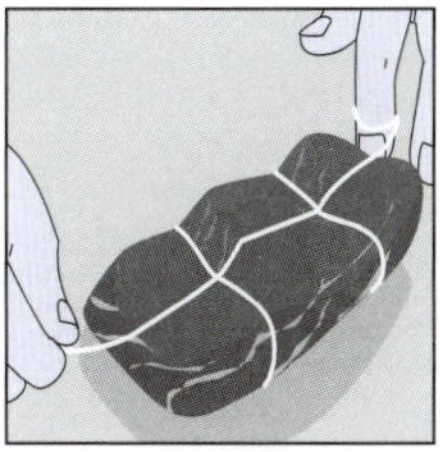

❶

CONSEIL

Tout le problème consiste à trouver (chez le tripier ou le boucher) une joue d'une extrême fraîcheur. Sinon, mieux vaut s'abstenir car on a tendance à oublier qu'il s'agit d'un abat, donc d'une chair qui s'abîme très vite.
Mais quand elle est de qualité, il faut savoir que la joue est idéale à braiser, étant donné son moelleux.

LAITUE (CUISSON)

"Prenez-la à cœur"

Les premières feuilles supprimées et le trognon creusé en cône, la laitue entière, avant d'être braisée, doit être lavée scrupuleusement. Pour cela, il convient de la laisser séjourner un petit 1/4 d'heure dans une bassine d'eau fraîche vinaigrée, tête en bas, et de la secouer en la tournant dans l'eau comme une hélice ❶, afin d'éliminer les éventuels insectes.

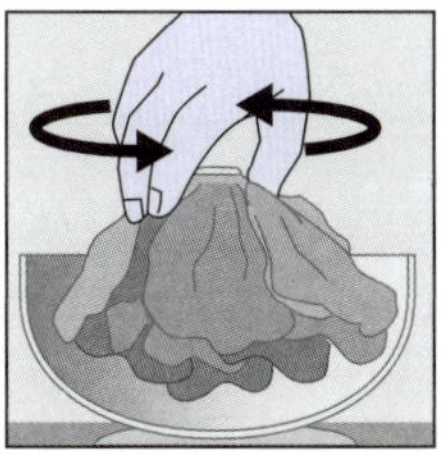

❶

❷

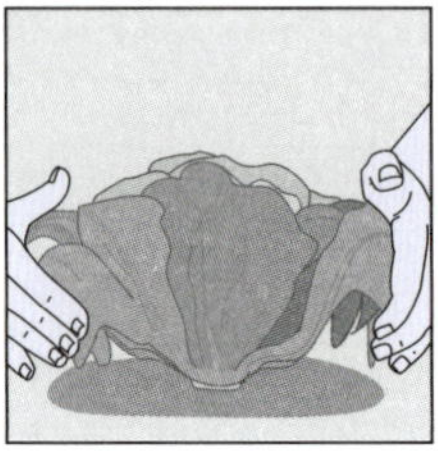

❸

CONSEIL

Une fois la laitue blanchie et pressée dans la paume de la main, il ne faut pas oublier de la poser sur un linge et d'écarter les feuilles pour assaisonner le cœur avec sel et poivre ❷.

La méthode classique veut que l'on replie les plus grosses feuilles sur elles-mêmes ❸ avant de ficeler sommairement la laitue.

Il convient toujours de réduire le jus de cuisson de la laitue braisée.

LANGOUSTE

"Dressez l'antenne"

Quand on poche une langouste entière, il faut la ficeler sur une planche et attacher les antennes pour qu'elles demeurent bien verticales ❶.

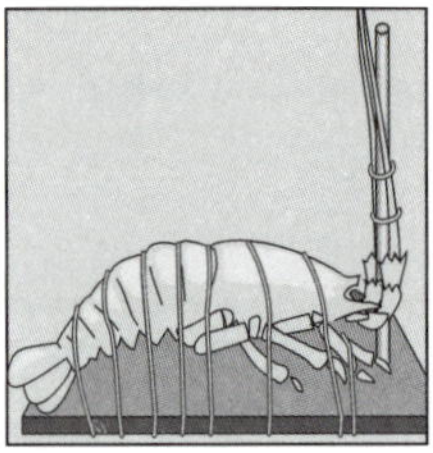

❶

Pour servir des moitiés de langouste on la fend en 2 en commençant par le bout de la queue, contrairement au homard ❷. Toujours contrairement au homard, les grosses langoustes sont meilleures.

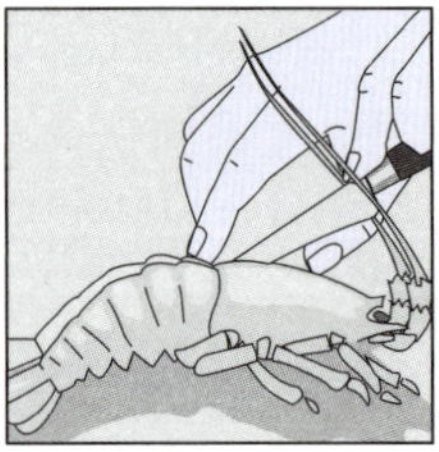

❷

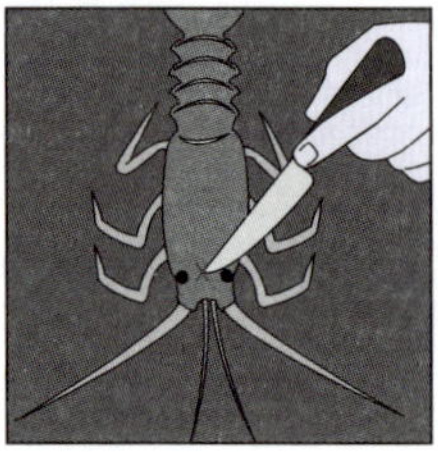

❸

CONSEIL

Le vinaigre est à déconseiller dans le court-bouillon, car il fait virer le rouge de la carapace au rose.

Quand on sert la langouste froide, aussitôt sortie de son court-bouillon, il faut, à l'aide d'un couteau pointu, lui percer la tête entre les deux antennes pour accélérer son égouttage ❸. Puis, on la laisse refroidir, tête en bas, bien calée. Pour une meilleure présentation, la chair de la langouste froide se détaille en biais.

LANGOUSTINES

"Brisez l'anneau"

Pour décortiquer la queue d'une langoustine, on écrase légèrement, entre le pouce et l'index, le premier anneau de carapace en partant de la tête. Ensuite, il suffit de déboîter la carapace en tirant l'extrémité de la queue ❶.

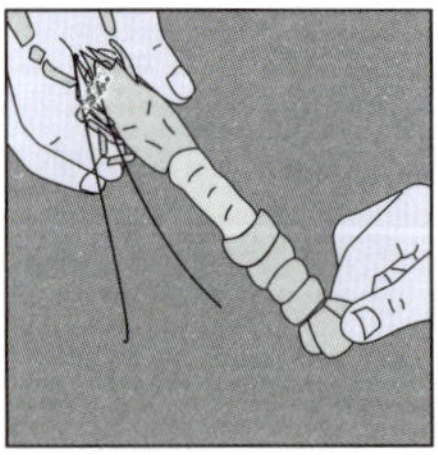

❶

CONSEIL

On ne doit jamais conserver des langoustines au réfrigérateur. Saisies par le froid, elles perdent très vite leur parfum tout en absorbant les odeurs du réfrigérateur. De plus, leur chair, trop fragile, devient vite cotonneuse.

LANGOUSTINES (CUISSON)

"Chronomètre exigé"

Les langoustines réclament une cuisson "éclair". Selon leur grosseur, ce n'est l'affaire que de quelques minutes. Pour bien les cuire, il faut une grande quantité d'eau bouillante, et jamais une grande quantité de langoustines, afin de ne pas baisser trop considérablement la température de l'eau. Si l'on n'a pas le récipient adéquat, il convient de procéder au fur et à mesure.

LANGUE

"Ne la donnez pas au chat"

Vous devez d'abord blanchir la langue en portant de l'eau froide à ébullition, et en maintenant cette ébullition frissonnante. Pendant ce temps, vous devez écumer soigneusement et régulièrement la surface de l'eau pour éliminer les impuretés.

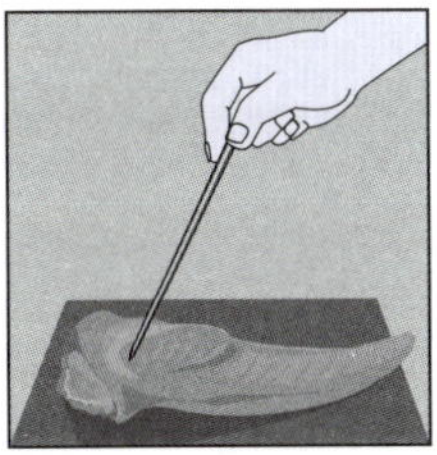

❶

CONSEIL

Pas assez cuite, la langue est dure, trop cuite elle est molle. Il faut donc surveiller sa bonne cuisson. On constate qu'une langue est "à point" en la piquant d'une aiguille à brider ou à tricoter. Celle-ci doit traverser la langue sans résistance ❶.

LANGUE

"Soyez de conserve"

Pour lui conférer plus de goût, une méthode consiste à enfouir la langue dans le gros sel et à la conserver ainsi, pendant 48 h, au réfrigérateur, avant de la débarrasser soigneusement de son sel et de la faire cuire.

CONSEIL

Pour accentuer sa saveur, une autre méthode consiste à la faire cuire aux 4/5 dans son bouillon, puis à la poêler. Il est également à noter que l'anchois accompagne fort bien la langue.

LANGUE (DE BŒUF)

"Comptez sur vos doigts"

Pour parer une langue de bœuf cuite, il faut l'inciser au couteau en partant du bout de la langue ❶ et éliminer les parties grasses et autres déchets qui se trouvent dans sa partie inférieure.

Il faut aussi l'éplucher le plus rapidement possible, alors qu'elle est encore très chaude. Comment ne pas se brûler les doigts ?

L'astuce consiste à mettre des glaçons dans

un bol d'eau fraîche et à y tremper les doigts ❷ dès que la chaleur devient insupportable.

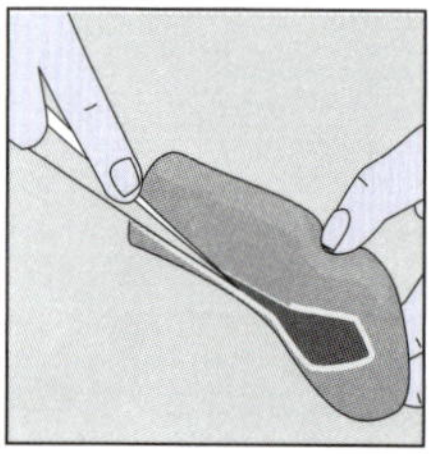

❶

❷

Conseil

On taille la langue de bœuf, en commençant par le bout, en biais, et en coupant des tranches aussi parallèles que possible.

Lapin (cuisson)

"Entendez-la de la bonne oreille"

Un bon lapin doit avoir une chair moelleuse. Pour que la chair soit tendre, il ne faut pas la faire trop cuire. Sinon, elle devient filandreuse.

Les meilleurs résultats s'obtiennent en faisant cuire le lapin au four, recouvert d'un papier aluminium beurré, tout en veillant à ce qu'il subsiste du jus de cuisson. A défaut, s'il baisse, on doit ajouter quelques cuillerées d'eau pour que la chair ne se dessèche pas.

Lapin (de garenne)

"Mettez-vous en frais"

Comme la grive, le lapin de garenne doit être cuisiné extra-frais. Ne commettez pas l'erreur de le mariner ou de le conserver : ce serait le tuer une seconde fois.

Pour être appréciable, le lapin de garenne doit être jeune, c'est-à-dire que son poids maximal ne doit pas dépasser 1,2 kg.

Conseil

Ce n'est pas parce qu'il s'agit d'un gibier que le lapin de garenne n'obéit pas aux règles de la cuisson du lapin domestique. Pour obtenir un bon résultat, le lapin de garenne ne doit pas être trop cuit. Sinon, ce n'est plus du lapin, mais du caoutchouc.

Lapin (râble de)

"Ne pas faire faux bond"

Quand on farcit un râble de lapin, il faut le désosser de manière à le laisser entier. Pour cela, on dégage la chair de l'os avec un petit couteau pointu, sans chercher à la décoller au risque de la percer ❶.

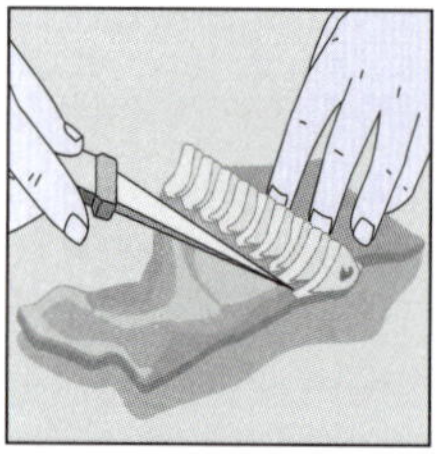

❶

Puis on tient l'os dans une main, tout en maintenant la chair à plat de l'autre.

Enfin, on tire l'os d'un coup, comme on le ferait avec une fermeture Éclair ❷.

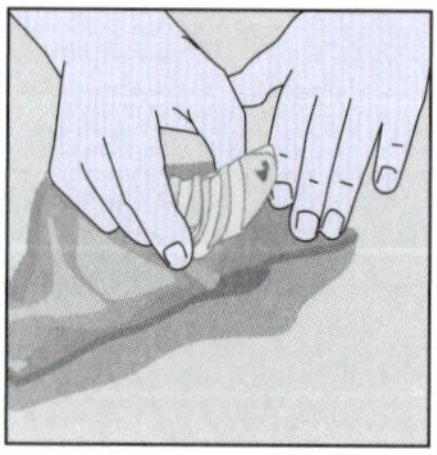

❷

Conseil

On ne doit pas surcuire un lapin. C'est ce qui rend sa chair filandreuse. Si l'on veut que les morceaux de lapin soient très moelleux, il suffit de les envelopper dans une crépine de porc. Une autre astuce consiste à laisser tremper la chair dans du lait pendant 24 h environ.

Retenez également qu'il faut toujours ajouter un filet d'huile de noix dans la sauce du lapin à la moutarde. C'est meilleur.

Larder

"Faire des durs de ces mous"

Les lardons sont généralement assez mous, ce qui constitue un sérieux handicap quand on ne dispose pas de lardoire.

À moins d'utiliser cette astuce, qui consiste à placer les lardons au congélateur pour qu'ils durcissent. De telle sorte qu'il suffit ensuite de percer le morceau de viande avec un couteau et d'enfoncer les lardons ❶.

❶

Conseil

On doit toujours larder une viande ou un poisson dans le sens de la fibre. Sinon, on abîme la chair de telle sorte qu'elle se défait à la cuisson.

Lardons (blanchir)

"Ne bouillez pas d'impatience"

Les lardons doivent toujours être blanchis, tant pour les dessaler que pour les débarrasser de leurs impuretés.

Pour cela, on ne doit pas plonger les lardons dans de l'eau bouillante, mais dans de l'eau froide et porter doucement à ébullition. Après quelques minutes d'ébullition, il convient alors de récupérer les lardons à l'aide d'une passoire et de les rincer sous l'eau fraîche du robinet avant de bien les égoutter.

Conseil

Ensuite, quand on poêle les lardons, il est déconseillé d'ajouter de l'huile. Il faut les sauter à sec, dans une poêle à semelle anti-adhésive, ce qui leur confère un croustillant parfait.

Pour qu'ils ne ramollisent pas, les lardons doivent être parsemés au dernier moment sur le plat.

Lardons (détailler)

"Un art et du cochon"

Pour détailler des lardons dans un morceau de lard, il ne faut surtout pas enlever la couenne. On place le morceau de manière que la couenne repose sur la planche à découper. Puis on taille des tranches en les laissant adhérer à la couenne ❶.

Enfin, on couche le morceau de lard, couenne à la verticale, et on taille d'autres tranches ❷, pour obtenir des bâtonnets que l'on découpe ensuite en lardons.

❶

❷

Lasagnes

"Le coup de filet"

Difficile de retirer des lasagnes de leur eau de cuisson dans la mesure où il n'est pas question de les verser dans une passoire. Il y a tout de même une astuce : elle consiste à prendre une grande feuille de papier aluminium que l'on replie sur 3 épaisseurs.

Ensuite, on pique cette feuille — qui, une fois pliée, doit être plus grande que le récipient — de manière à la transformer en passoire et on la plaque au fond du récipient en laissant dépasser les bords pour pouvoir la soulever en fin de cuisson ❶.

❶

Il ne reste plus qu'à remplir d'eau, ajouter une cuillerée d'huile, saler et faire cuire les lasagnes qu'on retirera ensuite sans difficulté.

Laurier

"Ne lui laissez pas le pouvoir"

Les feuilles de laurier ont un parfum très puissant ; de telle sorte qu'il ne faut jamais en abuser.

Une feuille, voire une demi-feuille, suffit si l'on ne veut pas "fusiller" une sauce. De plus, le laurier n'est pas fiable. Selon qu'il est sec ou frais, mais selon son origine aussi, la puissance de son arôme peut être multipliée par 20 pour la même quantité.

Conseil

Si l'on n'est pas un inconditionnel du laurier, on peut très bien le remplacer par une petite branche de céleri. Et cela, d'autant qu'on a le cœur fragile ou simplement de la tachycardie, car le laurier est un puissant tonique cardiaque.

Légumes

"De sacrés individualistes"

Quand on fait une macédoine ou une ratatouille, tout l'art consiste à cuire les légumes séparément, de manière que chaque légume conserve son goût.

À défaut, on doit au moins les faire cuire en tenant compte du temps de cuisson propre à chacun. Cela, dans la mesure où des haricots verts extra-frais, par exemple, mettent moins de temps à cuire que des carottes.

Il convient donc de les faire cuire, en les ajoutant au fur et à mesure dans la casserole, en commençant par ceux qui cuisent le plus longtemps, bien sûr.

LÉGUMES (ACHARDS)

"Méfiez-vous de l'amer"

Les achards ou achars, qui sont des légumes ou des fruits hachés macérés dans une sauce épicée, sont très faciles à réaliser. Notamment les achards au citron vert ou jaune, qui sont très prisés.
Mais il faut penser à râper préalablement l'écorce de ces agrumes, sur une simple râpe ménagère plate, pour ôter l'amertume qu'elle renferme en surface.

LÉGUMES (EN CHARTREUSE)

"Ne dévissez pas dans la paroi"

Une chartreuse, quelle qu'elle soit, s'enjolive avec des légumes qu'on intercale en variant les couleurs (carottes, haricots verts) contre la paroi du moule. Pour parvenir à un excellent résultat au démoulage, il faut tailler en fines tranches les carottes et pour cela utiliser un couteau-économe. Ainsi, on obtient des copeaux qui, de par leur minceur, adhèrent bien à la paroi ❶.

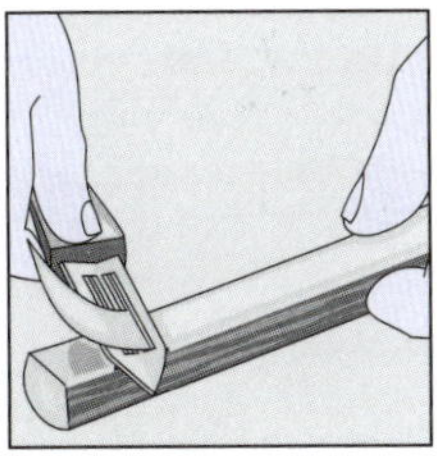

❶

Quant aux haricots verts, il faut aussi les amincir pour qu'ils ne rebiquent pas en les tranchant en 2 dans le sens de la longueur ❷. Il ne faut surtout pas oublier d'enduire le moule de beurre ramolli avant de commencer le chemisage ❸.

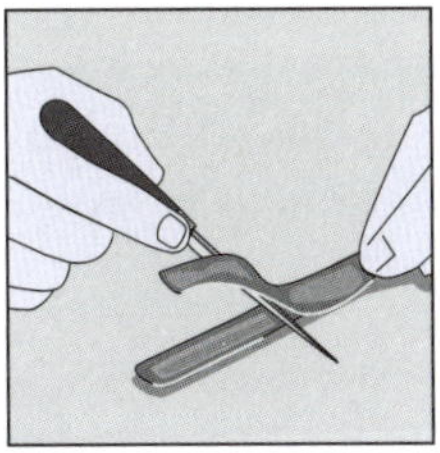

❷

❸

Le chemisage terminé, on place le moule pendant 10 min au congélateur, le temps que le beurre durcisse et fixe les légumes.

CONSEIL

Après cuisson, il faut toujours plaquer une petite assiette sur la chartreuse et pencher le moule, tout en faisant pression sur l'assiette, pour éliminer l'excédent d'eau. C'est une bonne précaution à prendre pour que la chartreuse ne s'écroule pas au démoulage.

LÉGUMES (CUISSON)

"Un grand plongeon"

Il faut beaucoup d'eau pour la cuisson des légumes, soit 4 l pour 1 kg. On doit uniquement employer du gros sel à raison de 20 g au litre. une fois les légumes plongés dans l'eau, l'ébullition doit reprendre le plus rapidement possible, sans que le récipient soit couvert. Aussitôt cuits, les légumes verts doivent être plongés dans de l'eau glacée pour conserver leur couleur. Retenez que, lorsqu'on donne un temps de cuisson à l'eau, on ne doit pas commettre l'erreur fréquente de compter celui-ci à partir du moment où l'on met les légumes dans l'eau, mais seulement à partir de l'instant précis où l'ébullition reprend. En effet, selon la puissance du feu et son mode (gaz ou électricité), et aussi selon le volume des légumes et la quantité d'eau, celle-ci met plus ou moins de temps à remonter en température.

CONSEIL

Il est toujours conseillé de cuire les légumes séparément pour ne pas altérer leur saveur. Ce procédé étant laborieux, on peut toujours préférer la solution qui consiste à les faire cuire en même temps. Dans ce cas, il faut augmenter la quantité d'eau de cuisson.
Autrefois, on utilisait une pincée de bicarbonate de soude pour fixer la couleur des légumes. Cette méthode n'a plus cours aujourd'hui, donnant de moins bons résultats que les glaçons.

LÉGUMES (CUISSON À L'ANGLAISE)

"Des principes à égoutter"

Pour obtenir un bon résultat, on ne doit pas se contenter d'égoutter les légumes. Après cuisson à l'eau, il faut non seulement les égoutter, mais aussi les sécher en casserole pour qu'ils perdent leur humidité. Dès que les légumes ne dégagent plus de vapeur, il convient d'ajouter des petits morceaux de beurre, et de retirer la casserole du feu pour que le beurre n'ait pas le temps de se transformer en huile.

❶

CONSEIL

La casserole retirée du feu, secouez-la en lui donnant un mouvement circulaire ❶ afin de mélanger le beurre aux légumes, et servez aussitôt. On peut aussi ajouter un filet de citron au dernier moment.

LÉGUMES (ÉMINCER)

"Un indice majeur"

Quand on émince des légumes, c'est le majeur qui règle l'épaisseur de la coupe ❶, la lame du couteau devant rester constamment en contact avec l'ongle comme avec la planche.
Il suffit de lui imprimer un mouvement de balancier, pour que la pointe et le talon du couteau reposent à tour de rôle sur la planche. Si l'on doit émincer beaucoup de légumes, on écarte les doigts, tout en les reculant à chaque coupe ❷.

❶

❷

LÉGUMES (FARCIR)

"Ayez la réduction en tête"

Les légumes que l'on sert farcis rendent beaucoup de jus, notamment les navets et les courgettes, de telle sorte qu'on les sert dans un "bain de pieds" peu appréciable. Pour éviter cet écueil, il faut recueillir le jus et le réduire avant d'y incorporer des parcelles de beurre frais.

LÉGUMES (MOUSSES DE)

"Pas de coup dur"

Qu'elle soit de fruits ou de légumes, la mousse se doit d'être légère.
Pour obtenir le meilleur résultat possible, il convient de la passer au travers d'un tamis très fin et de ne pas la mettre, si possible, au réfrigérateur.
En la saisissant, le froid la rend compacte.

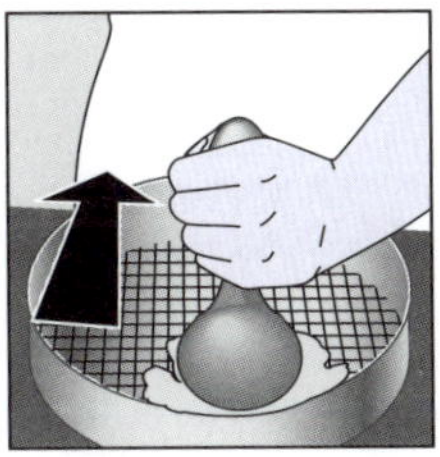

❶

❷

CONSEIL

Passer les légumes au tamis exige un soin particulier. Il ne faut pas s'y prendre n'importe comment, mais écraser les légumes en ramenant le pilon vers soi ❶, puis le soulever pour le ramener à son point de départ, etc.❷.
Les pommes de terre, comme les marrons et tous les féculents, doivent être passées encore très chaudes. Quand il s'agit de légumes à peau épaisse (haricots, lentilles, etc.), il convient d'éliminer très régulièrement les peaux à l'aide d'une cuiller pour qu'elles n'obstruent pas les mailles du tamis.

LÉGUMES (NOUVEAUX)

"Suave qui peut !"

La meilleure façon de cuire les légumes nouveaux (petits pois, navets, carottes), c'est de les glacer, en les mouillant d'eau à hauteur avec une noix de beurre et du sel. Sans oublier le principal : une belle pincée de sucre semoule.
Si l'on veut parfaire la présentation des navets nouveaux, on peut laisser 3 cm de tige aux légumes ❶.
Dans ce cas, on veille à ranger les légumes de telle sorte que les tiges soient à la verticale pour ne pas être au contact de l'eau.

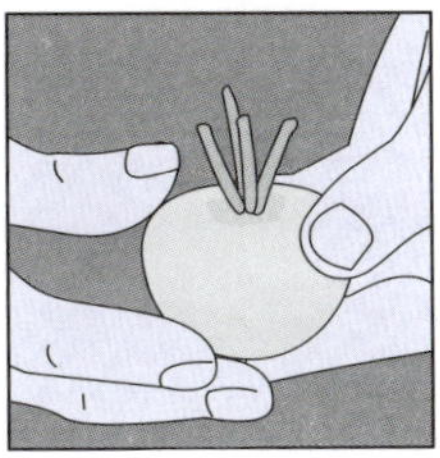

❶

CONSEIL

En guise de peau, les carottes et les navets nouveaux ne sont recouverts que d'une fine pellicule.
Pour l'éliminer, il n'est pas utile de les éplucher. Un simple coup de tampon abrasif suffit.

LÉGUMES (EN POT-AU-FEU)

"Faites votre baluchon"

Il est important de ne pas mettre les légumes à cuire en même temps que la viande, mais 30 min avant la fin de la cuisson. Sinon, les légumes sont trop cuits ou, pire encore, en charpie.
Reste un écueil : ajoutés en fin de la cuisson, les légumes n'ont pas le temps de parfumer le bouillon. Un truc pour remédier à cela : on lave les épluchures (carottes, vert de poireaux, navets), on les pose sur un linge qu'on noue ❶ et on met ce baluchon dans l'eau en début de cuisson.

❶

❷

CONSEIL

On doit tailler les légumes en fonction de leur temps de cuisson. Plus la cuisson est longue, plus les rondelles doivent être épaisses et inversement. On taille des copeaux de légumes à l'aide d'un couteau-économe. Découpés ensuite en losange, ces copeaux permettent de faire des étoiles très décoratives ❷.

LÉGUMES (PURÉE DE)

"Ayez du cran"

On peut faire une très belle décoration avec de la purée de légumes, quels qu'ils soient. Il suffit d'étaler la purée dans le plat et de la cranter en éventail à l'aide d'un couteau ou d'une spatule ❶.
Pour cela, bien sûr, il est nécessaire que la purée ne soit pas liquide. Il faut donc la sécher en casserole après mixage, et ajouter le beurre.

❶

CONSEIL

Compte tenu de leur grande teneur en eau, il est conseillé de faire cuire les courgettes la veille, puis de les laisser égoutter toute la nuit dans une passoire avant de les mixer.

LÉGUMES (PURÉE DE)

"À toute vapeur"

Une purée de légumes réussie est une purée qui se tient. Pour cela, il ne suffit pas de bien égoutter les légumes. Après les avoir mixés, il faut sécher la purée en casserole sur feu vif, en remuant bien à la spatule, jusqu'à ce que toute l'eau se soit bien évaporée.

CONSEIL

Pour éviter que les légumes attachent à la casserole, compte tenu de la cuisson qui doit être conduite vivement pour une évaporation rapide, l'astuce consiste à ajouter une noix de beurre. Mais surtout pas plus, si l'on veut mener à bien l'évaporation de l'eau.

LÉGUMES (EN TERRINE)

"Des précautions à prendre"

Chemiser une terrine de légumes n'est jamais commode. Si l'opération est facile à réaliser pour le fond, en revanche, cela devient une véritable galère quand il s'agit de les faire tenir sur ses parois verticales. L'astuce consiste alors à étaler sur une plaque les légumes prévus pour la décoration et à les arroser d'un peu de gelée ❶. Ensuite, dès que la gelée commence à prendre, on dispose les légumes dans la terrine qui se fixeront ainsi d'eux-mêmes, la gelée faisant office de colle.

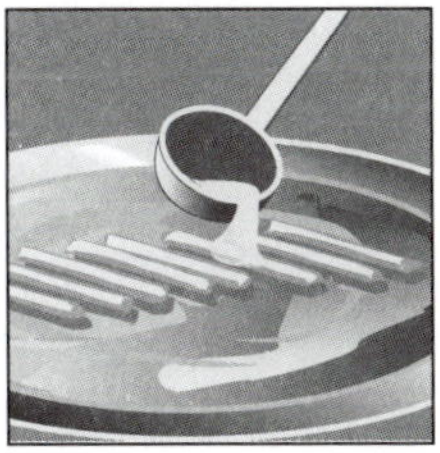

❶

CONSEIL

Pour faciliter cette opération, il convient de placer la terrine au préalable au congélateur. Grâce à cette astuce, la gelée se solidifie immédiatement au contact du froid.

LÉGUMES SECS

"Manquez de trempe"

Contrairement à ce que l'on pourrait croire, il n'est pas bon de les laisser tremper car ils fermentent.

La meilleure solution est de les blanchir au préalable, en faisant démarrer la cuisson à l'eau froide (on ne doit pas jeter les légumes secs dans l'eau bouillante).

Dès que l'eau bout, on les égoutte.

CONSEIL

Il est toujours conseillé de ne pas saler en début, mais en milieu de cuisson, parce que le sel a tendance à durcir la peau des légumes secs.

L'eau aussi à une grande importance. Si elle est trop calcaire, elle transforme en coque dure la peau des légumes, ce qui les empêche de cuire convenablement.

Dans le doute, mieux vaut ajouter une pincée de bicarbonate de soude ou les cuire à l'eau minérale.

LÉGUMES SECS (CUISSON)

"Prenez votre temps"

La cuisson des légumes secs doit être menée lentement, à frémissements. Si, pour une raison quelconque, le frémissement tombe, il ne faut pas mettre plein feu sous la casserole et provoquer ainsi un bouillonnement, ce qui ferait éclater la peau des légumes. Il convient donc de remonter progressivement la température.

CONSEIL

Pour obtenir une bonne purée de légumes secs, il ne faut surtout pas noyer les légumes dans l'eau, mais calculer au plus juste la quantité d'eau en début de cuisson.

Ensuite, en milieu de cuisson, on rajoute au fur et à mesure de l'eau bouillante.

Lentilles

"L'oignon fait la force"

Les lentilles vertes du Puy ne nécessitent pas de trempage. En revanche, les lentilles blondes doivent être trempées, compte tenu de leur temps de stockage généralement assez long.

Pour savoir si une lentille doit être ou non trempée au préalable, il suffit de la croquer à cru. Si elle est tendre, le trempage est inutile. Si elle est dure, il faut la tremper.

Lentilles

"Et que ça saute !"

Pour ne pas prendre le risque que les lentilles se transforment en purée, une astuce consiste à commencer par les faire sauter à sec pendant 5 min, tout en les remuant à la spatule.

Sous l'effet de la chaleur, la peau des lentilles se fend.

Dès lors, 20 min de cuisson suffisent pour que, mouillées d'eau à hauteur, elles deviennent souples sous la dent, tout en conservant une belle tenue.

Conseil

Pour donner un agréable parfum aux lentilles, c'est toujours une bonne idée d'ajouter 3 grains d'anis étoilé à la cuisson.

Mais pour les récupérer, il est conseillé de les enfermer dans un petit baluchon, que l'on attache à la queue de la casserole avec un bout de ficelle.

Quand on fait une salade de lentilles, on ajoute toujours un peu de vinaigre au dernier moment.

Lièvre (civet)

"Hissez ses couleurs"

Systématiquement, l'ail doit être présent dans un civet de lièvre. Pas en grande quantité certes, mais suffisamment toutefois pour qu'on le sente dans la sauce. Si l'on aime beaucoup le parfum de l'ail, il est recommandé d'en frotter les croûtons servis avec le civet.

Conseil

Le suc des colorations ayant une grande importance dans les civets, par le parfum qu'il apporte, il est toujours préférable de colorer les légumes et la viande à part pour un meilleur résultat.

Lièvre (râble)

"Affaire de toilettage"

Avant de faire mariner le râble de lièvre, il convient de bien le "toiletter" au préalable, en éliminant, à l'aide de la pointe d'un petit couteau, la fine pellicule de peau qui le recouvre. Cette petite opération est nécessaire pour que le râble ne se rétracte pas à la cuisson.

Conseil

Veillez à servir le râble de lièvre aussitôt cuit. En aucun cas il ne doit attendre. Sinon, le moelleux de sa chair s'évanouit, celle-ci perdant son jus.

En quelques minutes, le râble devient alors sec et filandreux.

LOTTE

"Trop de pellicule"

La lotte réclame un soin particulier. En effet, si on lui reproche d'être ferme, c'est parce que la pellicule qui recouvre sa chair a été mal épluchée.

Dès lors, ses chairs se rétractent à la cuisson, ce qui lui donne la consistance du caoutchouc.

Il faut donc soigneusement ôter cette pellicule, en glissant la pointe du couteau entre celle-ci et la chair ❶ et l'éplucher au fur et à mesure.

Autre problème : il est difficile de cuire uniformément une lotte entière, la queue étant beaucoup moins épaisse que la partie se trouvant à proximité de la tête. Faites alors une incision de 2 cm de profondeur dans la partie épaisse des filets, de part et d'autre de l'arête ❷.

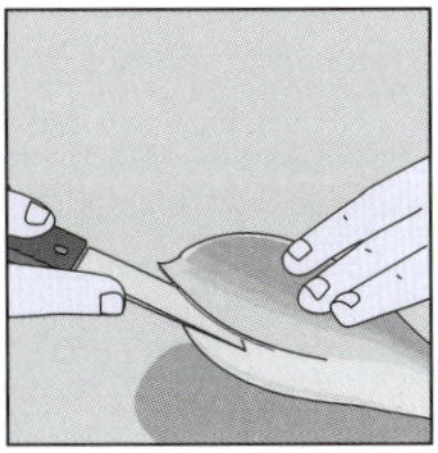

❶

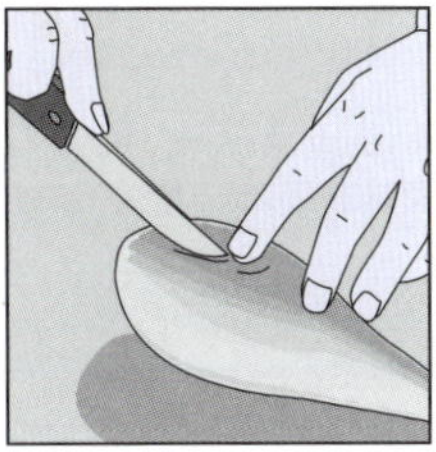

❷

LOTTE (FARCIE)

"Respectez la queue"

Malgré sa morphologie, il est facile de farcir une lotte. On commence par dégager l'arête centrale en longeant la chair de part et d'autre de celle-ci, sans omettre de s'arrêter à quelques centimètres de la base de la queue pour que les filets ne se détachent pas à la cuisson.

Ensuite, il suffit de couper l'arête avec une bonne paire de ciseaux ❶. Enfin, on pose la lotte sur une crépine, on écarte les filets, et on étale la farce de son choix ❷ avant d'envelopper le tout dans la crépine.

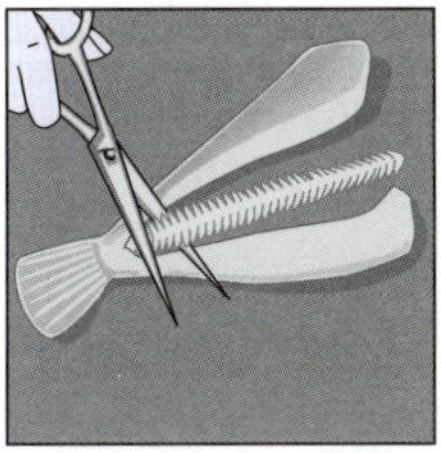

❶

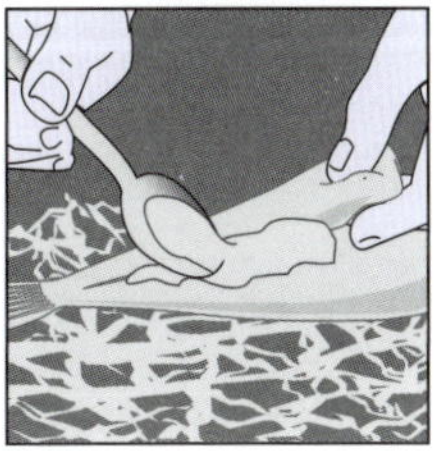

❷

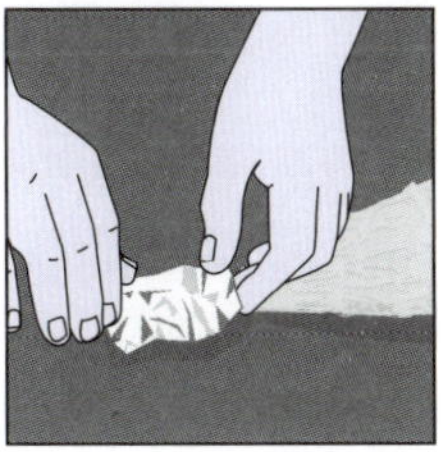

❸

CONSEIL

La queue d'une lotte comme de tout autre gros poisson est jolie. Mais elle brûle au four. Pour éviter cet inconvénient, il suffit de l'envelopper de papier aluminium avant cuisson, en veillant bien à ce qu'il empiète sur la base de la queue ❸.

LUTAGE

"Poète, prends ton lut"

Pour qu'un aliment braisé conserve tous ses parfums et ne dessèche pas à la cuisson, il faut clore hermétiquement la cocotte. Pour cela, on n'a encore rien trouvé de mieux que le lut. Il suffit de confectionner une pâte en pétrissant 200 g de farine mouillée avec l'équivalent d'un verre d'eau. Après avoir roulé la pâte de manière à obtenir un boudin d'une longueur légèrement supérieure à la circonférence de la cocotte, on la dispose en couronne sur le bord du couvercle ❶, puis on presse avec les doigts pour la rabattre sur le bord de la cocotte afin de sceller couvercle et cocotte ❷.

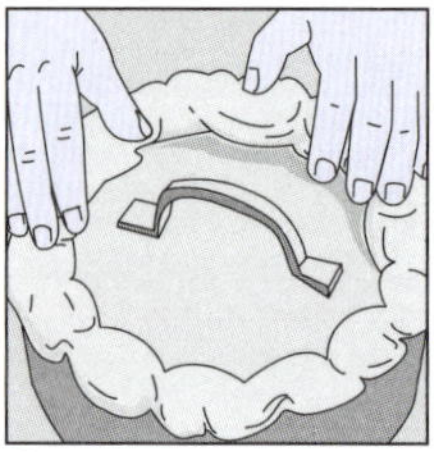

❶

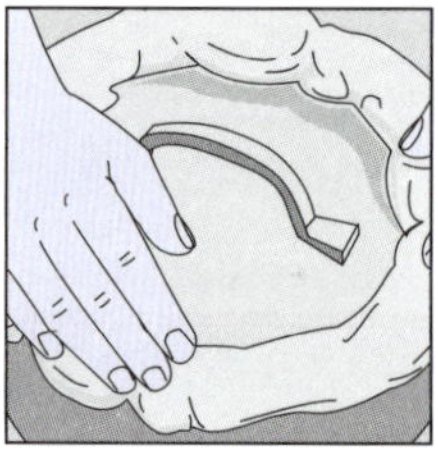

❷

En durcissant sous l'effet de la chaleur, cette couronne permet une parfaite cuisson.

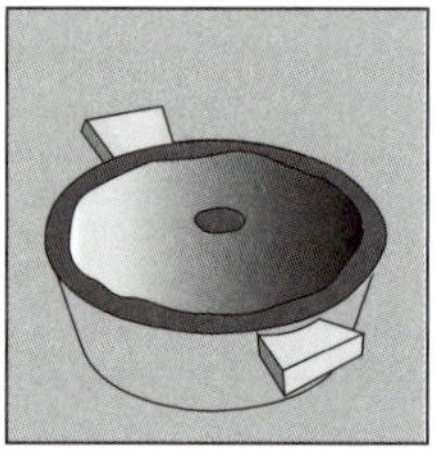

❸

MACARONIS

"Filez doux"

Les macaronis se cuisent dans de l'eau additionnée de lait. Il faut bien les égoutter, puis les "sécher" dans une grande casserole pour éliminer l'humidité de la cuisson. Il convient de mélanger en parts égales gruyère et parmesan et de ne pas mettre le fromage en une seule fois sur les macaronis, si l'on ne veut pas qu'il fonde.

CONSEIL

Pour que le fromage file, on en saupoudre la moitié sur les macaronis, on mélange à la spatule, on ajoute l'autre moitié, on mélange quelques secondes sur le feu et on sert.
Une pointe de muscade convient aux macaronis.

MACARONIS (AU GRATIN)

"Faites-en un extra-plat"

C'est une erreur de superposer les macaronis les uns sur les autres, car ainsi ils ne sont pas tous gratinés. Tout gratin aux macaronis qui se respecte part de ce principe : il faut un plat suffisamment grand pour pouvoir les disposer côte à côte.

CONSEIL

On peut aussi réaliser des pains de macaronis. L'erreur souvent commise est alors de les mouler tels quels, de sorte que les pains s'effondrent au démoulage. L'astuce consiste à les cuire préalablement cassés en petits morceaux.

MÂCHE

"Une certaine tiédeur"

Pour bien laver la mâche, c'est-à-dire pour la débarrasser de son sable, l'astuce consiste à la plonger dans de l'eau légèrement tiède. Sous l'effet de la chaleur — attention, l'eau doit être juste tiède —, le sable lâche prise. Ensuite, pour l'empêcher de flétrir, il suffit de rincer la mâche à l'eau froide et de la laisser tremper une bonne demi-heure dans de l'eau glacée.

CONSEIL

La meilleure façon d'égoutter la mâche sans l'abîmer est de l'envelopper dans un torchon, puis de secouer en un mouvement de va-et-vient.
Cette salade est tellement fragile qu'aucune autre manière d'essorer ne lui convient.

MAGRET (DE CANARD)

"Faites preuve de bon sens"

Pour ne pas se rétracter et donc gondoler à la cuisson, il faut inciser la peau du magret en la quadrillant. Mais ces incisions doivent être seulement superficielles.
Pour cela, prenez un petit couteau pointu et appuyez fortement l'index à hauteur de l'extrémité de la pointe de la lame ❶
Ainsi, même en appuyant fortement (l'index faisant alors office de garde), la lame n'incise que superficiellement la peau ❷.

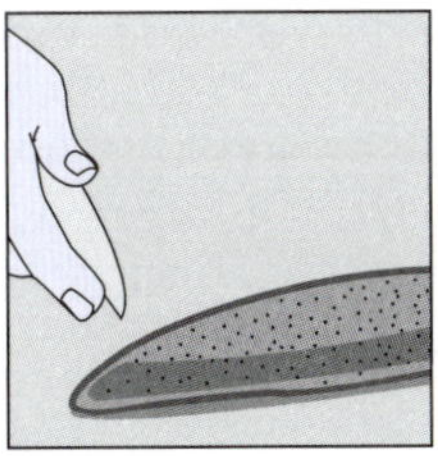

❶

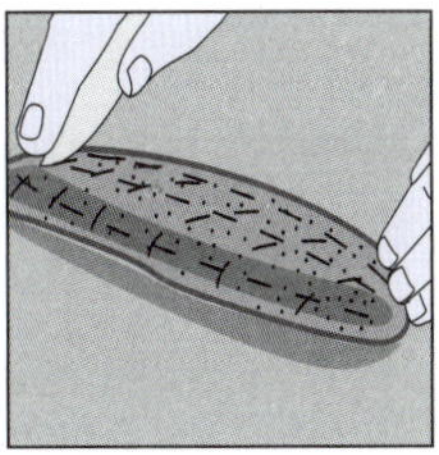

❷

Un demi-magret suffit par personne. Pour en faire deux parts, on le taille par le milieu et un peu en biais avant de poêler les morceaux, mais dans le bon sens !

❸

Après avoir "marqué" le côté chair, en le saisissant quelques secondes, il faut retourner le magret, car c'est le côté peau qui, durant toute la cuisson, doit reposer sur la poêle ❸.
Ainsi, en fondant, la graisse apporte un agréable moelleux à la chair.

MAÏS

"Prenez-en de la graine"

Cuit à l'eau ou sur le gril ? Cuit à l'eau, il est préférable d'ajouter un peu de lait pour que les grains soient plus souples.
Grillé, il est impératif de laisser les feuilles qui enveloppent l'épis de maïs, pour que les grains ne racornissent pas au feu.

CONSEIL

Les galettes de maïs font merveille, servies, entre autres, avec du pigeon. Rien de plus simple à réaliser : il suffit d'incorporer des grains de maïs en boîte à de la pâte à crêpes. Quand on utilise des grains de maïs en boîte, il faut les blanchir au préalable pour chasser leur âcreté.

MAQUEREAUX

“Un conseil à digérer”

Pour rendre un maquereau appétissant, il faut éliminer la pellicule noire, bien peu alléchante, qui recouvre les parois de son estomac. Pour cela, après l’avoir vidé et rincé à l’eau courante, il suffit de l’essuyer avec un morceau de papier absorbant ❶.

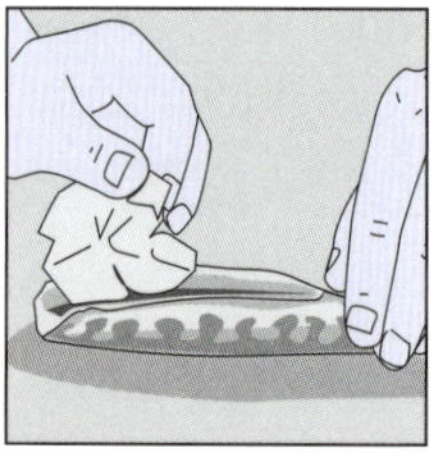

❶

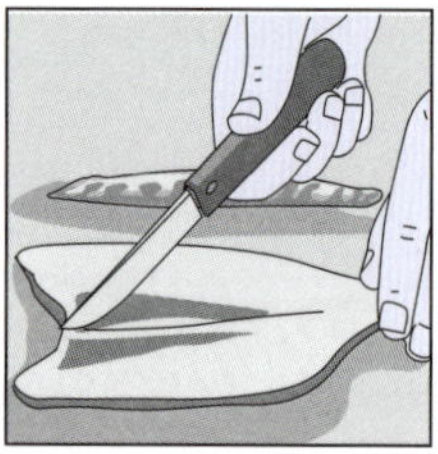

❷

Pour le rendre plus digeste, il suffit, après cuisson, de détacher sur chaque filet la petite bande brune qui tranche sur la chair blanche ❷.
Étant très grasse, cette bande rend en effet la digestion du maquereau laborieuse.

CONSEIL

Le second conseil donné pour le maquereau vaut aussi pour le thon. Pour rendre encore plus digeste le maquereau, il est conseillé de le laisser mariner, au préalable, 2 bonnes heures dans du vinaigre et du gros sel, qui rongeront ses graisses tout en renforçant son goût.

MAQUEREAUX (FILETS DE)

“Levez-les du bon biais”

Un filet de maquereau ne se lève pas comme les autres filets de poisson. On commence par entailler la chair de chaque côté de la tête au niveau des ouïes ❶, en pratiquant une incision en biais, puis on lève chaque filet en partant de la queue et en remontant jusqu’à la tête, tout en faisant délicatement glisser le couteau le long de l’arête centrale ❷.

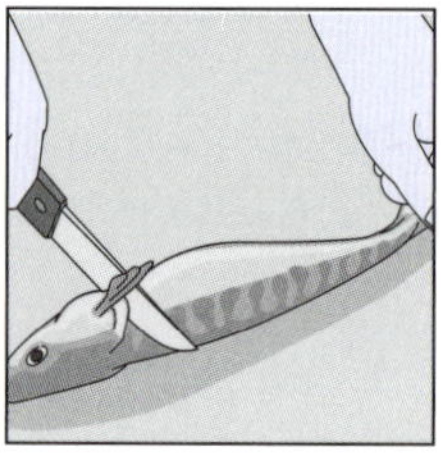

❶

❷

CONSEIL

Avec le maquereau, c’est une erreur de croire que moins le poisson cuit, plus il est ferme. C’est l’inverse. Moins le maquereau est cuit, plus il est mou. Il faut donc compter 20 min de cuisson. Jamais moins.

MAQUEREAUX (FILETS DE)

“Une certaine droiture”

Quand on cuisine de gros filets de maquereaux, le nec plus ultra est de les conserver les plus droits possible. L’astuce consiste, en prenant appui sur l’arête, à fendre le maquereau jusqu’à mi-distance de la queue et de la tête, en partant de celle-ci. Puis de trancher l’arête et de continuer la découpe, en prenant appui cette fois-ci, non pas “sur”, mais “sous” l’arête, de telle sorte que chaque filet soit soutenu par une moitié d’arête.

Marinade

"Au régime sans sel"

On ne sale jamais une marinade car le sel cuit les chairs.
On doit toujours la recouvrir d'un peu d'huile qui, formant une pellicule, la protège ainsi de l'oxydation.
Enfin, on ne la prolonge pas à loisir. Le temps maximum de marinade est de 24 h. Au-delà, la viande risque de fermenter.

Conseil

Il est déconseillé d'utiliser une fourchette pour retourner les morceaux en marinade. On doit préférer les spatules en bois. Au sortir d'une marinade, il faut systématiquement éponger les chairs avec du papier absorbant avant de les accommoder.

Marrons

"Intervenez à chaud"

Pour éplucher facilement des marrons, on ne se contente pas de les inciser. On taille la peau sur toute sa circonférence ❶, avant de plonger les marrons 2 min dans une casserole d'eau bouillante.

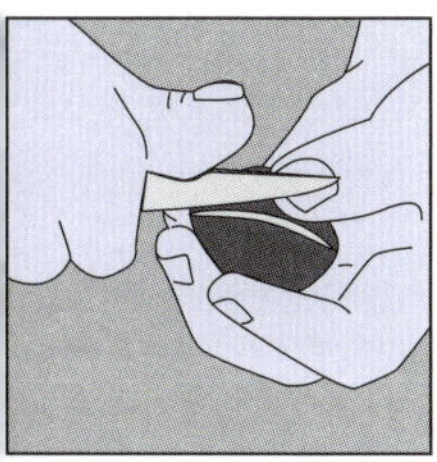

❶

Mais attention, il faut procéder par étape : les marrons doivent être plongés 6 par 6, car ils ne s'épluchent facilement que s'ils sont très chauds.
Lorsqu'ils sont froids, leur épluchage devient un véritable calvaire.

Conseil

Il y a un autre truc pour faciliter leur épluchage. Il consiste à ajouter une cuillerée à soupe d'huile dans l'eau bouillante. Au contact de l'huile l'écorce devient plus souple, rendant ainsi l'épluchage moins laborieux.

Marrons (conservation)

"Égarez vos claies"

Les marrons frais se conservent dans un lieu pas trop sec. Le problème, c'est qu'ils risquent alors de moisir assez rapidement. Le bac à légumes leur convient donc parfaitement bien. Mais à la seule condition que vous ne les conserviez que quelques jours. On peut les faire cuire dans de l'eau aromatisée de quelques branches de fenouil, de céleri, ou encore de branches de figuier.

Conseil

Si les marrons doivent être conservés longtemps, il faut les placer au sec. Nos grands-mères avaient pour pratique de les faire sécher sur des claies au-dessus d'un feu. En appartement, on obtient le même résultat en séchant les marrons sur un radiateur.

Marrons (purée de)

"Ne le soyez pas"

La purée de marrons faite chez soi est souvent granuleuse. Cela tient au fait que les règles de cuisson ne sont pas respectées.

Pour obtenir une bonne purée faite à partir de marrons crus, il faut que leur cuisson soit menée lentement à couvert, et à frémissements.

À grande ébullition, l'extérieur du marron se désagrège et l'intérieur reste cru, ce qui explique alors sa texture demeurée granuleuse, même une fois passée à la moulinette.

Conseil

Pour que les marrons ne s'émiettent pas, ajoutez une cuillérée de fécule dans l'eau de cuisson.

On reconnaît la cuisson à point d'un marron en le prenant entre les doigts. Il doit s'écraser sous la pression.

Matelote

"Évitez le naufrage"

La règle est de ne pas faire cuire tous les poissons en même temps. Sinon, les plus fragiles sont en charpie quand les plus fermes sont à peine cuits.

La cuisson doit être menée sur feu vif et de préférence dans une casserole assez grande pour que les poissons aient leur aise.

On peut employer soit du vin blanc, soit du vin rouge ou encore un tiers du premier pour deux tiers du second.

Conseil

Pour obtenir une bonne matelote, il est indispensable de la mouiller de bons vins. Si le vin n'est pas de grande qualité, il convient de le porter à ébullition, au préalable, pour qu'une partie de son acidité se volatilise.

Certains cuisiniers ajoutent une pincée de sucre en poudre dans la matelote.

Mayonnaise

"Soyez expert en la matière"

L'huile et les jaunes d'œufs doivent être à même température. Si l'on a oublié de sortir les œufs du réfrigérateur, il faut donc les laisser séjourner quelques minutes dans de l'eau tiède. Avant de monter la mayonnaise, les jaunes d'œufs doivent être délayés avec un filet de vinaigre.

On doit commencer par verser l'huile goutte à goutte sur les jaunes, puis en un fin filet, jusqu'à ce que celle-ci soit prise.

Tournée, la mayonnaise se rattrape, soit avec de l'eau chaude, soit avec un jaune d'œuf.

Dans la première méthode, on délaie une cuillerée d'eau chaude avec une cuillerée de mayonnaise tournée. Ensuite, on incorpore la mayonnaise tournée en procédant de la même manière qu'avec l'huile.

Dans la seconde méthode, on délaie le jaune d'œuf et on incorpore la mayonnaise tournée en suivant toujours le même procédé.

Conseil

La mayonnaise doit toujours conserver une certaine souplesse en bouche.

Deux astuces pour cela : soit incorporer à la

mayonnaise, une fois montée, 1 cuillerée à soupe de vinaigre bouillant, soit un blanc ou un 1/2 blanc d'œuf monté en neige.
L'huile de pépins de raisins convient à merveille à la mayonnaise.

MERLAN (FRIT)

"En colère ou avec des lunettes"

La manière la plus classique de servir le merlan frit est de le "mettre" en colère. Pour cela, il suffit de ramener la queue jusqu'à la gueule, de l'ouvrir et de lui coincer la queue dans celle-ci en la refermant ❶.

❶

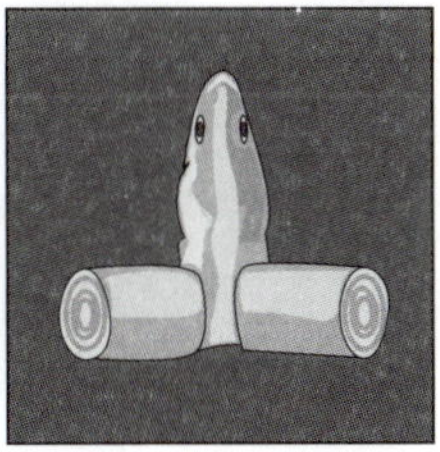

❷

CONSEIL

On peut encore servir le merlan frit «en lorgnette», ce qui réclame plus de dextérité. La méthode consiste à lever les filets, en partant de la queue, de part et d'autre de l'arête centrale, jusqu'à la base de la tête. On sectionne ensuite l'arête d'un coup de ciseaux, puis on roule les filets sur eux-mêmes et on les maintient ainsi en les piquant d'une pique en bois ❷.
Quand on fait frire des merlans entiers, il convient de faire une incision profonde tout le long du dos, afin de faciliter la cuisson.

MIXEUR

"Ne faites pas le plein"

Pour obtenir un bon résultat, ne remplissez pas le bol d'un mixeur à ras bord, mais à mi-hauteur.
Mieux vaut s'y reprendre à plusieurs fois car s'il est trop rempli, il faut insister longtemps pour obtenir un hachage uniforme. Or, on doit être le plus rapide possible, ceci afin de ne pas échauffer les produits mixés, et procéder par à-coups, ce qui facilite le hachage et réduit la surchauffe.

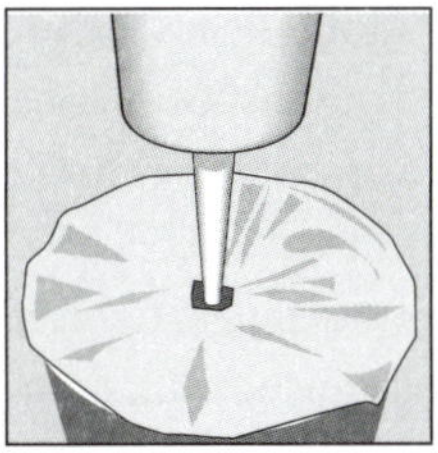

❶

CONSEIL

Quand on fait une purée de persil, ou de n'importe quelles autres fines herbes, il faut ajouter une cuillerée d'eau pour faciliter le mixage.
Pour éviter les éclaboussures, quand on mixe une soupe en casserole par exemple, il suffit de prendre une feuille de papier aluminium, de la percer au centre et d'en recouvrir la casserole ❶.
Il ne reste plus, alors, qu'à passer la tête du mixeur dans le trou.

Moule (beurrer et fariner)

"À prendre au sérieux"

Quand on beurre un moule juste avant de le fariner, la farine se colle au beurre et s'agglutine en plaques. Pour éviter cela, il faut beurrer le moule, le placer quelques instants au congélateur et seulement après fariner le moule. Le beurre ainsi pris, la farine s'étale en une pellicule fine.

Il faut veiller, avant d'étaler une pâte dans un moule, à bien éliminer les éventuelles plaques de farine qui pourraient se trouver collées sur celle-ci. En effet, s'il subsiste une surcharge de farine sur la pâte, celle-ci glisse dans le moule, annulant ainsi le rôle du beurre légèrement fariné qui est de fixer la pâte contre les parois pour qu'elle ne se rétracte pas pendant la cuisson.

Conseil

Pour beurrer un moule plus facilement, et cela sans se salir les doigts, il suffit de passer le moule pendant 2 min à four chaud, puis de frotter sur ses parois un morceau de beurre froid piqué sur une fourchette, puis à retourner le moule pour que l'excédent de beurre s'égoutte.

On peut également graisser un moule à l'huile. Il convient alors de n'utiliser que de l'huile d'amande douce.

Moules (divers)

"Ne restez pas en carafe !"

À défaut de moule à savarin, c'est-à-dire creux au centre, il est facile d'en fabriquer un soi-même. L'astuce consiste à prendre un moule rond et à poser un verre en Pyrex retourné en son centre ❶.

On peut facilement réaliser un moule en forme de cône. Pour cela, il faut découper un demi-cercle de carton épais, l'envelopper dans du papier aluminium, le former en cornet et agrafer les extrémités pour obtenir un cône ❷. Ensuite, on fabrique un cylindre de carton, et on inverse le cône sur ce cylindre pour qu'il tienne droit ❸.

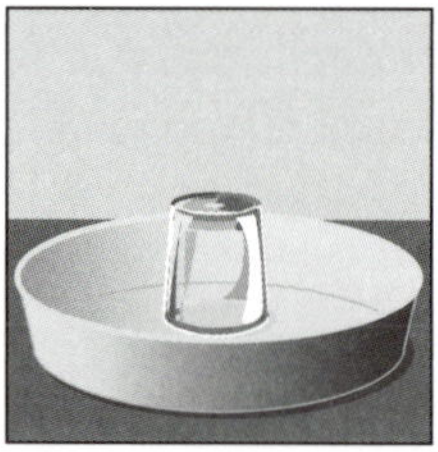

❶

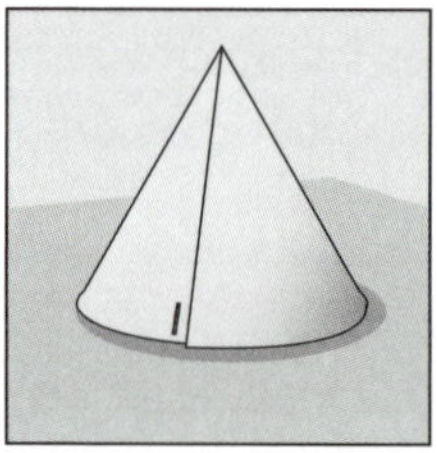

❷

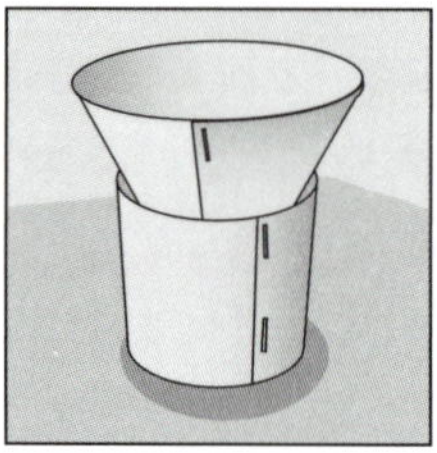

❸

❹

Conseil

On peut encore fabriquer soi-même un moule carré ou rectangulaire à "géométrie variable". Il suffit de prendre 4 morceaux de bois que l'on enveloppe de papier sulfurisé, puis de déplacer les morceaux à sa guise pour obtenir la forme désirée ❹.

Moules marinières

"Pas de bain forcé"

La moule doit avoir une coquille bien close. Toute moule entrouverte doit être éliminée.
On ne doit pas laisser séjourner les moules dans l'eau, sinon elles s'entrouvrent. Il faut simplement les gratter au couteau sous l'eau du robinet, puis prendre soin d'ôter le byssus, c'est-à-dire l'écheveau de filaments qui ressort de la coquille.
Cette opération réclame une technique : il faut l'arracher en le tirant vers la partie ronde de la coquillle et non en direction de la pointe ❶.

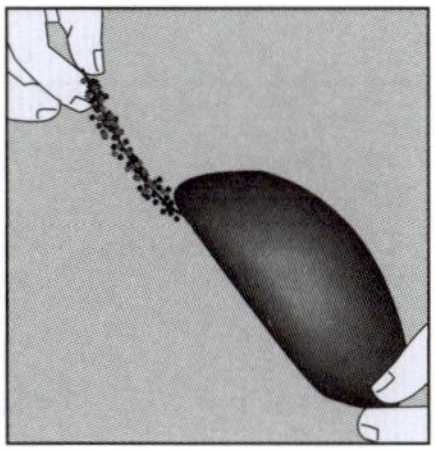

❶

Conseil

Les moules se conservent 24 h dans le bas du réfrigérateur, enveloppées dans du papier journal.
Dans ce cas, il est impératif de les nettoyer qu'au dernier moment. Si on arrache le byssus plusieurs heures avant de les faire cuire, la moule perd son eau et meurt.
Pour une cuisson uniforme, on doit brasser constamment la cocotte. Il est facile de savoir si une moule est cuite : il suffit qu'elle soit entrouverte.

Mousseline

"Sport de voilage"

On n'a pas toujours une mousseline sous la main. Le torchon n'étant pas la panacée, il est préférable d'utiliser un vieux voilage de fenêtre — pour envelopper un chou farci par exemple ❶ — que l'on aura pris soin de faire bouillir avant de le découper en morceaux.

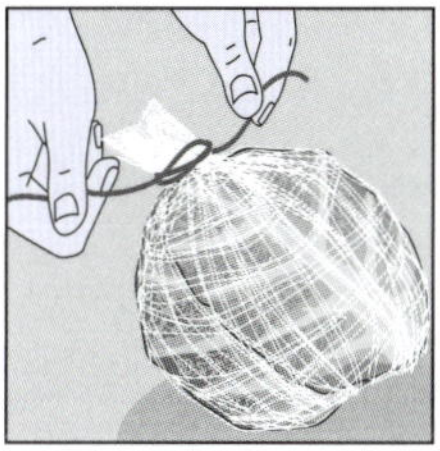

❶

Moutarde

"Soyez de conserve"

La moutarde se conserve relativement bien au réfrigérateur, mais si l'on n'en fait qu'un usage très modéré, il convient de la coiffer d'une rondelle de citron ❶ pour qu'elle ne se dessèche pas.
Après avoir incorporé de la moutarde dans une sauce, il faut immédiatement retirer celle-ci du feu. Sinon, la sauce tourne en huile et grène.

❶

Mouton

“Chaud devant !”

La viande de mouton est excessivement grasse. On ne la sert donc pas dans des assiettes froides, mais chaudes, pour que la graisse ne fige pas.

Muscade

“À râper en économe”

Les petites râpes à muscade sont fournies avec les boîtes. Il est cependant plutôt conseillé de s’en passer. La meilleure méthode est d’utiliser un couteau-économe afin d’obtenir de très fines pelures ❶ qui se brisent en minuscules fragments. Fragments qui, d’ailleurs, ne sont pas désagréables sous la dent et donnent plus de parfum à une sauce que la poudre de muscade.

Navets

“Souvent trop habillés”

Le gros navet d’hiver a souvent une double peau, et il est assez facile de s'en rendre compte. Quand c’est le cas, après l’avoir épluché, on découvre des zones marbrées sur la chair. Ces marbrures sont sa seconde peau.

Il faut donc encore l’éplucher de manière que plus aucune trace ne subsiste. Sinon, le navet communique un goût amer au bouillon.

Conseil

Afin d’atténuer le goût des navets un peu trop fort, il est toujours conseillé de blanchir les gros navets en les plongeant dans une casserole d’eau bouillante pendant 10 min, avant de les faire cuire.

Pour colorer des navets, il convient de n’utiliser que du beurre clarifié. On n’ajoute une pincée de sucre (qui contribue aussi à leur coloration) qu’en fin de cuisson.

Navets (en fleurs)

“À mener aux baguettes”

Il est facile de faire une fleur avec un navet bien rond. On cale le navet entre 2 petites baguettes faisant office de butoir à la lame du couteau ❶. Ensuite, on tranche le navet en fines lamelles ❷, on le fait pivoter à 90°, et on le tranche de nouveau en fines lamelles, ces dernières étant ainsi perpendiculaires aux précédentes ❸. Enfin, on le place dans de l’eau froide salée pour que les minuscules dés ainsi obtenus s’épanouissent en fleur.

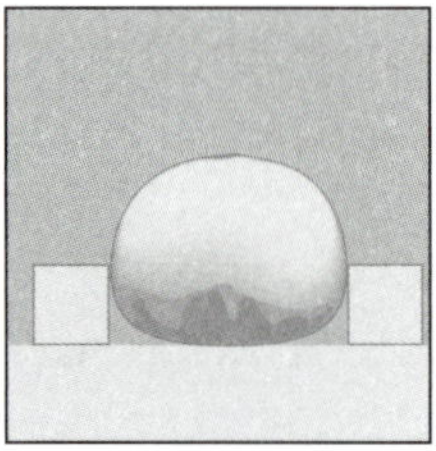

❶

❷

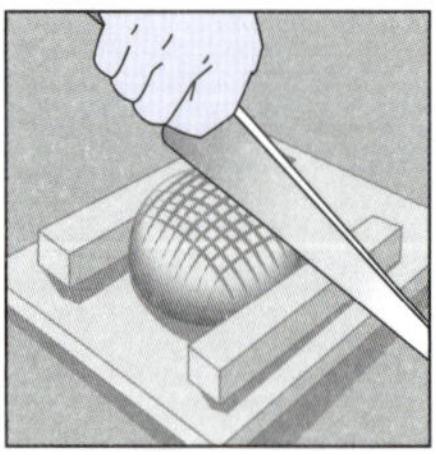

❸

NOUILLES (PÂTE À)

"Un certain coup de patte"

Pour juger de la finesse d'une pâte à nouilles, on la prend dans les mains tout en tenant les doigts écartés. Si on ne voit pas ses doigts au travers de la pâte ❶, c'est qu'elle est encore trop épaisse.
Pour la détailler, c'est très simple : après l'avoir taillée en un rectangle, on enroule la pâte sur elle-même, en partant de chaque extrémité du rectangle jusqu'à son milieu ❷.

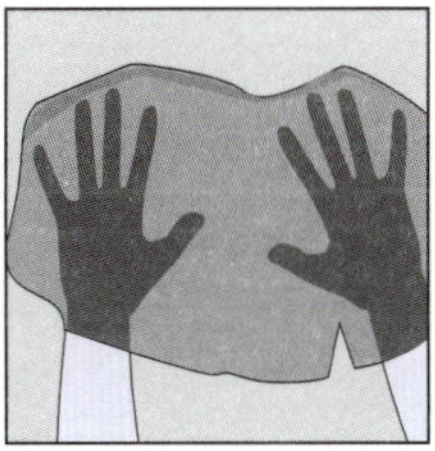

❶

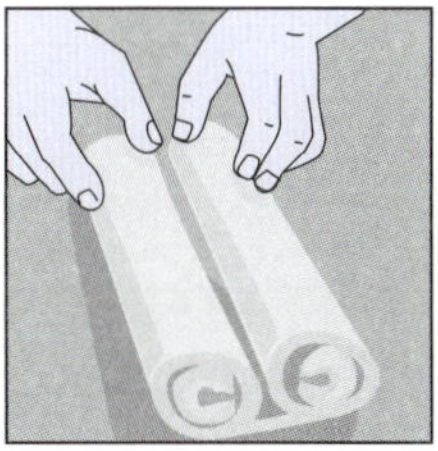

❷

On fait pivoter le double rouleau d'1/4 de tour et on le coupe en tranches, de l'épaisseur des nouilles que l'on trouve dans le commerce.
Puis on glisse la lame du couteau sous le rouleau détaillé et on le soulève pour que les nouilles se déroulent comme un store ❸.

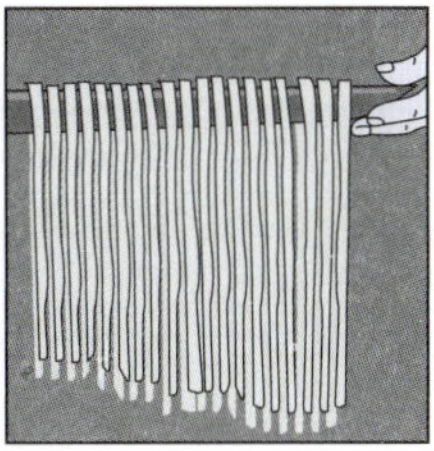

❸

ŒUFS (BLANCS POUR DÉCOR)

"Ne pas coincer les bulles"

Les blancs d'œufs se moulent en plaque que l'on découpe ensuite en losanges, en carrés, etc. pour décorer par exemple un aspic. Pour qu'ils soient parfaitement lisses, c'est-à-dire exempts de petites bulles peu esthétiques, il faut les battre à la fourchette, puis les passer au travers d'un linge propre.

CONSEIL

La plaque doit être impeccable et beurrée au préalable. La cuisson doit se faire au bain-marie. Une fois les blancs cuits, on détoure la plaque au couteau et on la retourne avant de découper les motifs de son choix.

ŒUFS (BROUILLÉS)

"Ne nous fâchons pas"

Les œufs brouillés réclament le bain-marie, mais aussi patience et longueur de temps, puisqu'il faut les mélanger sans cesse.
Si les œufs brouillés prennent trop rapidement dans la casserole, il faut immédiatement plonger celle-ci dans de l'eau froide et y incorporer un œuf cru, préalablement battu. On arrête la cuisson des œufs brouillés en y ajoutant de la crème fraîche.

CONSEIL

Il convient de battre les œufs à la fourchette, au préalable, comme on le ferait pour une omelette. On peut parfaire ce travail en passant, ensuite, les œufs au travers d'une passoire recouverte d'une mousseline.

La casserole doit être grassement beurrée au doigt, avec une partie du beurre prévu pour la cuisson, soit un minimum de 10 g de beurre à l'œuf. Son choix a aussi une grande importance. Pour une cuisson plus homogène, la casserole large doit être préférée à la casserole haute.

ŒUFS (DE CAILLE)

"À décoiffer expressément"

Compte tenu de l'épaisseur de sa membrane, il est impossible de casser un œuf de caille. Si l'on veut faire des œufs de caille frits, il faut donc décalotter l'œuf au couteau, comme on le ferait avec un œuf coque.
On n'a pas trouvé d'autre moyen pour le faire sortir de son enveloppe.

ŒUFS (EN COCOTTE)

"Des coques en stock"

Comme les œufs à la coque, les œufs en cocotte exigent d'être de première fraîcheur. Un œuf en cocotte digne de ce nom doit être cuit au four et au bain-marie pour conserver son laiteux.

CONSEIL

La crème employée doit être plus liquide qu'épaisse. La crème Fleurette est celle qui convient donc le mieux. On compte ni plus ni moins qu'une cuillerée à soupe de crème fraîche par œuf.

ŒUFS (À LA COQUE)

"L'art et les manières"

On peut faire des œufs à la coque selon différents procédés.
1. Portez de l'eau à ébullition, retirez la casserole du feu, plongez-y les œufs, couvrez, portez de nouveau à ébullition, et comptez 3 min.
2. Mettez les œufs dans de l'eau froide, portez à ébullition et retirez les œufs dès ébullition.
3. Plongez les œufs dans de l'eau bouillante, couvrez et comptez 1 min d'ébullition. Retirez la casserole du feu et comptez 5 min avant d'égoutter les œufs.

CONSEIL

L'œuf coque doit être extra-frais. Sinon, le blanc n'est pas laiteux. Compte tenu du fait que la précision de la cuisson est essentielle, pour ne pas la fausser, on compte toujours 25 cl d'eau par œuf.
L'œuf coque se conserve aussi longtemps qu'on le désire, et cela sans durcir, dans de l'eau tiède, méthode employée dans tous les grands hôtels.

ŒUFS (ÉCALER)

"Un air de mosaïque"

L'œuf mollet réclame une certaine technique. Il faut le prendre d'une main et, de l'autre, le tapoter sur toute sa surface à l'aide du plat de la lame d'un couteau pour fendiller la coquille en mille morceaux ❶. Puis, on soulève un éclat de coquille et on tire délicatement pour que la coquille se détache comme un sparadrap de la peau.

❶

Conseil

Pour écaler un œuf dur, opération bien plus facile compte tenu de la solidité du blanc, on le roule sur la table pour fendiller sa coquille, et on l'écale sous l'eau froide du robinet.
L'œuf dur ne se cuit pas plus de 10 min. Au-delà, le jaune devient vert et le blanc caoutchouteux.

Œufs (farcis)

"Voyez-en le bout"

Bien que d'une simplicité biblique, l'œuf farci nécessite toutefois une attention qu'on ne lui accorde pas toujours. Coupé en 2 dans le sens de la longueur, il convient, le jaune enlevé, de supprimer, à l'aide de la pointe d'un couteau, du blanc dans sa partie incurvée, c'est-à-dire proche de son extrémité la plus ronde ❶. Ceci afin de loger davantage de farce et avoir moins de blanc.

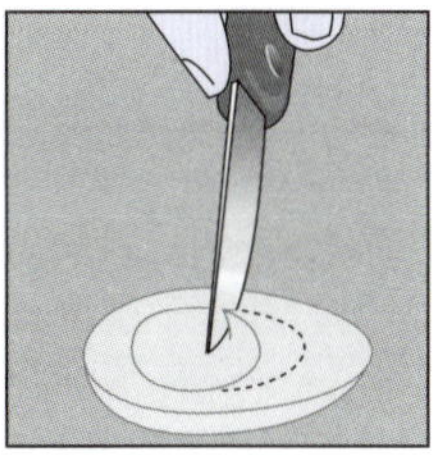

❶

Œufs (fêlés)

"Ayez l'oreille fine"

Pour réussir des œufs, la coquille ne doit pas être fêlée. Pour le vérifier, il suffit de prendre 2 œufs, de les approcher de son oreille et de les toquer l'un contre l'autre délicatement, tout en les faisant pivoter ❶. Si fêlure il y a, on obtient un son mat. S'ils sont intacts, les œufs résonnent.
Pour qu'ils ne se fêlent pas à la cuisson, on doit poser les œufs dans une petite cuiller, et les placer doucement dans le fond de la casserole, puis on les recouvre d'une soucoupe retournée pour prévenir les bonds que peut provoquer l'ébullition.

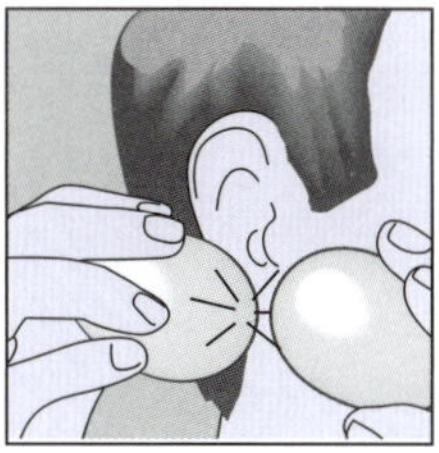

❶

Conseil

Si un œuf se fêle, le blanc s'échappe de la coquille. Il suffit alors d'ajouter un peu de vinaigre dans l'eau bouillante pour colmater la brèche.
L'œuf se fêle d'autant moins à la cuisson qu'il est à température ambiante. Il convient donc de le sortir du réfrigérateur bien avant de le faire cuire.

Œufs (fraîcheur)

"Le coup du scaphandrier"

En remplissant un grand verre d'eau salée, on peut facilement reconnaître la fraîcheur d'un œuf. S'il se couche à l'horizontale sur le fond du bocal, il est extra-frais ❶. S'il tombe, puis se redresse pointe en l'air, et remonte légèrement ❷, il est d'une fraîcheur moyenne. S'il remonte et surnage en surface ❸, l'œuf n'est pas frais.

❶

❷

❸

Conseil

Il arrive qu'on mélange les œufs frais avec les œufs durs, ce qui pose problème : comment les reconnaître ? Il suffit de les rouler sur une surface très plane et lisse. L'œuf frais roule si on le pousse, l'œuf dur ralentit sa course...

Œufs (frits)

"Restez de bois"

Les œufs frits ne se font pas à la friteuse, mais à la poêle et dans la valeur de 2 verres d'huile. Une minute suffit pour cuire 1 œuf. Attention à la spatule ! Il ne faut employer qu'une spatule en bois. Tout ustensile en métal est à bannir, car il colle à l'œuf.

Conseil

Peu de personnes prisent l'œuf frit, parce qu'elles le trouvent trop ferme et sec. Encore faut-il savoir le servir. Les œufs frits sont avant tout un accompagnement d'un plat en sauce où ils font merveille, grâce, justement, à leur texture ferme et croustillante qui contraste avec la sauce dont ils s'imprègnent.

Œufs (mollets)

"Tous au panier !"

Pour une cuisson uniforme, les œufs destinés à être mollets, doivent être choisis d'égale grosseur. Le mieux, toujours pour l'uniformité de leur cuisson, est de les mettre dans une passoire, puis de les plonger dans de l'eau bouillante. On compte 6 min dès la reprise de l'ébullition pour des œufs de taille moyenne, puis on les rafraîchit aussitôt dans de l'eau froide avant de les écaler.

Conseil

La méthode qui consiste à cuire les œufs mollets en les plongeant au fur et à mesure dans de l'eau bouillante ne vaut rien, parce que le premier œuf baisse la température de l'eau, le deuxième l'accentue, et ainsi de suite, de telle sorte que le premier œuf est dur tandis que le dernier n'est pas assez pris.

ŒUFS (DE PINTADE)

"À couver d'attentions"

Hormis le fait qu'il fasse partie de l'Histoire, puisque c'est un œuf de pintade que Christophe Colomb aurait cassé, il mérite la plus haute considération. Non seulement parce que son jaune est plus important que celui de la poule, mais encore parce que sa coquille, plus épaisse, donc plus imperméable, permet une meilleure conservation.

CONSEIL

L'œuf d'oie se trouve assez facilement sur les marchés de province. Sa particularité est d'être très gras. Il ne convient donc pas à la cuisine, mais à la pâtisserie, en retenant toutefois qu'il est très fort en goût.

ŒUFS (AU PLAT)

"Le juste milieu"

Il ne faut pas confondre les œufs à la poêle, qui posent problème parce que le blanc est caoutchouteux en dessous et glaireux en surface, avec les œufs au plat.

L'œuf au plat se cuit environ 3 min à four chaud, en veillant à placer la plaque du four à mi-hauteur pour respecter un juste équilibre de cuisson. Avant de mettre les œufs dans des plats de porcelaine, il convient de chauffer ceux-ci pour y faire fondre un petit morceau de beurre.

CONSEIL

À défaut d'utiliser le four, et si l'on n'aime pas les blancs caoutchouteux, une excellente astuce consiste à recouvrir d'une assiette une casserole d'eau bouillante, à y faire fondre un petit morceau de beurre, à saler, puis à casser les œufs dans l'assiette. On obtient ainsi un blanc parfaitement moelleux. Pour décoller facilement des œufs au plat, il suffit d'huiler la spatule et de la chauffer quelques secondes.

ŒUFS (POCHÉS)

"À ne pas rater"

Facile de rater des œufs pochés. Facile aussi de les réussir en suivant ces conseils.

On doit procéder par petites quantités, c'est-à-dire en mettant 3 œufs maximum dans la casserole. On place un œuf dans une tasse à moka, on approche la tasse de la surface de l'eau frissonnante et on la retourne d'un coup sec, au ras de l'eau en ébullition ❶. Il est très important de respecter ce mouvement rapide. En faisant pivoter la tasse d'un coup sec, le blanc de l'œuf tombe en même temps que le jaune et le recouvre, tandis que si on verse l'œuf dans l'eau en penchant la tasse, le blanc coule dans l'eau. Ensuite, durant toute la cuisson de l'œuf, on rabat délicatement, et à plusieurs reprises, les voiles de blanc sur l'œuf, à l'aide de l'écumoire ❷.

La cuisson terminée, c'est-à-dire au bout de 3 min, on plonge les œufs pochés dans l'eau glacée pour stopper net la cuisson. Enfin, on égalise le tour de l'œuf poché avec une paire de ciseaux pour éliminer les filaments.

❶

❷

Conseil

On ajoute toujours du vinaigre d'alcool dans l'eau de cuisson, mais on ne la sale en aucun cas, car le sel intensifie le processus de coagulation du blanc en fins filaments.
Si on casse l'œuf directement au dessus de l'eau frémissante, on peut toujours tenter cette astuce : le plonger au préalable une seconde dans de l'eau bouillante, avant de le casser, pour contracter le blanc.
Mais il faut être très rapide, sinon le blanc colle à la coquille et c'est un désastre.

Œufs (séparer le blanc du jaune)

"Sur le pouce !"

Si l'on veut être puriste, il faut éliminer le germe de l'embryon de l'œuf. La meilleure méthode est de casser l'œuf et de positionner la demi-coquille vide sous la première. Ensuite, on penche la demi-coquille pleine jusqu'à ce que le germe déborde ❶. Lorsque le germe est sorti de la coquille, il convient alors de presser le pouce sur le tranchant de la coquille pour le sectionner. ❷. Ainsi, le germe tombe dans la coquille vide comme dans une urne.

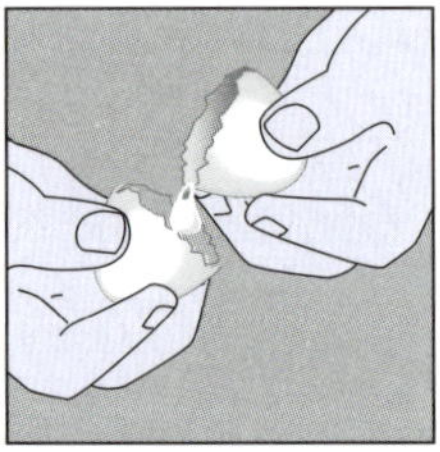

❶

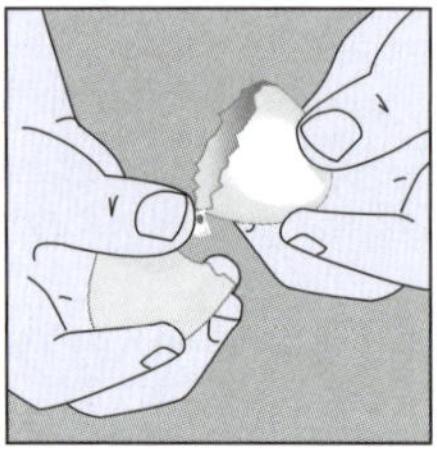

❷

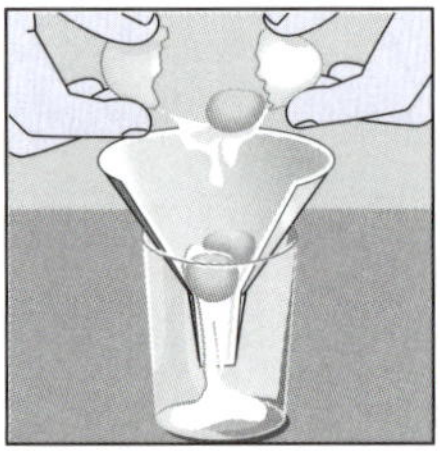

❸

Conseil

Faute d'être adroit, on peut préférer cette autre méthode qui consiste à casser l'œuf au-dessus d'un petit entonnoir placé sur un récipient ❸. Le jaune, bloqué par le goulot de l'entonnoir reste dans celui-ci, tandis que le blanc s'écoule dans le récipient.

Oie (au four)

"Ne jouez pas son jeu"

L'oie est la plus grasse des volailles. Si on la pique n'importe où durant la cuisson, ne serait-ce que pour la retourner, la graisse jaillit comme un geyser, salissant le four qui enfume la cuisine.
Pour éviter ce désagrément, il faut uniquement piquer l'oie sous les pilons.

Conseil

Il est conseillé, lorsqu'on enfourne une oie, de la poser sur une grille, de manière qu'elle ne baigne pas dans sa graisse.

Oignons (caraméliser)

"Question de poids"

On met toujours une moitié d'oignon caramélisé dans le bouillon d'un pot-au-feu. Ceci pour lui donner une belle couleur.
Pour caraméliser au plus vite 1/2 oignon, on utilise un gril en fonte, préalablement bien chauffé, puis on pique l'oignon sur les dents d'une fourchette et on appuie pour accélérer la caramélisation.
Si l'on a des plaques de cuisson, on peut directement caraméliser l'oignon sur celle-ci. Pour la nettoyer, il suffit de la frotter avec un peu de gros sel.

Conseil

Pour glacer correctement des petits oignons, il faut les recouvrir d'un papier sulfurisé en démarrant la cuisson. Puis, quand il ne reste pratiquement plus de liquide dans la casserole, on retire le papier pour que les oignons caramélisent à souhait.

Oignons (confiture d')

"Ne pas tourner autour du pot"

Pour une meilleure conservation de la confiture d'oignons à l'aigre-doux, on fait bouillir un bocal (pot de confiture et son couvercle).
On le sort de l'eau, on l'égoutte encore chaud et on le remplit de confiture d'oignons.
Enfin, on referme le couvercle et on le retourne. Cette astuce permet de conserver la confiture plusieurs semaines.

Oignons (éclats d')

"Il en tient des couches"

La méthode la plus classique pour émincer les oignons est de les tailler en rondelles. Mais on peut aussi dissocier ses couches superposées pour obtenir ce que l'on appelle des éclats. Pour cela, il suffit de tailler, sur 1 cm, la queue et le trognon de l'oignon, puis de le découper en quartiers ❶. Enfin, on détache avec les doigts les couches superposées pour obtenir des éclats ❷.

❶

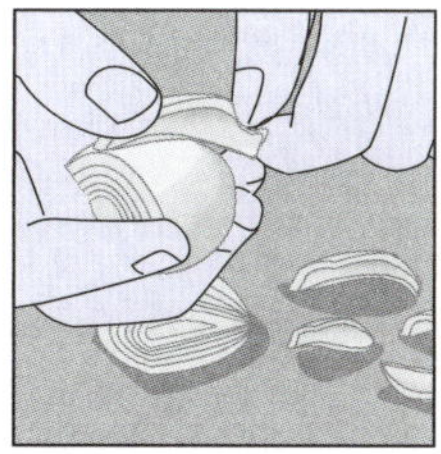

❷

Oignons (éplucher)

"Quelques armes contre les larmes"

Il existe des tas d'astuces plus ou moins bonnes pour éplucher les oignons sans pleurer.
La plus efficace et la moins compliquée consiste à plonger pendant 15 min les oignons dans de l'eau chaude additionnée d'une bonne rasade de vinaigre.
Ce bain vinaigré neutralise partiellement l'essence sulfurée que contient l'oignon et qui est la cause de nos larmes. De telle sorte qu'après les avoir égouttés on peut les éplucher avec le sourire.

Conseil

Pour ne pas trop pleurer en éminçant des oignons, il faut avoir un couteau parfaitement aiguisé. Mieux le couteau est aiguisé, plus la coupe est franche et moins la pulpe rend de jus. Tandis qu'avec un couteau mal aiguisé, on écrase la pulpe à la coupe, la chair rend d'autant plus de jus et on pleure toutes les larmes de son corps.

On se débarrasse de l'odeur de l'oignon sur les mains en les lavant dans de l'eau vinaigrée additionnée de gros sel.

Oignons (farcis)

"Effeuillez la marguerite"

Quand on fait des oignons farcis, on commence par les glisser au four avec leur peau, pour qu'ils cuisent sans se dépiauter. On les retire dès que la peau est noire et, à l'aide de la pointe d'un couteau, on effeuille les couches successives de peau ❶. Puis on couche l'oignon, on rassemble les pelures en les pinçant entre les doigts, et on taille le trognon pour éliminer le bouquet ainsi formé par les pelures ❷.

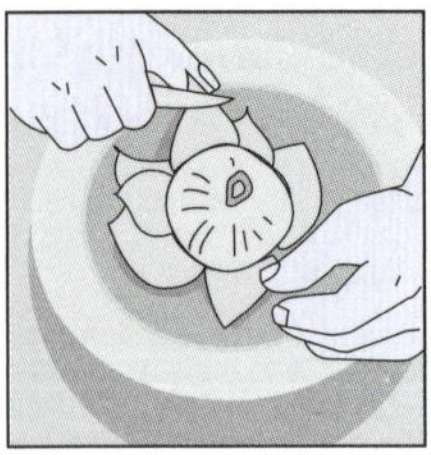

❶

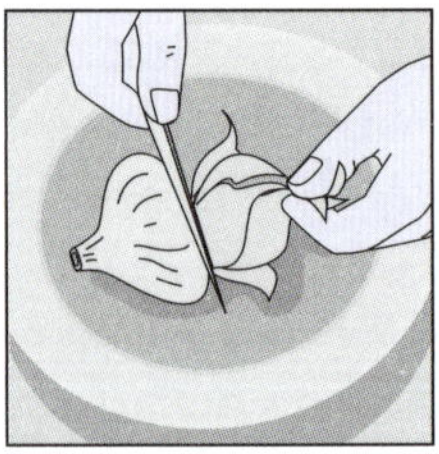

❷

Enfin, on tranche la base de la tige au couteau ❸ avant d'évider l'oignon et de le farcir.

C'est la seule bonne méthode. En effet, si on les épluche avant de les cuire dans l'eau, leur chair s'effondre quand on les passe au four.

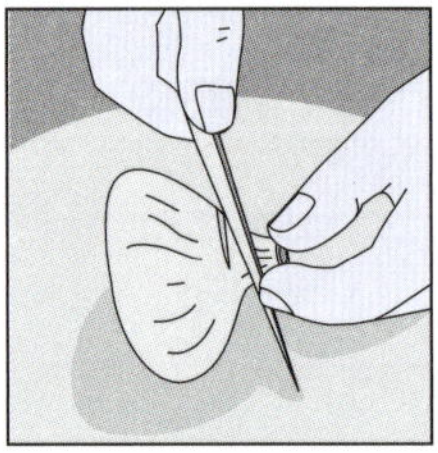

❸

Conseil

Pour contrôler la cuisson d'un gros oignon, il suffit de le piquer au cœur à l'aide de la pointe d'un petit couteau ou d'une aiguille à brider.

Si la pulpe de l'oignon n'offre aucune résistance, c'est qu'il est cuit.

Oignons (en fleurs)

"Beaux mais pas parfumés..."

On peut très facilement confectionner une fleur, comme un chrysanthème, avec un oignon.

Il suffit d'inciser à intervalles réguliers le pourtour de l'oignon, en enfonçant la pointe du couteau, mais en prenant soin de ne pas couper la racine pour ne pas le dissocier ❶.

Ensuite, on met l'oignon dans l'eau froide pour qu'il s'épanouisse en fleur. Sans oublier de renouveler très régulièrement l'eau, afin que la "fleur" perde son parfum.

❶

CONSEIL

On peut, bien sûr, faire la même chose avec un oignon rouge.
Détaillés de la sorte, les oignons se conservent plusieurs jours au réfrigérateur, à condition de les laisser dans l'eau.
Pour imiter les feuilles de la fleur, il suffit de glisser des feuilles de laurier sous l'oignon.

OIGNONS (À LA GRECQUE)

"Allez au plus simple"

Dans cette préparation, il s'agit de peler les petits oignons avec précaution, c'est-à-dire ne pas mordre la chair pour qu'ils ne tombent pas en charpie à la cuisson. Si l'on utilise des oignons qui ne sont pas nouveaux, il convient de les blanchir, au préalable, pour faciliter leur épluchage.

CONSEIL

Pour ne pas prendre le risque que les oignons se "défassent", il ne faut pas les remuer à la spatule pendant la cuisson.
Compte tenu du fait que l'épluchage des petits oignons est très laborieux, on peut employer des petits oignons surgelés.

OIGNONS (HACHÉS)

"Un ordre à respecter"

Une fois épluché, hacher un oignon réclame une certaine rigueur. La méthode consiste à le tailler en fines tranches aux 4/5 de sa hauteur, c'est-à-dire sans aller jusqu'au trognon, pour que celles-ci ne se dissocient pas ❶. Faire pivoter l'oignon de 90° et le retailler en tranches, ainsi perpendiculaires aux premières ❷. Enfin coucher l'oignon et, tout en le tenant d'une main, le tailler de nouveau en fines tranches, ce qui permet d'obtenir le plus menu des hachis.

❶

❷

CONSEIL

Si l'on manque d'expérience, on coupe en tranches un gros oignon après l'avoir piqué au bout d'une fourchette. On n'en gâche moins, tout en ne risquant pas de se couper. Après, il ne reste plus qu'à séparer, du bout des doigts, les anneaux des rondelles.

OISEAUX FARCIS

"Pour ne pas en découdre"

Il est laborieux de recoudre un petit oiseau farci. Et c'est parfaitement inutile quand on connaît l'astuce : il suffit de boucher l'orifice avec du papier aluminium.

OLIVES (EN GARNITURE)

"En spirale"

Destinées à un accompagnement, les olives doivent être choisies de forte taille. Si elles ne sont pas dénoyautées, la meilleure solution consiste à prendre un petit couteau puis à les peler en spirale ❶ en prenant appui sur le noyau. Ainsi, on extrait facilement le noyau, et la chair reprend sa forme en s'enroulant sur elle-même.

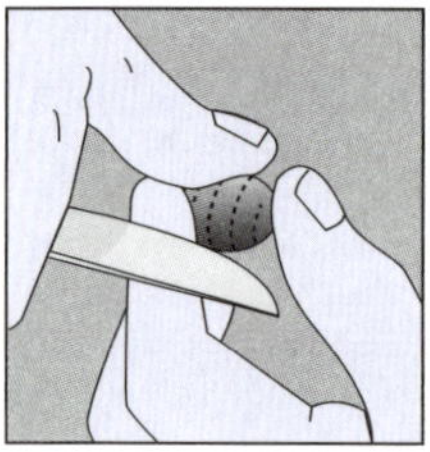

❶

CONSEIL

Quand les olives entrent dans une cuisson (canard aux olives par exemple), il est impératif de les blanchir, au préalable, pour éliminer une partie de leur sel. Il convient ensuite de bien les laisser égoutter avant de les incorporer dans le plat, pour qu'elles perdent le maximum de leur eau.

OMELETTE

"La loi du nombre"

L'omelette est réputée difficile à réussir. Cela tient au fait qu'elle exige certaines règles et pas mal de tours de main.

La première des règles est de ne jamais dépasser 6 œufs. Au-delà, le résultat est médiocre. La deuxième, les œufs doivent être battus sans excès à la fourchette. Dès qu'ils moussent à grosses bulles, on arrête. La troisième, ajouter soit un peu de lait, soit un peu de beurre fondu, ou encore de la crème pour donner du moelleux aux œufs, sans oublier d'assaisonner correctement.

La quatrième, la cuisson doit être faite au gaz et non sur une plaque électrique.

Quand ces règles sont respectées et la poêle bien beurrée, il faut passer aux tours de main.

Le premier consiste, une fois les œufs versés dans le beurre chaud, à soulever la poêle dans un mouvement circulaire tout en relevant les bords de l'omelette à la spatule, pour que la partie liquide coule sur celle-ci et vienne mourir en se coagulant sur le rebord de la poêle.

Les trois derniers tours de main constituent le pliage en trois. On soulève la queue de la poêle et on amène l'omelette par à-coups sur le bord de celle-ci, jusqu'à ce qu'elle vienne mordre son rebord ❶. Ainsi penchée, on soulève à la spatule la partie amont de l'omelette et on la rabat jusqu'en son milieu ❷.

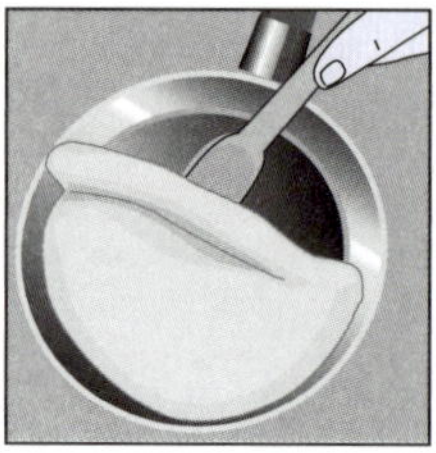

❶

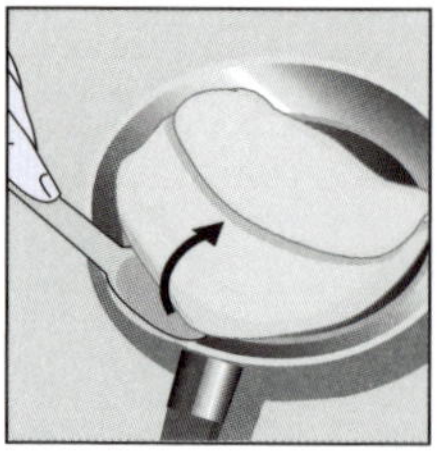

❷

Enfin, on baisse la queue de la poêle et on procède de même pour rabattre l'autre bord. Pour terminer, on renverse l'omelette dans le plat d'un geste vif afin que le dessous devienne le dessus, et on la nappe d'une fine couche de beurre fondu pour qu'elle brille et ne dessèche pas.

CONSEIL

Les meilleures poêles pour réussir les omelettes sont les poêles en fonte.
Pour que l'omelette ne colle pas, il convient de chauffer préalablement la poêle avec du gros sel.
Pour donner un parfum d'ail agréable à l'omelette, il suffit de frotter d'une gousse d'ail le saladier dans lequel on bat les œufs.

ORTIES

"Il faut s'en piquer"

Les orties sont excellentes. On peut tout à fait accommoder leurs feuilles de la même façon que les épinards, après les avoir fait blanchir.
Les jeunes feuilles hachées d'orties peuvent être utilisées dans les salades.
On peut incorporer aussi les orties toujours préalablement blanchies, dans les soupes.
On peut encore mixer les feuilles d'orties, de manière qu'on obtienne un coulis dont la saveur piquante convient très bien aux escargots notamment.
Enfin, les orties peuvent très bien remplacer les feuilles de cresson dans une purée de pommes de terre.

OS À MOELLE

"Un coup sur le canon"

Pour extraire facilement la moelle du canon de l'os, il faut préalablement faire tremper celui-ci pendant quelques heures dans un saladier rempli d'eau fraîche, qu'on place ensuite au réfrigérateur.
Puis égoutter et donner un bon coup de marteau sur l'os.❶. L'onde de choc, créée par le coup de marteau, décolle la moelle du canon.
Ensuite, il suffit de pousser la moelle hors du canon avec le pouce ❷.

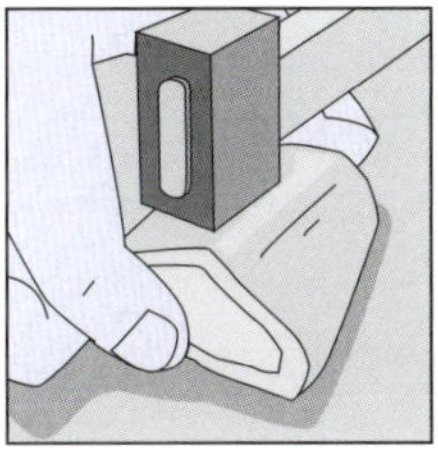

❶

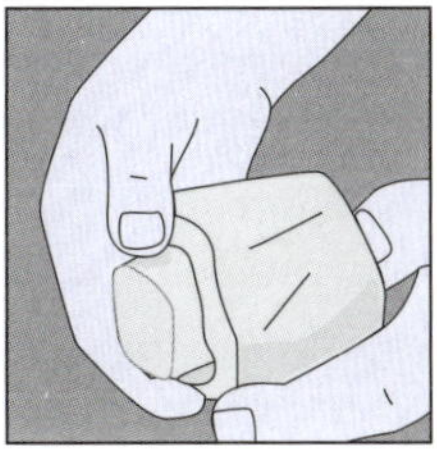

❷

OS À MOELLE

"Pour éviter un bouillon"

En cuisant dans le bouillon, la moelle contenue dans les os risque de s'échapper et de fondre. Pour éviter cela, il suffit de saler la moelle et de plaquer une rondelle de carotte à chacune des extrémités.
Il ne reste plus alors qu'à les ficeler sur l'os, comme on le ferait avec un paquet ❶.
Inutile d'ôter la ficelle en fin de cuisson. De cette manière, l'os revêt une plus belle présentation.

❶

Conseil

On ne sale jamais l'eau dans laquelle on fait pocher de la moelle. Sinon, le sel la fait fondre.
Elle ne doit donc être salée (si possible avec du gros sel) qu'au dernier moment, une fois la moelle tranchée en rondelles.

Os à moelle (veau)

"L'os le plus long"

L'os du jarret de veau étant très long, il faut ruser pour en extraire la moelle.
L'astuce consiste à utiliser une aiguille à brider (ou bien une aiguille à tricoter), avec laquelle on longe l'intérieur du canon pour détourer la moelle ❶.
Ensuite, il suffit de frapper l'os sur la planche pour que la moelle tombe.

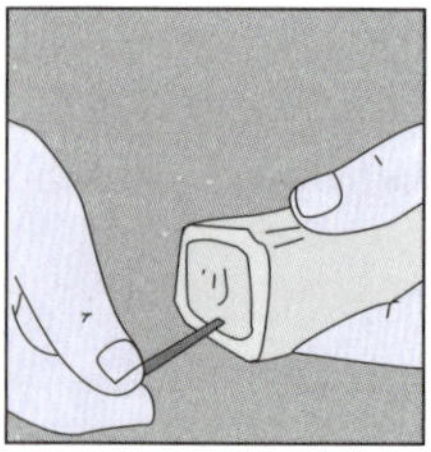

❶

Oseille (cuisson)

"Elle ne rend pas la monnaie"

L'oseille doit être nouvelle. Plus elle avance en âge, plus elle se gorge d'acide oxalique. Contrairement à beaucoup de légumes verts, on ne blanchit pas l'oseille. Il faut la faire «tomber» à sec dans une casserole, en l'ajoutant au fur et à mesure et par poignées.

Conseil

L'oseille a la fâcheuse tendance d'attacher au fond de la casserole. Il faut donc la faire cuire sur feu très doux et la remuer constamment à la spatule.

Osso bucco

"Concentrez vos efforts"

Pour renforcer le goût de ce plat, il faut ajouter une bonne cuillerée de concentré de tomates et, bien sûr, des zestes de citron préalablement blanchis 30 secondes dans l'eau bouillante.

Conseil

Avant de cuire les rouelles, il convient de les échancrer de quelques petits coups de couteau sur les bords pour qu'elles ne gondolent pas à la cuisson.
Au dernier moment, on parsème l'osso bucco de zestes de citron. Ceux-ci peuvent très bien être remplacés par des zestes d'orange.

Oursins

«Sachez tenir vos langues»

Comment extraire les langues, autrement dit le corail de l'oursin ? Le mieux est d'utiliser une cuiller à moka retournée, c'est-à-dire de procéder avec le dos de celle-ci ❶. En effet, si vous la prenez à l'endroit, la cuiller faisant alors berceau, il vous sera impossible de ne pas extraire avec le corail des filaments noirâtres, particulièrement inesthétiques.

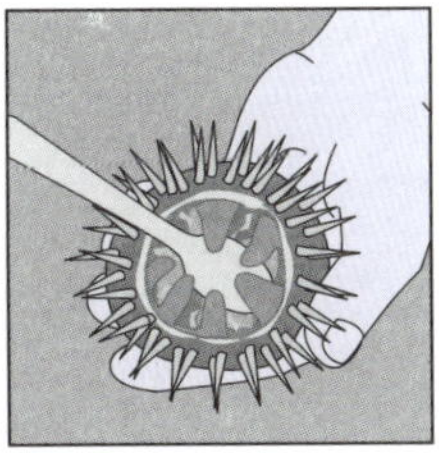

①

Paella

"Une fourchette-éponge"

Pour qu'une paella soit plus légère et que le riz ne colle pas, il faut huiler avec parcimonie le plat à paella lorsqu'il est bien chaud.
L'astuce, consiste à envelopper les dents d'une fourchette d'un morceau de papier absorbant sur plusieurs épaisseurs et de le ficeler pour le maintenir.
Ensuite, il ne reste plus qu'à tremper très rapidement la fourchette dans l'huile et à badigeonner le plat pour que la pellicule d'huile soit bien uniforme ①.

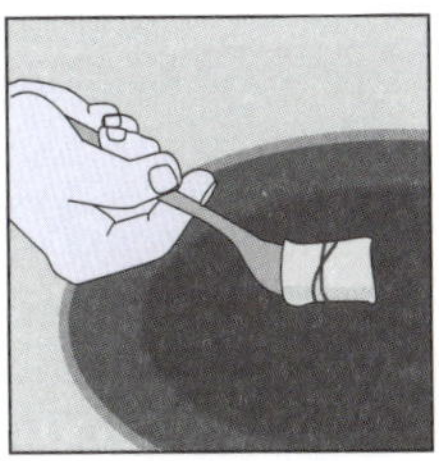

①

Panade

"Une farce bien jouée"

La panade se fait à partir de pain blanc rassis auquel on ajoute du lait bouillant, en proportion égale, sans oublier une bonne pincée de sel. Ensuite, on laisse gonfler le pain, tout en mélangeant bien à la spatule.

Conseil

Attention à ne jamais incorporer telle quelle de la panade dans une farce. Au préalable, il est indispensable de la sécher dans une casserole, comme on le ferait avec une purée de légumes, pour qu'elle perde sa consistance de «pâte de colle».
Enfin, il faut la laisser refroidir avant de l'incorporer à la farce.

Paner (à l'anglaise)

"À la goutte près"

Paner à l'anglaise consiste notamment à passer dans du jaune d'œuf battu ce que l'on pane. Cela, sans oublier d'ajouter 2 gouttes d'huile aux jaunes d'œufs battus pour éviter que la panade brûle à la cuisson.

Conseil

On ne doit pas laisser les mets à paner en attente, à moins que ceux-ci ne soient placés au réfrigérateur, c'est-à-dire non seulement dans un milieu froid, mais également humide.
Sinon, la panure dessèche, se fendille en plaques et le résultat ne peut être que médiocre.

Panure

"Émiettez comme un pro"

Il n'est pas facile d'émietter du pain de mie avec les doigts, même lorsqu'il est rassis, car la mie s'agglomère. Pour l'émietter facilement, rien ne remplace le dos d'une passoire bien fine et ronde contre laquelle on râpe les tranches de mie de pain rassis ❶.

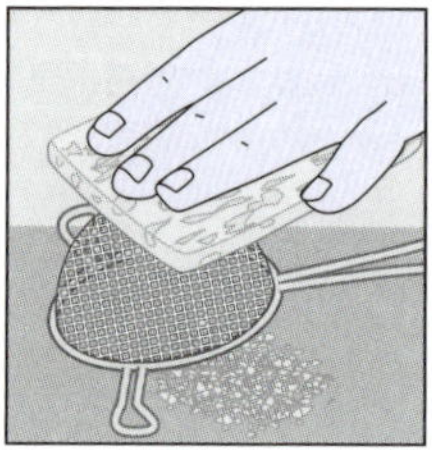

❶

CONSEIL

À défaut de passoire ou de tamis, pour peu que la mie de pain soit bien rassie, on obtient un résultat similaire avec un torchon. Il suffit de le fariner légèrement, d'y enfermer les morceaux de mie de pain et de les fouler de la paume de la main.

PAPIER (COUVERCLES EN)

"Un cercle pas vicieux"

Le couvercle en papier a bien des vertus. Il remplace avantageusement le couvercle de casserole lors du glaçage des légumes, les épousant parfaitement, tout en laissant la vapeur s'échapper. Il évite également la coloration des légumes quand on les braise au four.

Pour le confectionner, en papier sulfurisé ou aluminium, on coupe un carré plus grand que le diamètre du récipient.

On le plie en 4, puis 2 fois de suite en diagonale, pour obtenir un cornet.

On place ensuite la pointe de ce cornet au centre de la cocotte et on coupe ce qui dépasse ❶. On taille également la pointe du cornet.

En le dépliant on obtient alors un cercle, percé au centre d'un petit trou, qui laisse la vapeur s'échapper ❷. I1ne reste plus qu'à le beurrer et à le poser sur les aliments.

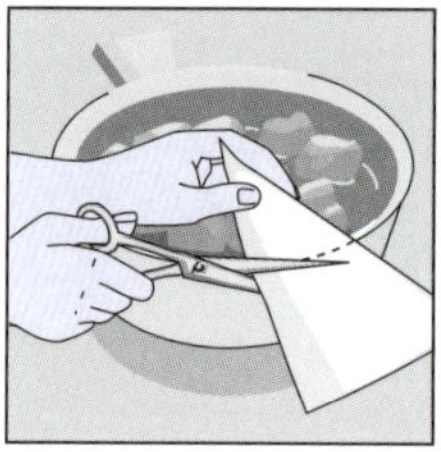

❶

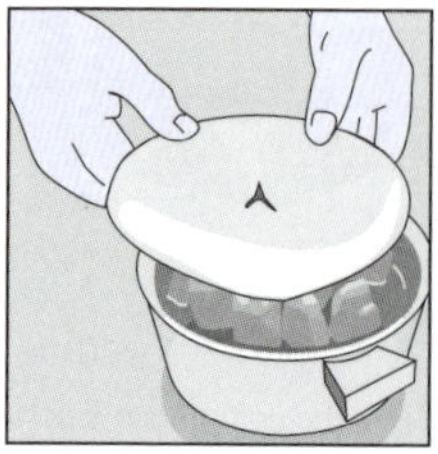

❷

CONSEIL

Suivant le même principe, on peut recouvrir une poêle de papier aluminium, en n'oubliant pas de le percer également pour que la vapeur puisse s'échapper, ce qui évite de soulever le papier à la cuisson.

A défaut de couvercle, on peut recouvrir une terrine de papier aluminium, en prenant toutefois la précaution de ficeler ce papier autour de la terrine, pour éviter qu'il ne bouge, surtout si la cuisson se fait au bain-marie.

PAPIER ALUMINIUM

"Manquez de vernis"

Le papier aluminium comporte une face mate et une autre brillante. La manière dont on le pose sur un aliment a son importance. C'est la face mate qui doit être en contact avec l'aliment et non l'inverse. En effet, la face brillante peut l'oxyder.

❶

CONSEIL

Quand on possède des cocottes avec poignées en matière plastique, il est toujours possible de les mettre au four.
Pour que ces poignées ne fondent pas à la chaleur, l'astuce est simple : il suffit de les envelopper sur plusieurs épaisseurs de papier aluminium ❶.

PAPIER BLANC (MANCHON-POMPON)

"Un effet de manche"

On peut pomponner un manche de gigot, de jambon, de côte de bœuf, etc.
Pour une côte de veau, par exemple, pliez un rectangle de papier de 15 x 8 cm dans le sens de la longueur (il est bien évident que la taille du rectangle sera proportionnelle à celle du manche que l'on habillera).
Puis, à l'aide de ciseaux, crénelez-le au niveau de la pliure, sur environ 2 cm de profondeur ❶.
Ensuite, dépliez le rectangle ainsi coupé et retournez-le sur lui-même ❷.
Enfin, enroulez la bande de papier sur le pouce, afin d'obtenir un joli manchon-pompon ❸, qu'il ne vous reste plus qu'à coller avec un petit morceau de papier adhésif ou encore, avec un peu de blanc d'œuf.

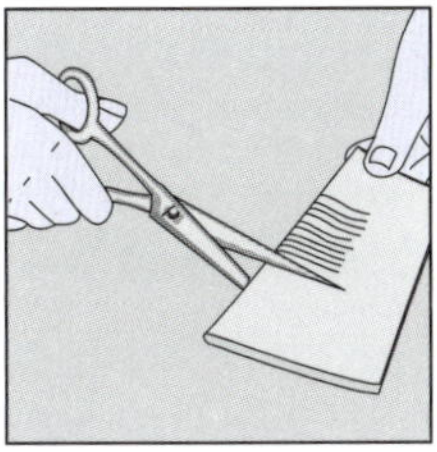

❶

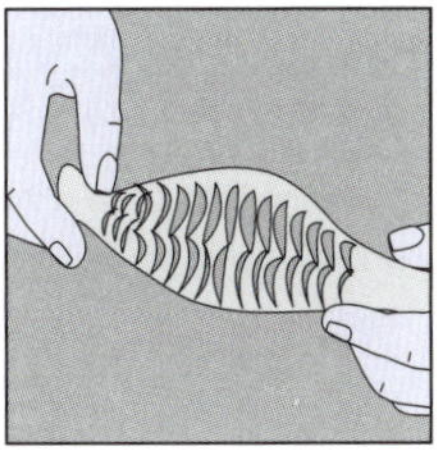

❷

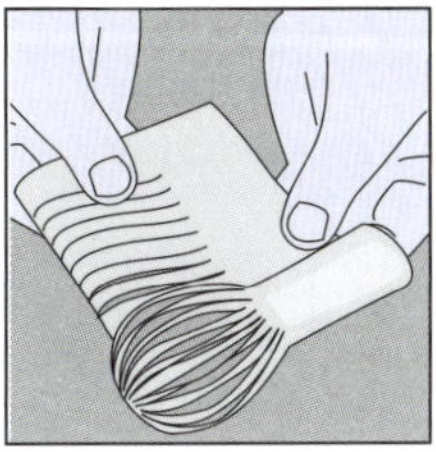

❸

PAPIER FILM

"Plusieurs séquences"

Le papier film ne s'emploie pas uniquement pour protéger les aliments conservés au réfrigérateur.
Lors d'une cuisson au four à micro-ondes, on obtient avec le papier film une condensation qui empêche le dessèchement.
Quand on aplatit une viande (escalope, par exemple), il convient de la prendre en sandwich entre deux feuilles de papier film pour qu'elle ne colle pas, tant au rouleau qu'à la table.
Quand on poche ou infuse un aliment, le papier film retient la vapeur. C'est plus rationnel qu'une assiette, que l'on est obligé de laver ensuite.

CONSEIL

Le papier film est d'une grande utilité pour chemiser un moule. Pour qu'il ne glisse pas dans celui-ci, il faut au préalable humidifier l'intérieur du moule avec une éponge ❶.

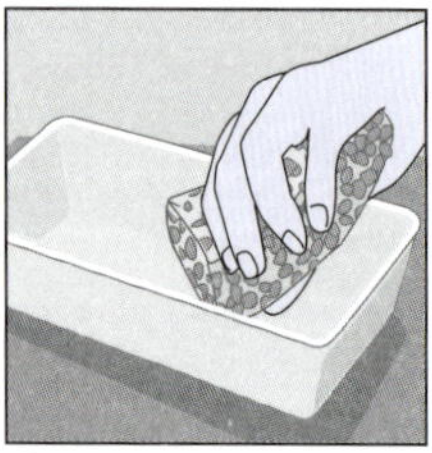

❶

PAPIER FILM (BOUDIN)

"Tenez le bon bout"

Pour pocher ou cuire à la vapeur un aliment, le papier film est très utile. On roule dans du papier film un blanc de volaille ou un filet préalablement farcis, puis on entortille et on ficelle les deux extrémités. On obtient ainsi un boudin plus ou moins trapu selon le serrage.

Attention : après cuisson, il est toujours préférable de retirer le papier film hors du plat de service, la cuisson rendant du jus.

CONSEIL

Le plus simple, pour débarrasser le boudin cuit de son papier film est de trancher une extrémité, de tenir le bout de ficelle de l'autre extrémité et d'utiliser une spatule positionnée à la verticale comme poussoir. Le boudin sort alors de son enveloppe de papier film.

PAPIER SULFURISÉ

"Ne pas teindre en roux"

Bien «qu'étudié pour», le papier sulfurisé risque de roussir au four, même recouvert de papier aluminium. Pour éliminer ce risque, il faut toujours prendre la précaution d'huiler, préalablement, le papier sur ses deux faces.

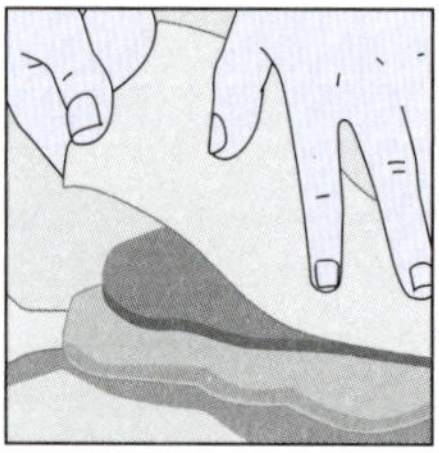

❶

CONSEIL

Le papier sulfurisé est d'une grande utilité pour faire, par exemple, une croûte (d'ail, d'amandes, de piments, etc.) liée au beurre. Il suffit d'étaler le beurre ramolli avec les ingrédients de son choix entre 2 feuilles de papier sulfurisé, puis de placer la plaque molle au congélateur, le temps qu'elle durcisse. Il est ainsi beaucoup plus facile de recouvrir un gigot ou un carré d'agneau. Il y a juste à décoller une feuille, à plaquer la croûte sur la viande, à la mouler sur celle-ci en appuyant sur la feuille et à décoller cette dernière ❶.

PAPILLOTES

"Redoublez de précautions"

Qu'elles contiennent du jus ou non, les papillotes en papier aluminium doivent être hermétiquement fermées pour ne pas se déchirer et laisser ainsi échapper la vapeur. Pour cela, il faut systématiquement doubler le papier.

La préparation placée au centre de la feuille, on joint ensuite les bords en faisant un double ourlet ❶.

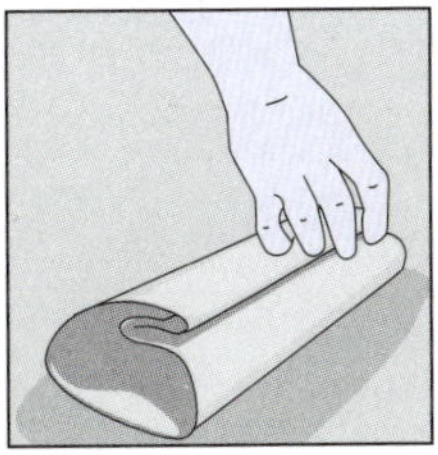

❶

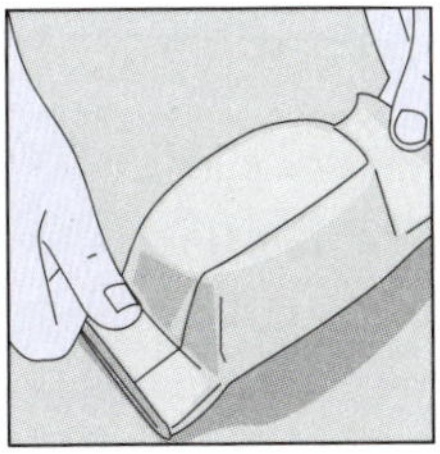

❷

Puis on aplatit les extrémités et on plie les coins ❷. Une fois les coins rabattus, on plie 2 fois les extrémités ❸.

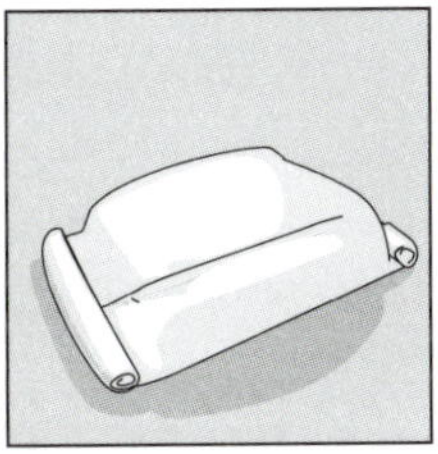

❸

❹

CONSEIL

l faut toujours beurrer le papier pour le graisser, avant de poser l'aliment. Il est également vivement conseillé de verser 1/2 verre d'eau dans la plaque du four avant de poser les papillotes ❹. Cela évite qu'elles n'attachent à la cuisson.

PAPILLOTES

"Une option airbag"

Il existe une astuce pour gonfler une papillote, de telle sorte qu'elle ait l'allure d'un coussin. Celle-ci consiste à introduire une paille dans une extrémité de la papillote, à souffler ❶ et ourler le papier aussi vivement que possible.

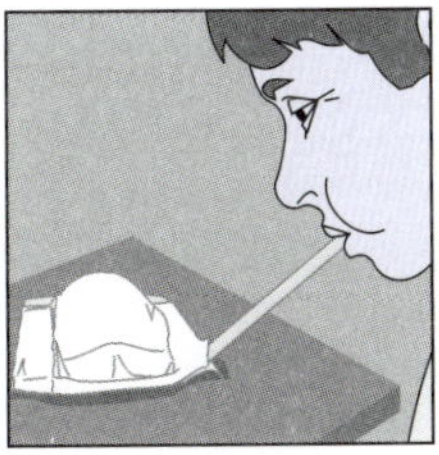

❶

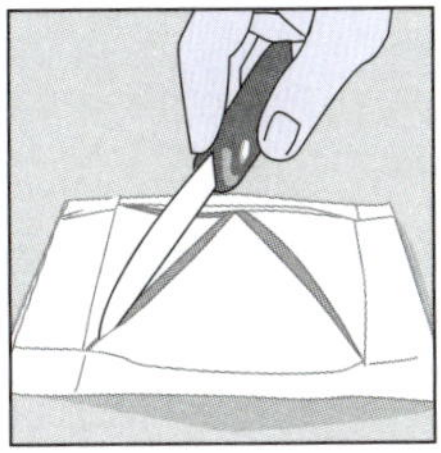

❷

CONSEIL

Une fois cuites, on peut façonner des papillotes carrées, plutôt que rectangulaires, qui donnent une très belle présentation. Il suffit alors de les ouvrir en croix à l'aide de la pointe d'un petit couteau et de rabattre les 4 pointes vers l'extérieur pour laisser apparaître le mets ❷.

PÂTÉ (CHAIR À)

"Du froid et du sel"

On obtient toujours un meilleur résultat en hachant la chair au couteau, mais c'est laborieux.
Mieux vaut donc utiliser un hachoir. À condition, toutefois, de placer les viandes au réfrigérateur avec le hachoir.
Sinon, elles s'échauffent, ce qui entraîne une déperdition de leur saveur.
Il convient toujours d'assaisonner une farce plus que de raison. Cela parce qu'on la goûte à chaud et qu'une fois froide, l'assaisonnement perd entre 20 et 30% de sa puissance gustative.
Enfin, il faut une cuisson lente. Plus il cuit doucement, plus le pâté est moelleux.

CONSEIL

Quand on fait un pâté en croûte, il est possible d'incorporer dans la pâte à foncer, une ou plusieurs des épices qui entrent dans la composition de la farce.
C'est une bonne idée pour lui apporter une touche parfumée supplémentaire.
Si l'on incorpore du foie dans un pâté, il faut ajouter une pincée de sucre semoule à la farce, pour qu'elle ne noircisse pas.
Il n'est jamais indispensable d'utiliser un moule pour un pâté en croûte.
Il est même préférable, pour une cuisson meilleure et plus uniforme de la pâte, d'envelopper tout simplement la chair dans celle-ci.

PATÉ (CONSERVATION)

"Faites cuit, cuit, cuit !"

La conservation d'un pâté exige certaines règles, notamment à la cuisson. Il faut prolonger sa cuisson de manière qu'il perde le maximum de jus rendu. Pour cela, en fin de cuisson, il faut retirer le pâté de son bain-marie et le replacer tel quel au four jusqu'à ce que ses graisses commencent à caraméliser.

CONSEIL

Le pâté entamé noircit au contact de l'air, présentant une teinte d'un brun verdâtre sur la tranche. De plus, il se dessèche. Pour éviter cet inconvénient, la solution consiste à le recouvrir d'un papier aluminium très légèrement beurré, avant de le placer dans un endroit frais.

PÂTÉ (DÉMOULAGE)

"Quelques précisions"

On ne démoule jamais un pâté à sa sortie du four. Il faut le laisser refroidir à température ambiante pour qu'il se rétracte. Et surtout ne pas le placer au réfrigérateur, qui plus est si c'est un pâté en croûte, l'humidité du réfrigérateur détrempant la pâte. Enfin, pour rendre le démoulage plus facile, on le détoure d'abord au couteau, en longeant les parois du moule.

CONSEIL

Vérifier que la cuisson d'un pâté est à point en y enfonçant la pointe de la lame d'un couteau est toujours très aléatoire.
Le mieux est de puiser une cuillerée de pâté en son centre avec une cuiller à moka, puis de reboucher le trou.

PÂTÉ (PANTIN)

"Roulez le périphérique"

Le pâté Pantin est un pâté que l'on réalise sans moule. Pour cela, on étale une bande de pâte en un long rectangle, on dispose la farce au milieu, on rabat les bords en les faisant légèrement se chevaucher ❶, et enfin les extrémités ❷.

CONSEIL

Pour éviter les bourrelets, donc un excédent de pâte, l'astuce consiste à amincir les bords au rouleau ❸ et à découper le superflu de pâte. Les petits bouts de pâte conservés peuvent être utilisés en décoration. Comme pour les tourtes, il faut impérativement ménager une cheminée dans le pâté Pantin.

❶

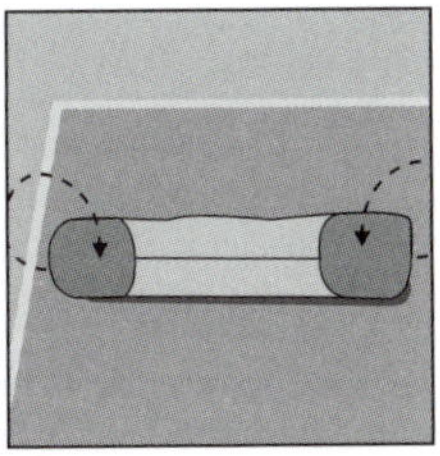

❷

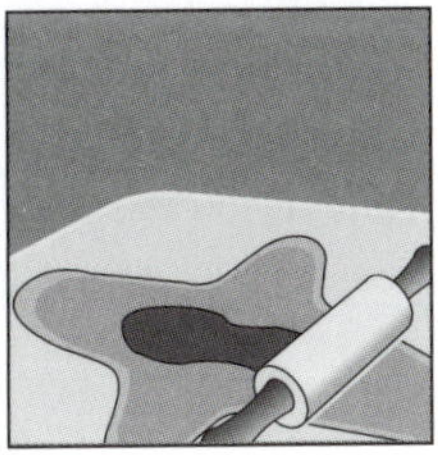

❸

PÂTES (CUISSON)

"L'amidon n'est pas un copain"

Les pâtes, comme les haricots verts, réclament beaucoup d'eau afin de diluer au maximum l'amidon qu'elles contiennent.
Une autre solution consiste à ajouter simplement une cuillerée à soupe d'huile dans l'eau de cuisson.
Mais cette astuce n'est valable que lorsqu'on ne les cuit pas correctement, c'est-à-dire quand on ne respecte pas la règle absolue : 1 l d'eau pour 100 g de pâtes. Dans ce cas, elles ne collent pas et l'huile est inutile.
De peur qu'elles collent lorsqu'on les laisse en attente, il ne faut pas pour autant les placer dans l'eau froide. C'est une erreur, dans la mesure où elles se gorgent d'eau. La meilleure solution est de les beurrer dès qu'elles sont égouttées, puis de les mélanger et de les réchauffer doucement en remuant vivement la casserole au moment voulu.

CONSEIL

Si vous n'êtes pas expert en pâtes fraîches, n'en faites pas un complexe.
Ou alors exercez-vous longtemps, avant de faire profiter vos amis de vos talents.
Sachez que de bonnes pâtes sèches vendues dans le commerce sont toujours supérieures aux pâtes fraîches médiocres.

PÂTES (LONGUES, PRÉSENTATION)

"Une fourchette à gigot"

Les pâtes longues ne doivent pas être rassemblées en un tas informe au milieu d'un plat.
Pour soigner leur présentation, on utilise une fourchette à gigot, c'est-à-dire une fourchette qui comporte 2 dents.
Il suffit alors de piquer la fourchette dans les pâtes, de la faire pivoter pour enrouler les pâtes autour des dents ❶ et de la poser sur le plat.
Ensuite, on pousse les pâtes du doigt ❷ et on recommence jusqu'à ce qu'on obtienne un ruban de pâtes de la longueur du plat.

❶

❷

Paupiettes (de veau)

"À emmailloter sans ficelle"

Il n'est pas indispensable d'utiliser de la ficelle pour emmailloter une paupiette.
On peut très bien s'en passer en utilisant soit une pique en bois soit de la crépine de porc.
Quand on emploie une pique en bois, il suffit d'enrouler la paupiette sur elle-même puis de la piquer transversalement de part et d'autre ❶.
Avec de la crépine, c'est tout aussi simple. Après avoir correctement enroulé la paupiette, on l'enveloppe dans la crépine. Cette dernière méthode est même à conseiller si on souhaite que la viande, que l'on doit tailler en fines tranches, conserve tout son moelleux.

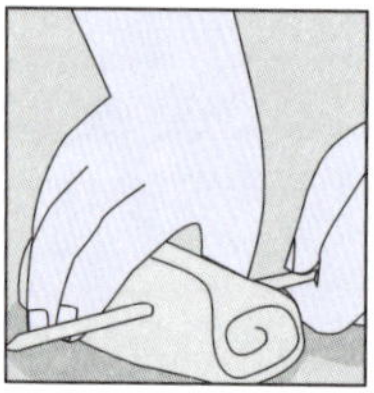

❶

Conseil

On peut tout aussi bien, pour que la paupiette conserve tout son moelleux, l'envelopper dans du papier film avant de la faire pocher dans de l'eau bouillante. Mais pour cela, il convient que le papier film soit assez grand, de manière à pouvoir bien entortiller les extrémités qu'il est toujours sage de ficeler. On peut, bien sûr, remplacer le papier film par du papier aluminium quand on souhaite une cuisson au four.

Perdreau

"Pensez tenue d'Adam"

La broche est la meilleure alliée du perdreau. À défaut, on le fait rôtir au four très chaud, en veillant à ne pas prolonger sa cuisson, ce qui conduit au désastre. Un perdreau nécessite 20 min de cuisson au grand maximum. On doit impérativement retirer la barde 5 min avant la fin de sa cuisson. La cuisson à point du perdreau se constate en piquant la cuisse à la hauteur de la jointure du pilon. Le jus qui perle doit être légèrement rosé.

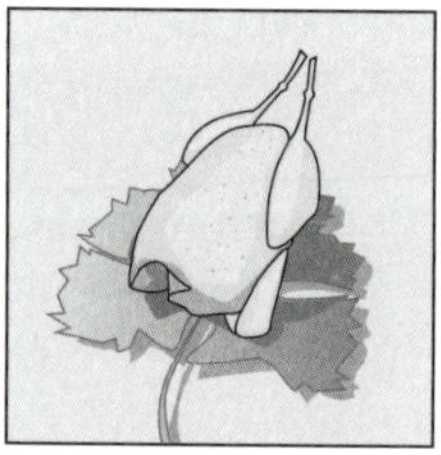

❶

Conseil

Pour le perdreau, le nec plus ultra est de l'envelopper d'une feuille de vigne que l'on beurre avant de l'appliquer sur son estomac ❶. Ensuite, on le barde et on le ficelle sommairement en croix. Le perdreau ne doit pas cuire dans un plat, afin de ne pas baigner dans la graisse de la barde. Il doit être placé sur la grille du four.

Perdrix

"Une fille de ferme"

La perdrix est très ferme. Il convient donc de la braiser, et de préférence avec le chou. On obtient un bon résultat en ensevelissant littéralement la perdrix sous les feuilles de chou, puis en la cuisant à l'étouffée.

CONSEIL

Pour donner plus de parfum au chou, il faut y ajouter cou et tête. La règle veut que l'on remplisse la cocotte au 1/3 de chou, qu'on y couche la perdrix entourée de carottes entières et qu'on la recouvre du chou restant.

PERSIL (FRIT)

"Jouez au pendu"

Le persil peut être frit à la poêle si on n'en désire qu'une petite quantité. Le mieux reste la friteuse. On utilise cette astuce pour le conserver intact en bouquets : ficelez les bouquets de persil préalablement bien essorés au niveau des queues, tout en conservant un bout de ficelle d'une dizaine de centimètres de long ; tenez la ficelle par le bout et plongez les bouquets dans la friture ❶. Dès que le persil est frit (ce qui ne demande que quelques secondes), déposez les bouquets sur du papier absorbant et coupez les queues au ras des feuilles ❷.

❶

❷

PERSIL (HACHÉ)

"Pas de censure sur la presse"

On ne doit pas se contenter de hacher le persil.
Sinon, la sève qu'il contient colle les brins les uns contre les autres, au point de former de petits paquets qui interdisent un persillage uniforme.
Pour parvenir à saupoudrer équitablement n'importe quel plat, il est indispensable de sécher le persil, dès qu'il est haché.
C'est très facile à faire, tout simplement en enfermant le persil dans un torchon propre que l'on tord vigoureusement ensuite ❶.

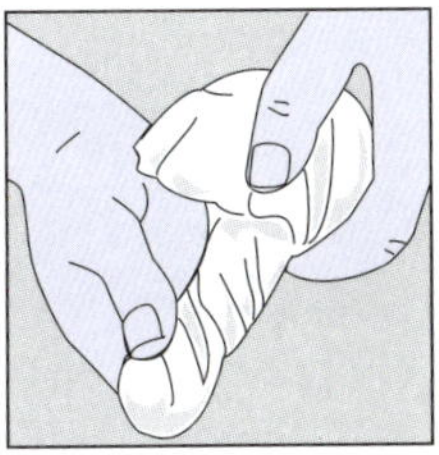

❶

Seul inconvénient : ainsi essoré, le persil sèche très vite. Il n'est donc pas recommandé de le presser trop longtemps à l'avance.

CONSEIL

Avant de presser le torchon, il est préférable de le passer d'abord sous l'eau courante.
Cette méthode vaut aussi pour les concombres, mais contrairement au persil, il n'est pas utile de presser trop fortement.

PESER (SANS BALANCE)

"Pour que ce ne soit plus un fléau"

L'eau des légumes doit être salée à raison de 20 g. de gros sel par litre d'eau. C'est la dose idéale.
Mais on n'a pas toujours une balance ni un pèse-lettre sous la main. De toute façon, il est toujours fastidieux de peser de si petites quantités. Comme il est plus simple de compter en cuillers que de peser, voici quelques indications qui vous simplifieront la tâche à l'avenir.
Retenez-les et vous gagnerez assurément un temps précieux.

Pour des cuillers rases :
- beurre (cuil. café) : 4 g, (cuil. soupe) : 12 g ;
- eau (cuil. café) : 5 g, (cuil. soupe) : 18 g ;
- farine (cuil. café) : 5 g, (cuil. soupe) : 15 g ;
- huile (cuil. café) : 5 g, (cuil. soupe) : 16 g ;
- miel (cuil. café) : 5 g, (cuil. soupe): 18 g ;
- sel (cuil. café) : 5 g, (cuil. soupe) : 15 g.

Pour des cuillers débordantes :
- beurre (cuil. café) : 9 g, (cuil. soupe) : 22 g ;
- sel.(cuil. café) : 9 g, (cuil. soupe) : 25 g ;
- sucre (cuil. café) : 9 g, (cuil. soupe) : 25 g.

PETITS POIS (CHOIX)

"Retournez la question"

La cosse indique la qualité du petit pois qui ne souffre pas la médiocrité. Elle doit être impeccable, d'un beau vert pâle, et brillante. Terne, blanchâtre, elle cache des légumes farineux ou véreux.
La taille des petits pois a son importance. Les petits pois moyens et petits conviennent à la cuisson à l'étuvée. Quand les petits pois sont destinés à la purée ou à garnir une viande, il faut les choisir plutôt gros, autant pour une raison de coût que de tenue à la cuisson.

CONSEIL

Les petits pois en boîte doivent être rapidement blanchis avant de les cuisiner, afin de chasser le goût de fer dont ils s'imprègnent.

PETITS POIS (CUISSON)

"Roulez jeunesse"

Les petits pois doivent être cuits sitôt écossés ; dans très peu d'eau, contrairement aux haricots verts et aux mange-tout.
Mais avant de les faire cuire, il faut tout de même prendre le temps de les placer dans un saladier et de les assaisonner (sans oublier la cuillerée à café de sucre semoule), tout en les arrosant de 2 cuillerées à soupe de beurre fondu.
On mélange bien à la spatule et on place ensuite 1/2 h au réfrigérateur, de telle sorte que le beurre, en durcissant, enveloppe les petits pois d'une pellicule grasse.
Cette gangue de beurre a pour but d'assouplir la peau.

CUISSON

Quand on fait cuire des petits pois, il ne faut pas oublier de sacrifier à la bonne vieille méthode qui consiste à recouvrir la casserole d'une assiette creuse remplie d'eau, pour que la vapeur soit refoulée dans la casserole. Sinon, compte tenu du peu d'eau que réclame leur cuisson, les petits pois risquent d'attacher.

Petits pois (purée de)

"Manquez de peau"

C'est une grossière erreur que de mixer les petits pois destinés à la purée, car on mixe aussi les peaux, avec pour résultat une purée collante. Il faut donc se débarrasser des peaux en passant les petits pois au moulin à légumes équipé de sa grille fine ❶.

❶

Conseil

Il est à retenir que lorsque l'on fait cuire de la laitue avec les petits pois, il est inutile d'ajouter de l'eau. L'eau rendue par la laitue suffit à la cuisson des petits pois.

Petit salé

"À dessaler pour ressaler"

Il vaut toujours mieux dessaler plus que de raison un petit salé. Quitte à le saler à nouveau après. Ceci est également valable pour la morue. Quand on dessale, il est conseillé de placer les morceaux dans une passoire plutôt que de les mettre à même le fond du plat, de manière que les viandes ne marinent pas dans leur propre sel.
Ainsi suspendues dans l'eau, elles dessalent plus facilement.
Mais il convient tout de même de renouveler l'eau au moins 3 fois.

Pétoncles

"En amuse-gueule"

On peut faire avec les pétoncles d'agréables et délicieux «amuse-gueule». Pour cela, il suffit d'éliminer leur coquille supérieure, de les disposer sur la plaque du four, puis de les laisser 2 min à four chaud. Au moment de servir, on les arrose d'une vinaigrette bien persillée.

Pieds (d'agneau, de veau)

"Toujours de mauvais poils"

Les pieds de veau, comme les pieds d'agneau, sont vendus précuits. Cela facilite considérablement la tâche.
Il n'empêche qu'ils ne sont pas pour autant préparés ni désossés. Il subsiste toujours sur les pieds une petite touffe de poils, ainsi qu'une articulation et des nerfs.
On coupe donc le pied en 2 dans le sens de la longueur et on retire la touffe de poils qui se trouve à la fourche des doigts ❶.
Enfin, on tranche le haut du pied pour éliminer l'articulation et les nerfs ❷.

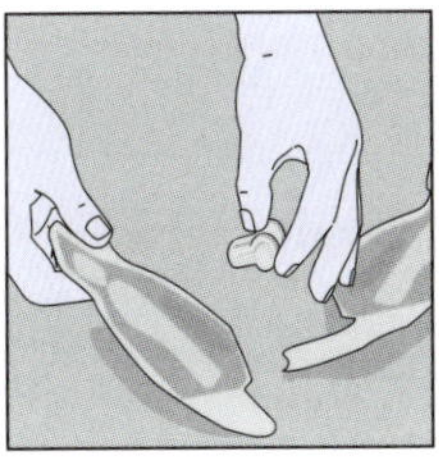

❶

❷

PIGEON (CUISSON ET DÉCOUPE)

"Pour ne pas que ça 'barde'"

L'erreur que l'on commet bien souvent est de cuire le pigeon dans sa barde jusqu'au moment de le servir, de telle sorte que sa peau est molle, imbibée par la graisse de la barde.
Il faut donc, aux 3/4 de la cuisson du pigeon, retirer sa barde et le remettre au four pour que sa peau soit bien croustillante.

CONSEIL

Le pigeon se coupe en 2 dans le sens de la longueur avec un bon couteau. On peut encore diviser chaque moitié. Dans ce cas, la découpe doit être faite juste au-dessus de la cuisse.
Aussitôt rôti, le pigeon ne souffre aucune attente. Il suffit de quelques minutes pour que sa peau perde alors tout son croustillant. Pour la même raison, on ne doit pas non plus le napper de sauce.

PIMENTS

"Une fin de loup"

On peut décorer un plat de ravissantes fleurs "dents de loup", avec un piment ou un petit poivron.
Pour cela, il suffit de le tailler en dents de loup sur toute sa circonférence, mais en veillant à ne pas enfoncer la pointe du couteau au centre pour ne pas abîmer les graines ❶.

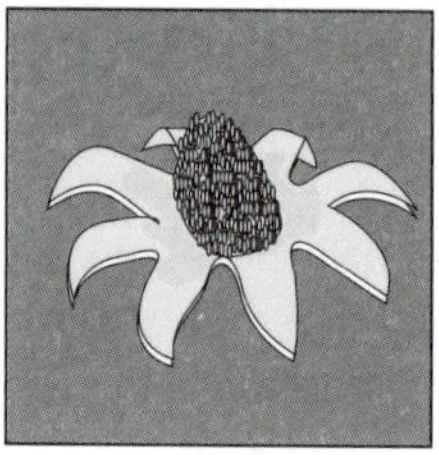

❶

Ensuite, on les place dans l'eau froide pour que les dents de loup s'épanouissent d'elles-mêmes.

PINTADE (CUISSES DE)

"Dénerver sans s'énerver"

Pour servir une pintade au mieux de sa forme, il faut dénerver les cuisses avant la cuisson.
Cela ne pose pas de réel problème, pour peu qu'on ait une fourchette. Il suffit d'inciser la peau à l'articulation avec la pointe d'un petit couteau de manière à bien découvrir les 5 nerfs. Puis on prend une fourchette, on glisse une dent sous chaque nerf et on fait pivoter la fourchette sur elle-même pour que le nerf vienne ❶.

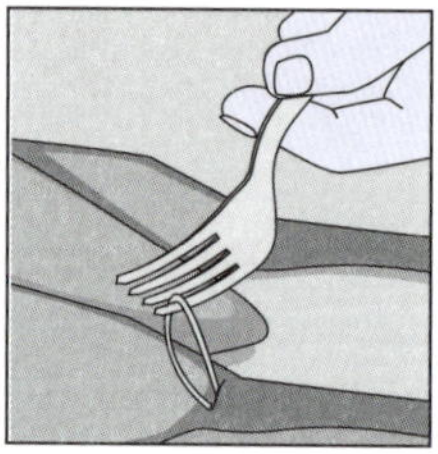

❶

On extirpe complètement le nerf, puis on prend un torchon pour l'arracher d'un bon coup sec.

Conseil

Pour ce faire, on peut aussi avoir recours à la pointe d'un couteau.
Dans ce cas, on fait une entaille à la base de la cuisse, on glisse la lame entre os et chair et on soulève.
Les nerfs viennent instantanément et sans effort. Il ne reste plus qu'à les sectionner.

Pintade (ailerons en manchon)

"Un effet de manche"

Rien de plus facile que de réaliser un manchon à partir d'un aileron de pintade. Il faut tout d'abord éliminer l'extrémité de l'os, c'est-à-dire la tête d'un bon coup de couteau ❶.
Ensuite, on retourne l'os sur la chair et on le pique dedans, de manière à ce qu'il transperce la chair. On obtient ainsi un manchon ❷.

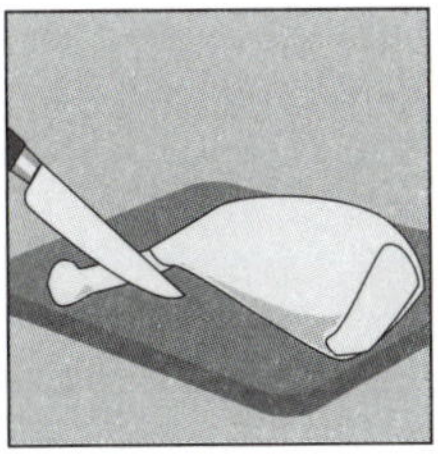

❶

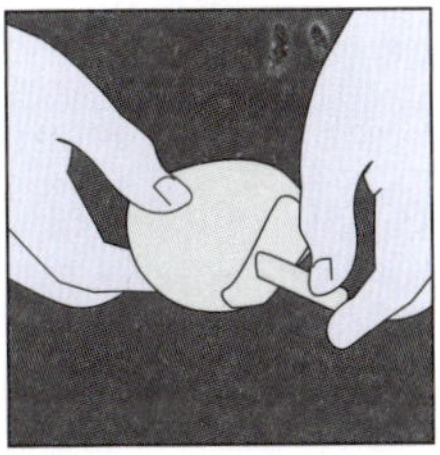

❷

Pintade (décarcasser)

"Trop simple et pourtant vrai"

Décarcasser une pintade est un jeu d'enfant.
On plante le couteau au milieu du dos et on tranche jusqu'au croupion ❶.
Puis on retourne le couteau et on recommence l'opération dans l'autre sens, c'est-à-dire jusqu'au cou ❷.

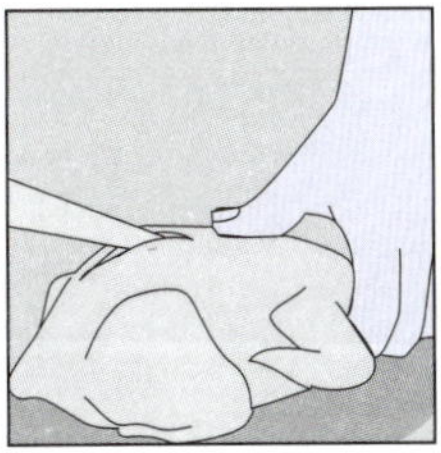

❶

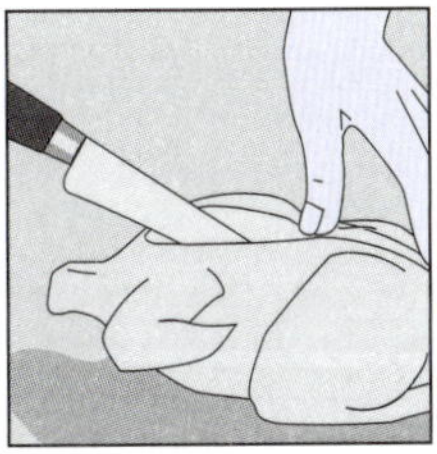

❷

On obtient ainsi 2 moitiés de pintade. Il ne reste plus qu'à décoller les chairs de part et d'autre de la carcasse. Pour faciliter cette opération, le mieux est d'utiliser un torchon propre, de telle sorte que la chair ne glisse pas des mains.

Piperade

"Évitez le marécage"

La piperade a une fâcheuse tendance à se transformer en «bain de pieds». Cela tient au fait que les légumes : tomates, piments doux, oignons, sont tristement abandonnés à leur sort qui est d'être lié aux œufs. Pour éviter cette débâcle, il faut, après cuisson, bien les égoutter au-dessus d'une casserole pour récupérer le jus rendu. Jus que l'on fait ensuite réduire sur feu vif en casserole, avant de le réincorporer à la piperade, pour qu'il renforce son parfum.

Pissenlits

"Luttez contre les coriaces"

Les pissenlits les plus coriaces doivent être rapidement blanchis pendant 30 secondes dans l'eau bouillante.

Aussitôt après, on doit immédiatement les plonger dans de l'eau glacée, pour leur redonner de la vigueur.
Cette astuce permet de les attendrir, tout en masquant une partie de leur amertume.

CONSEIL

On peut encore assaisonner les pissenlits 20 min avant de les servir, pour donner le temps au vinaigre d'assouplir les feuilles. Les lardons, en revanche, doivent être versés très chauds et au tout dernier moment sur la salade, afin que la graisse de cuisson bien chaude ne flétrisse pas les feuilles.

PLANCHE À DÉCOUPER

"Ne pas oublier le torchon"

Une planche à découper a toujours tendance à glisser sur le plan de travail.
Pour éviter cela, il suffit de plier un torchon en 2 et de poser la planche dessus ❶.
Pour blanchir le bois et le nettoyer, on ne doit pas utiliser un produit pour la vaisselle, au risque de communiquer ensuite aux aliments un goût désastreux.

❶

On le frotte avec une moitié de citron et, pour le désinfecter, on le frotte de gros sel avant de le rincer.

PLAQUES CHAUFFANTES

"Pas à côté de la plaque"

Les plaques chauffantes présentent des avantages, mais aussi un gros inconvénient : elles n'atteignent jamais la puissance du gaz qui demeure le moyen de cuisson idéal. Quand on veut saisir une viande ou un poisson sur le feu, il convient donc de préchauffer la poêle à vide pendant quelques minutes, de manière qu'elle soit très chaude.
Sinon, la lenteur de la chauffe interdit un bon saisissement.

PLUMAGE

"Faites le poids"

On plume toujours un gibier au dernier moment. Auparavant, il convient de le placer au réfrigérateur pour que la chair se raffermisse et prenne le goût de sauvage, ce qui constitue un double avantage : plumer plus facilement et éviter de la déchirer.
On commence toujours par le ventre, en plaçant l'oiseau sur le dos, les ailes repliées sous lui. Puis on le retourne et on plume le dos, les ailes et enfin les cuisses.

POIREAUX (EN CHRYSANTHÈMES)

"Dites-le avec des fleurs"

On peut très facilement imiter les chrysanthèmes avec un poireau. On ne l'ébarbe pas. On tranche le blanc du poireau à environ 5 cm de la racine.
Puis on le fend en 4 jusqu'à la base, de

manière à obtenir 4 quartiers ❶ que l'on taille, un par un, en fins filaments.
Ensuite, il suffit de laisser séjourner le poireau dans l'eau glacée pour qu'il s'épanouisse en chrysanthème.

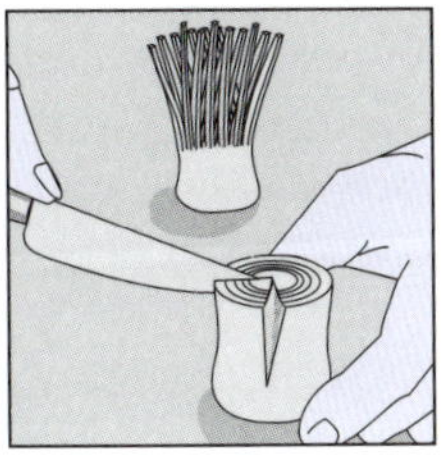

❶

Rougir les blancs de poireau est d'une simplicité enfantine : on les trempe dans de l'eau additionnée de jus de betteraves.

POIREAUX (ÉPLUCHER)

"une idée à creuser"

Que l'on prépare des gros poireaux en gratin ou en vinaigrette, il ne faut jamais oublier d'éliminer l'intérieur de la base du pied avant de les faire cuire, dans la mesure où c'est une partie spongieuse qui absorbe l'eau et qui n'a aucun intérêt gustatif.
Pour cela, c'est très simple : après l'avoir ébarbé, il suffit de creuser le pied en cône, à l'aide de la pointe d'un petit couteau ❶.

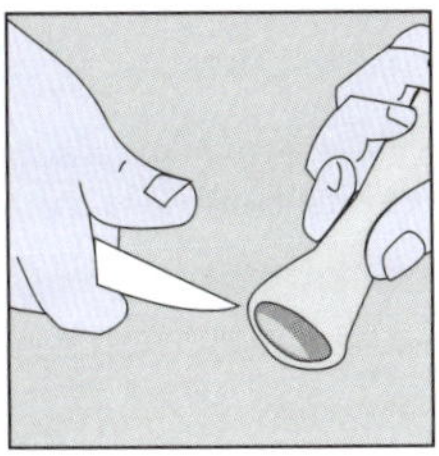

❶

Grâce à cette astuce, le poireau ne transforme pas la préparation à laquelle il est destiné, en "bain de pieds". Quand on fait cuire des blancs de poireaux, il est préférable de les tailler en biseau (on dit aussi en "sifflet").
Ce n'est pas parce que c'est plus beau, mais parce que, taillés en biais, la surface coupée est plus importante et le poireau cuit mieux et plus uniformément dans l'eau.

CONSEIL

Si les poireaux sont vraiment trop gros, il convient de les blanchir au préalable, en les plongeant 2 min dans l'eau bouillante pour atténuer leur goût.
Quand on veut faire une mirepoix, il faut couper les blancs de poireaux très finement dans le sens de la longueur avant de les hacher perpendiculairement.

POIS CASSÉS (PURÉE DE)

"Trop buvard"

Les pois absorbent une quantité d'eau supérieure aux autres légumes secs. Pour conserver leur goût au maximum, on ne doit pas commencer la cuisson en les noyant sous l'eau. Il faut procéder en ajoutant de l'eau bouillante au fur et à mesure. Il s'agit juste de contenter leur soif.

CONSEIL

Pour accentuer la couleur de la purée de pois cassés, il convient d'ajouter quelques feuilles d'épinards durant leur cuisson.

Poisson (arêtes)

"Couteau-économe ou pince d'électricien"

Il y a parfois des arêtes dans les filets. Repérez-les en effleurant chaque filet du bout des doigts, puis enfilez l'arête dans la fente du couteau-économe, comme si vous passiez un fil dans le chas d'une aiguille ❶. L'arête enfilée, faites pivoter le couteau-économe sur lui-même, en le ramenant vers vous pour extraire l'arête ❷.

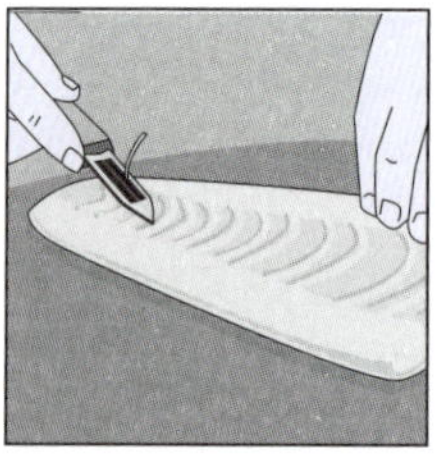

❶

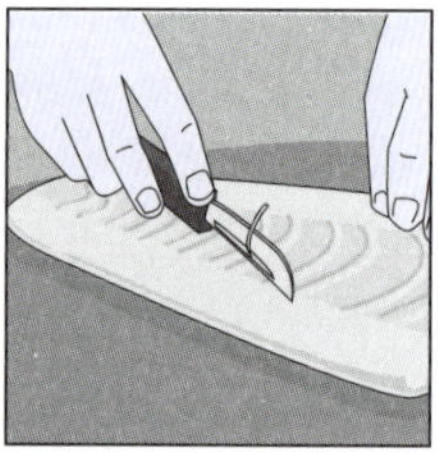

❷

Une autre méthode, tout aussi efficace, consiste à utiliser une petite pince d'électricien. Mais bannissez la pince à épiler, conseillée à tort. C'est une "fausse bonne astuce", dans la mesure où elle n'a aucun effet sur les arêtes bien enracinées.

Poisson (au bleu)

"Rarement dans l'absolu"

Dans l'absolu, le poisson au bleu est un poisson tout juste sorti de sa rivière et encore vivant quand on le plonge dans l'eau bouillante, ce qui ne facilite pas les choses. On peut tout de même parler de poisson «au bleu» dans d'autres circonstances.
La dénomination venant du fait que le poisson est bleu, le tout est d'obtenir cette couleur quand on le cuit chez soi. Le poisson doit être ultra-frais, ni écaillé ni lavé, pour ne pas éliminer le limon, cette pellicule gluante dont il est enduit. On doit donc le vider en le triturant le moins possible. Ensuite, il convient de l'arroser de vinaigre bouillant et de le court-bouillonner au vin rouge pour accentuer la couleur.

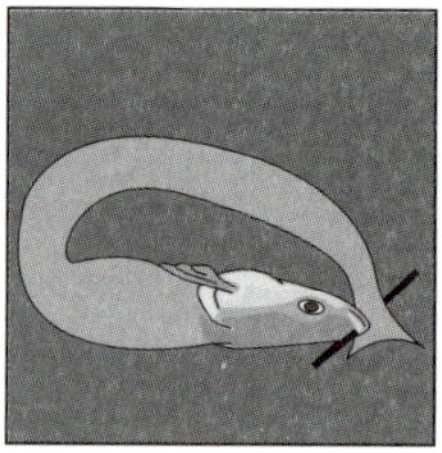

❶

Conseil

La tradition veut que la truite au bleu se morde la queue. Pour obtenir cette posture, il faut joindre la tête et la queue et les transpercer d'un petit morceau de bois ❶.

Poisson (court-bouillon)

"Du froid et du chaud"

On doit démarrer à froid la cuisson d'un poisson entier, afin que les chairs ne s'effilochent pas au contact de l'eau bouillante et qu'il ait le temps de s'imprégner des arômes du court-bouillon. En revanche, si le poisson est en morceaux (tranches de colin, par exemple), le court-bouillon doit être bouillant. Ceci, pour que l'albumine, contenue dans les chairs, se coagule immédiatement et qu'ainsi les sucs ne s'échappent pas.

CONSEIL

Un poisson destiné à être servi froid (à la mayonnaise par exemple) doit refroidir dans son court-bouillon. Lorsqu'il s'agit de darnes et non d'un poisson entier, on ne doit pas les laisser sur le feu.
On plonge les darnes dans le court-bouillon en ébullition, on couvre, on les retire du feu et on les laisse refroidir.

POISSON (CUISSON)

"Pour savoir nager"

Quand on le cuit au barbecue ou dans une croûte de gros sel, on ne doit pas, pour des raisons différentes, écailler le poisson.
On n'écaille pas le poisson qu'on fait griller au barbecue parce que les écailles forment un manteau qui protège la chair, trop fragile pour supporter la puissance du feu. En croûte de sel, les écailles protègent la chair du sel.
Sinon, la chair est horriblement salée et de plus, il devient alors impossible d'éliminer la peau.
Quand on le poêle, on ne le sale qu'à mi-cuisson, pour que la chair ne colle pas à la poêle.
Quand on le cuit à la vapeur, on protège le côté du poisson qui repose sur le tamis, en le posant sur des feuilles de salade.
Ceci afin que ce côté, forcément plus exposé à la vapeur, ne se transforme pas en charpie.
Quand on le fait pocher, on ne doit pas oublier de le recouvrir d'une feuille de papier aluminium préalablement beurrée ; on laisse le poisson dans son court-bouillon jusqu'au moment de servir. Sinon, en attente à l'air libre, il se dessèche très rapidement.

CONSEIL

Pour vérifier la cuisson d'un poisson, il suffit d'exercer une pression, avec le pouce, derrière la tête, sur l'arête. La consistance est souple quand il est à point. On doit faire cuire les poissons plats, côté peau blanche en premier.

POISSON (DARNES DE)

"À bonne formation"

Il faut donner leur forme aux darnes de poisson avant de les faire cuire. Ce qui consiste à replier les parties abdominales et à les ficeler. Puis à les placer au réfrigérateur, jusqu'au moment de la cuisson ❶.
Grâce à cette méthode, saisies par le froid, les darnes conserveront une belle forme arrondie.

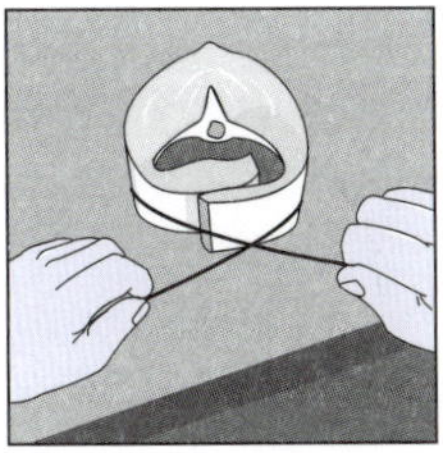

❶

POISSON (ÉCAILLER)

"Sortez votre coquille"

Parce qu'il est d'un usage peu fréquent en cuisine de ménage, on a rarement chez soi un râcloir pour écailler le poisson. À défaut, on se sert d'un couteau, ce qui n'est pas la panacée. Le plus simple est de gratter les écailles avec une coquille Saint-Jacques, en partant de la queue pour aller à la tête ❶.

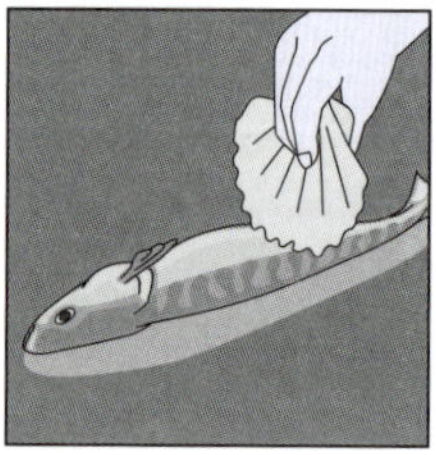

❶

Conseil

Si l'on apprête une carpe en filets, il faut l'écailler au préalable. Pour que cette opération soit une mince affaire, l'astuce consiste à la plonger quelques secondes dans l'eau bouillante.

Poisson (en écailles)

"Chef-d'œuvre de la croûte"

On peut tapisser de diverses rondelles (pommes de terre, courgettes, etc.) un filet de poisson. Cela donnera l'illusion qu'il est recouvert d'écailles.

Pour réaliser ce joli décor, il suffit de tartiner le filet de mousseline ❶ qui fera office de ciment, puis de disposer les écailles en les faisant se chevaucher légèrement ❷.

❶

❷

Conseil

Pour faciliter le nappage de la mousseline sur le filet, il est préférable de tremper la spatule dans l'eau chaude, au fil de l'opération, pour obtenir un lissage parfait.

Poisson (filets en croûte)

"De l'art moderne"

Pour embellir des filets, on peut les recouvrir d'une pellicule de filaments de carottes et de peaux de courgettes. On les plaque bien de la paume de la main sur le filet, puis on les fait cuire dans une poêle chaude, en commençant par le côté croûte et en pressant le filet contre la poêle pendant la cuisson, à l'aide d'une spatule, pour que les filaments adhèrent bien.

Poisson (filets, cuisson)

"Aussi un filet de citron"

L'une des meilleures méthodes de cuisson des filets de poisson est de les poêler dans du beurre, mouillé de 2 à 3 cuillerées à soupe d'eau et d'un peu de jus de citron. En cours de cuisson, on ajoute de l'eau, si nécessaire. Ainsi, les filets conservent leur moelleux comme leur blancheur.

Pour qu'ils ne se déforment pas, il convient de mener la cuisson à feu modéré, c'est-à-dire sans provoquer d'ébullition, mais juste un frémissement.

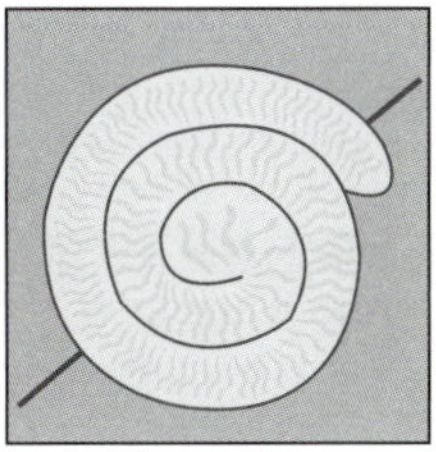

❶

CONSEIL

On peut encore pocher des filets de poisson enroulés sur eux-mêmes. L'astuce est simple : elle consiste à les piquer d'un cure-dent ❶. Encore une fois, pour qu'ils conservent leur blancheur, l'eau doit être fortement citronnée.

POISSON (FILETS, DÉCOUPE)

"À biaiser"

Pour qu'ils paraissent plus longs tout en ayant une meilleure apparence, il convient de tailler les gros filets de poisson en sifflet ❶. Au préalable, il faut taper les filets avec le cul d'une casserole épaisse, afin de briser les fibres. Ainsi, les filets ne se rétracteront pas.

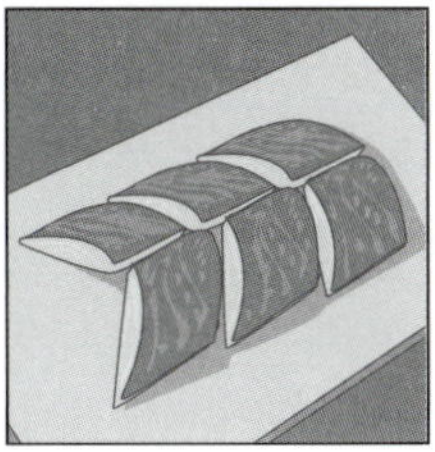

❶

❷

CONSEIL

Les petits filets peuvent être également taillés en biais. Cela permet de les dresser en étoile sur assiette ❷. Pour obtenir un décor plus achevé, il est conseillé de diversifier les poissons.

POISSON (FILETS, LEVER LES)

"Un queue-à-tête"

Il y a un sens à respecter pour lever la peau d'un filet. Ce n'est pas un tête-à-queue qu'il faut faire, mais l'inverse, en commençant par la queue après l'avoir incisée ❶.

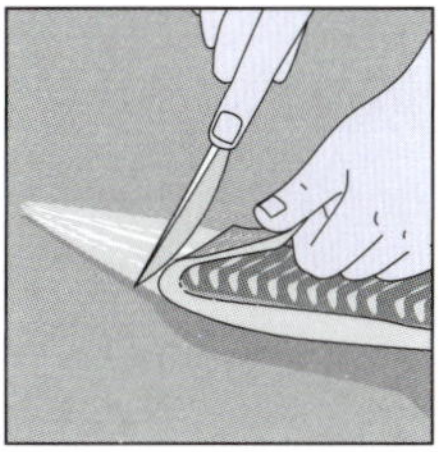

❶

POISSON (FILETS, POÊLER LES)

"Craignent l'humidité"

Pour qu'un filet de poisson soit bien saisi et doré à point, il ne faut pas qu'il soit humide. On doit toujours le sécher avant, dans un torchon ou sur du papier absorbant. Puis l'assaisonner de sel et de poivre, avant de le fariner et de le tapoter avec les doigts, en le maintenant à la verticale, pour éliminer l'éventuel excès de farine.
Si l'on ne se plie pas à cette règle, la farine absorbe l'humidité et colle, par plaques, sur la chair à la cuisson.

CONSEIL

Quand on poêle un filet de poisson avec sa peau, il convient de le faire cuire côté peau, pour qu'il ne se rétracte pas.
La chair du poisson colle.

Si on veut aplatir un filet, la meilleure des solutions est de le prendre en sandwich entre 2 feuilles de papier-film.
Quand il s'agit de gros filets (morue fraîche ou saumon), il est préférable de le tronçonner en pavés qui résisteront très bien à la cuisson.

POISSON (FILETS EN ROULADE)

"La perfection est de ce monde"

Pour faire une roulade de filets de poisson, qu'on nappera ensuite d'une farce avant de l'envelopper dans du papier film et de la pocher, il faut la détailler en un rectangle si on veut qu'elle soit parfaite.
C'est très simple : on étale une feuille blanche du format le plus courant, soit 21 x 29 cm, et on la recouvre d'une grande feuille de papier film, préalablement doublée ❶. Puis on juxtapose les filets dans les limites du rectangle de papier blanc que l'on voit en transparence ❷.

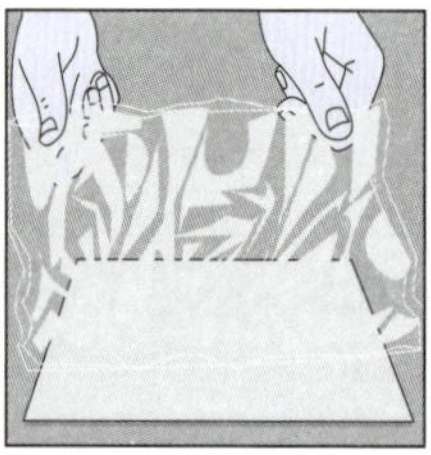

❶

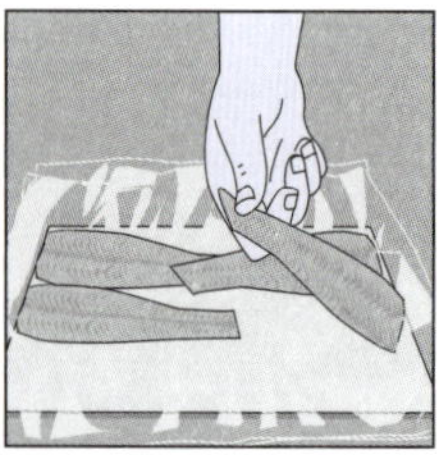

❷

Il ne reste plus qu'à les napper de farce et à les rouler sur eux-mêmes en soulevant le papier film, avant de les enrouler dans ce même papier en serrant bien, puis en nouant les extrémités, ensuite on poche la roulade dans l'eau bouillante.

POISSON (FILETS EN «S»)

"Un virage à négocier"

Pour obtenir un filet en «S», il faut le poser dans la poêle bien chaude, le soulever en son milieu avec une cuiller en bois ❶, et le maintenir ainsi jusqu'à ce qu'il ait pris forme.
On peut encore tresser des lanières de filet de poisson.
L'opération se faisant à cru, on tresse les lanières perpendiculairement en les faisant serpenter les unes sous puis sur les autres ❷. Enfin, on égalise les bords au couteau.

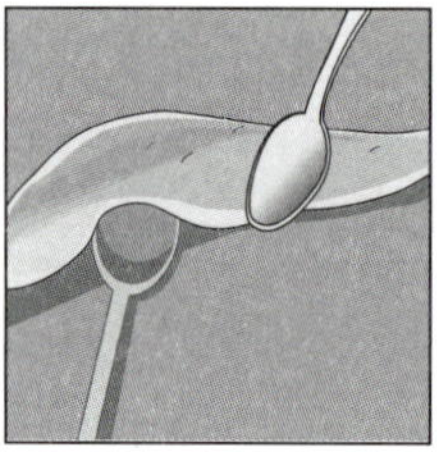

❶

❷

CONSEIL

Pour que cette préparation soit très jolie à l'œil, il convient d'employer des filets de poisson blanc et des filets de saumon.

POISSON (FRITURE)

"Aussi une affaire de taille"

Plus le poisson est petit, plus la friture doit être chaude. Dès que les petits poissons sont plongés dans la friture, leur immersion ayant fait baisser la température de l'huile, il faut rétablir au plus vite celle-ci.
Pour les poissons de bonne taille (merlans, par exemple), la technique est différente. On les plonge dans une friture chaude,

puis on monte la température progressivement jusqu'à ce que l'huile soit très chaude.

POISSON (FUMET)

"Non aux ouïes"

On fait un excellent fumet de poisson avec les parures des poissons plats (sole, turbot, barbue, limande, plie,...).
Les poissons gras ne valent rien.
Quand on utilise la tête des gros poissons, il ne faut pas oublier d'éliminer les branchies qui, sanguinolentes, noircissent le fumet.
Dans tous les cas, on doit d'abord rincer les parures sous l'eau fraîche du robinet.

POISSON (GRILLÉ)

"Soyez incisif"

On se doit d'inciser les poissons grillés ou cuits au four, afin d'obtenir une cuisson plus uniforme. Pour une dorade, par exemple, il faut pratiquer des incisions transversales se croisant ❶. Lorsqu'il s'agit d'un poisson plat (barbue par exemple), on pratique une incision, en longeant l'arête de la tête à la queue ❷. Les petits poissons ne s'entaillent pas.

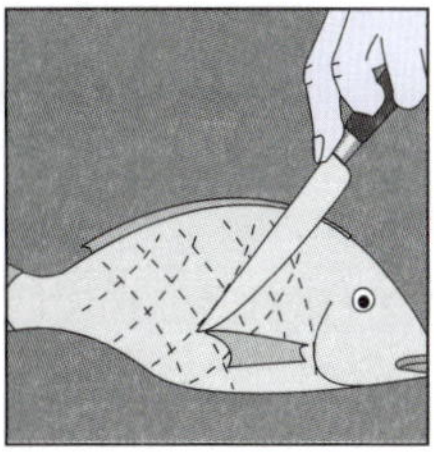

❶

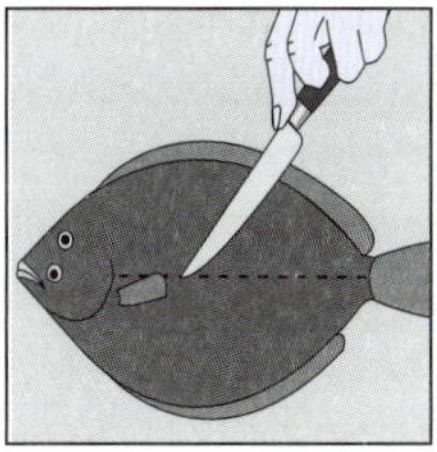

❷

CONSEIL

Quand on grille un poisson, il ne faut pas l'écailler. Cette méthode comporte deux avantages : le premier de ne pas dessécher le poisson, le second de le dépouiller plus facilement de sa peau, celle-ci étant entraînée par les écailles qui forment alors une croûte résistante.

POISSON (LAITANCES)

"À considérer"

Les laitances de carpe, de maquereau et de hareng sont délicieuses.
On peut les pocher au court-bouillon ou encore les cuire à la meunière.
Mais elles se prêtent aussi très bien à la friture. En beignets, les laitances de carpe sont particulièrement goûteuses.

CONSEIL

Avant cuisson, il convient de laisser tremper les laitances un petit 1/4 d'heure dans de l'eau additionnée d'un jus de citron. Ensuite, on les sèche sur du papier absorbant et on les farine.

POISSON (POÊLÉ)

"Évitez l'affluence"

Deux erreurs sont fréquemment commises : d'une part, on ne chauffe pas assez la poêle, d'autre part on y met en trop grand nombre les petits poissons. Pour poêler correctement des petits poissons, le mieux est d'utiliser une poêle à semelle anti-adhésive bien chauffée au préalable. Il est également impératif que les poissons y soient à l'aise et non serrés comme des sardines. Sinon, la vapeur dégagée par les chairs rend leur saisissement impossible. Mal saisis, les poissons restent mous, leur chair s'étiole et leur coloration est nulle.

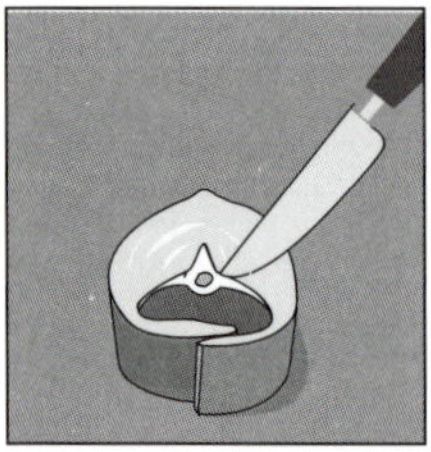

❶

Conseil

On vérifie que la cuisson d'un tronçon de poisson est à point (darne de colin, par exemple) en écartant de la pointe d'un petit couteau la chair de l'arête. L'arête doit alors se décoller de la chair sans la moindre difficulté ❶. Si la chair reste collée à l'arête, il faut poursuivre la cuisson.

Poisson (poêlé entier)

"Par la queue"

Quand on poêle un poisson, le tout est de ne pas être éclaboussé d'huile.

Pour cela, l'astuce consiste à le tenir par la queue et à poser la tête dans la poêle le plus loin possible, avant de le coucher doucement dans la poêle ❶.

❶

Conseil

Quand on poêle des tronçons de poisson, pour qu'ils ne tirebouchonnent pas et que la cuisson soit parfaitement uniforme, il convient de les recouvrir d'un couvercle assez lourd.

Poisson (en portefeuille)

"Beau et facile"

Pour ouvrir un poisson en portefeuille, il faut d'abord demander à son poissonnier de le vider par les ouïes, ce qu'il sait très bien faire. Ensuite, on s'occupe du reste. En partant de la base de la tête, on longe l'arête pour lever le filet, tout en veillant bien à ce que la lame du couteau n'entame pas la peau du ventre du poisson ❶.

L'arête décollée du premier filet, on retourne le poisson et on dégage pareillement le second filet ❷.

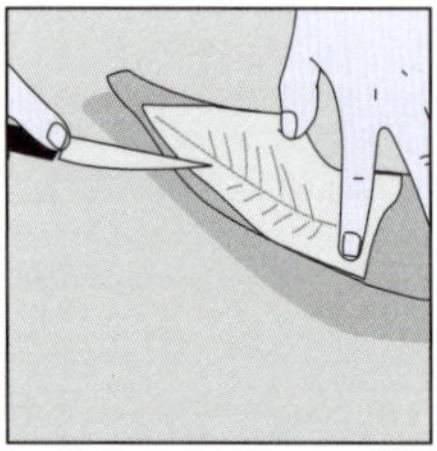

❶

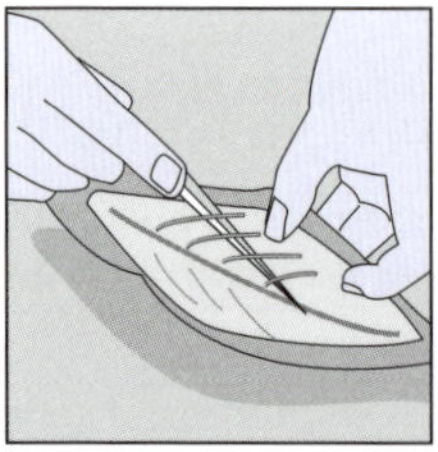

❷

Puis, à l'aide d'une paire de ciseaux, on coupe l'arête à quelques centimètres de la queue ❸.

Enfin, on prend l'arête d'une main, de l'autre on tient le poisson, on dégage l'arête jusqu'à la base du cou en tirant dessus ❹ pour l'arracher d'un coup sec.

Il ne reste plus qu'à farcir le poisson avant de le mettre au four.

❸

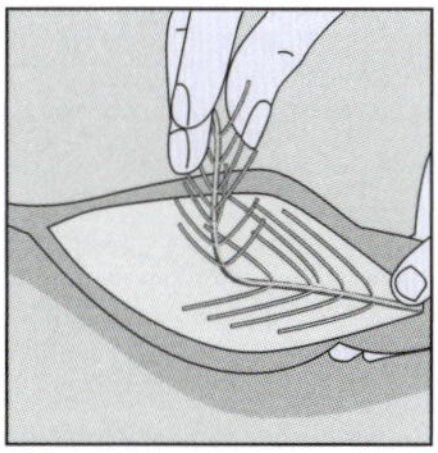

❹

Poisson (rillettes de)

"Un jeu d'enfant"

On prépare très facilement des rillettes de poissons (maquereaux ou sardines). Pour cela, il suffit de lever les filets de poisson en éliminant toutes les arêtes, puis de les poêler avec quelques traits de vinaigre, du sel et du poivre. Enfin, on malaxe les filets avec du beurre et on rectifie l'assaisonnement.

Conseil

Le vinaigre de cidre est celui qui convient le mieux à cette préparation. Il ne faut pas en être avare. On ne doit pas oublier, en effet, que les rillettes sont servies froides, ce qui amoindrit considérablement la puissance de l'assaisonnement rectifié à chaud.

Poisson (tartare de)

"À soutenir dans l'épreuve"

Pour réussir un tartare de poisson, il faut mariner les chairs au préalable. Sinon, elles demeurent fades.

La meilleure façon est encore de hacher le poisson (toujours au couteau, jamais à la machine), puis d'envelopper ce hachis bien assaisonné dans 4 bandes de chair du même poisson, marinées au préalable, que l'on dispose en croix avant de placer la boule de chair hachée dessus.

Ensuite, il ne reste plus qu'à rabattre les bandes sur le hachis pour l'emprisonner.

Poisson (temps de cuisson)

"Pour que rien ne pêche"

Plus le poisson est gros, plus l'eau doit être portée progressivement à ébullition. Le temps de cuisson doit être calculé à partir du moment où l'ébullition commence. On réduit alors aussitôt la flamme pour que la cuisson se fasse à frémissements, en comptant : 15 min au kilo pour les grosses pièces, 18 pour les moyennes, 16 pour les gros poissons plats (exemple : le turbot). Pour les poissons portions (exemple : les petites dorades), la cuisson ne doit pas excéder 12 min en tout.

Conseil

Quand on cuit un poisson au court-bouillon, la peau colle immanquablement, tant sur le fond que sur les parois du plat. Pour faciliter le nettoyage du plat, qui est toujours fastidieux, il faut le beurrer grassement au préalable.

Poisson cru (découpage)

"jouez fin"

La chair du poisson étant molle, le gros problème est de faire des tranches fines quand on veut le servir cru.

L'astuce consiste à le faire raidir au congélateur avant de le couper.
Ainsi durcie, la chair permet de faire de jolies tranches.
Méfiez-vous du sel et du citron qui constituent généralement, avec l'huile d'olive, l'assaisonnement d'un poisson cru.
Il faut veiller à arroser les tranches au dernier moment, sinon la chair cuit au contact des acides, ce qui la rend vite filandreuse.

Poivre (blanc et noir)

"Veillez au grain"

Poivre noir ou blanc ? Le poivre blanc est moins ardent que le poivre noir. Mais ce n'est pas pour cela que le poivre blanc a souvent la préférence. il est utilisé dans les sauces (et notamment les sauces blanches), car le poivre noir pigmente la sauce, ce qui n'est pas agréable à l'œil.

Conseil

Le poivre en grains est couramment employé dans le court-bouillon. Attention cependant : pour un résultat parfait, il ne s'agit pas de l'incorporer en début de cuisson, mais seulement 10 min avant la fin. Sinon, il communique à la préparation une âcreté désagréable qu'il est impossible d'éliminer.

Poivre (mignonnette)

"Sandwich aux casseroles"

La mignonnette, ce sont des grains de poivre grossièrement concassés. Pour avoir le maximum de parfum, il est conseillé de concasser soi-même les grains de poivre plutôt que d'acheter la mignonnette toute faite.
Comment ? On peut glisser les grains de poivre dans un sac en matière plastique et les écraser avec le cul d'une casserole épaisse. Mais à la longue, le sac finit par rendre l'âme. La meilleure solution, consiste à placer les grains de poivre dans le fond d'une casserole moyenne et à les écraser avec une casserole plus petite. De cette manière, on ne risque pas de les perdre car, même s'ils sautent, ils restent dans la casserole.

Conseil

Si vous faites une grande consommation de poivre concassé, la solution la plus pratique est de récupérer un vieux moulin à café et de desserrer son mécanisme pour qu'il ne broie pas trop finement le poivre. Pour ne rien perdre de son parfum, le poivre en grains doit être concassé au moment voulu.

Poivrons (peler des)

"Noir, c'est noir"

La peau des poivrons présente 2 défauts : elle est particulièrement dure et tout à fait indigeste.
Pour l'éliminer, il suffit de placer les poivrons entiers sous le gril (bien que ce ne soit pas franchement nécessaire) puis de les retourner jusqu' à ce que leur peau soit uniformément noire.
Ensuite, il ne reste plus qu'à éplucher cette peau avec la pointe d'un couteau, à ouvrir le poivron et à éliminer les pépins, avant de tailler la chair en lamelles.

Si on craint de se brûler, on peut également les tremper dans l'eau froide à la sortie du four.
Le choc thermique facilite l'épluchage ❶.
Mais on peut ne pas retenir cette méthode, car la chair du poivron perd de son parfum.

❶

Une autre méthode consiste à les couper en 4, à cru, puis à les plonger dans l'huile bouillante pendant 2 min. On les égoutte, puis on les essuie sur du papier absorbant et enfin on les pèle. C'est tout aussi efficace, mais bien plus compliqué.

Conseil

Ces méthodes ont un inconvénient : pelée, la chair des poivrons est molle. Elle ne convient donc pas pour une salade. Dans ce cas, l'astuce consiste à les peler, le plus simplement du monde, c'est-à-dire au couteau-économe.

Polenta

"Ne vous faites pas rouler par la farine"

Il ne suffit pas de verser la farine de maïs, même en veillant bien à la faire tomber en pluie. Il faut également fouetter vivement l'eau, tout le temps qu'on la verse. Sinon, elle risque de s'agglomérer en paquets.
Au préalable, il faut humidifier le plat dans lequel on coule la polenta.

Pommes de terre (amandines)

"Mettez-vous à l'amande"

Pour faire des pommes de terre amandines, il faut des amandes effilées, mais aussi une purée bien compacte qu'il suffit de rouler.
Pour cela, on farine le plan de travail et on roule la purée afin d'obtenir un rouleau ❶.

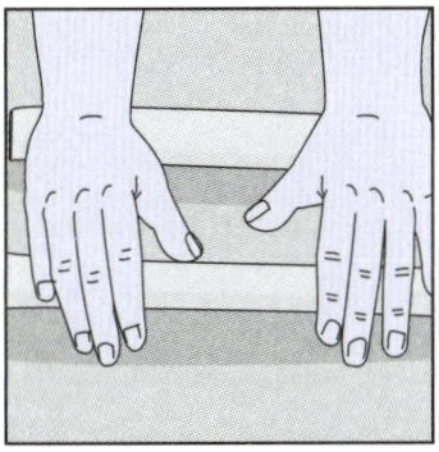

❶

Ensuite, on découpe le rouleau de purée de pommes de terre en petits tronçons.
Puis on roule ces tronçons en boulettes, avant de les tremper dans le jaune d'œuf battu et de les rouler dans les amandes effilées.

Conseil

Selon le même principe, on peut aussi recouvrir les côtes de veau d'amandes effilées. C'est original et délicieux.

Pommes de terre (en bouchons)

"Du grand style"

Pour que les rondelles de pommes de terre soient d'un aspect impeccable, on taille les grosses pommes de terre entières en bouchon, ce qui n'est pas compliqué.
Pour cela, il suffit de couper les extrémités

de la pomme de terre et de les peler en les tournant, de manière à obtenir un long cylindre, c'est-à-dire un bouchon, ❶ qu'on taille ensuite en rondelles.

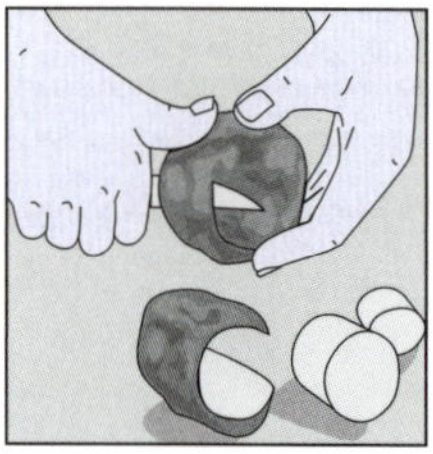

❶

Une autre variante consiste à tailler la pomme de terre en rectangle, puis à rogner les angles, ce qui revient au même, si ce n'est qu'on perd plus de temps.

CONSEIL

On ne gâche pas pour autant les pommes de terre en procédant de la sorte, pour peu qu'on accommode les pelures qu'on peut facilement conserver dans l'eau fraîche. Les pelures de pommes de terre constituent en effet d'excellents amuse-gueule. Préalablement séchées dans un torchon, puis cuites 20 min à four chaud sur une plaque bien graissée de beurre et d'huile, c'est très bon avec du fromage blanc assaisonné de poivre, de sel et de fines herbes.

POMMES DE TERRE (CHÂTEAU)

"Nettoyage à sec"

La pomme de terre château, qui convient en accompagnement du Chateaubriand, doit être taillée en ovale. Il ne faut pas la laver, mais simplement l'essuyer, avant de la faire sauter dans un beurre clarifié. Pour qu'elle ne soit pas sèche et uniformément dorée, on la cuit sur feu doux à couvert, en n'oubliant pas, toutes les 3 min, de la découvrir et de remuer la poêle en un mouvement circulaire.

CONSEIL

Pour que la pomme de terre en cocotte (taillée à l'identique de la pomme de terre château) soit plus moelleuse, il convient, au préalable, de la blanchir à l'eau bouillante. C'est ainsi que l'on obtient une pomme de terre à la fois fondante et dorée.

POMMES DE TERRE (CHIPS)

"Faites-leur une surprise"

On peut traiter les pommes chips en ravioli.

Pour cela, il faut tailler de très fines tranches de pommes de terre, déposer une noix de farce au centre ❶ et napper les bords de beurre fondu.

Puis recouvrir d'une autre tranche de pomme de terre ❷, appuyer sur les bords pour bien la faire adhérer et napper de beurre fondu ❸.

❶

❷

❸

CONSEIL

Quand on a plusieurs kilos de pommes de terre chez soi, il faut les choisir à peu près de la même grosseur. En effet, si l'on fait cuire en même temps des petites et des grosses pommes de terre, ces dernières seront cuites quand les premières seront en bouillie.

POMMES DE TERRE (CHOIX)

"faire la différence"

Les pommes de terre ont des chairs différentes qui conviennent plus ou moins bien à telle ou telle préparation.

Certaines sont meilleures que d'autres selon l'usage auquel on les destine. Pour faire des pommes de terre frites, il faut porter son choix sur les bintje, les B.F. 15 (dérivées des belles-de-Fontenay).

Pour la purée, on doit choisir la B.F. 15, la viola, ou encore la ratte (dans ce cas, il est préférable de la panacher avec une autre pomme de terre, car la ratte a tendance à "élastifier" la purée).

Pour la cuisson à la vapeur, ce sont les belles-de-Fontenay et les rattes qui conviennent le mieux. Au four, cuites avec leur peau, ce qu'on appelle en "robe des champs", on utilisera la ratte et la roseval. Voilà pour les espèces les plus courantes. Bien sûr il en existe beaucoup d'autres qui conviennent aussi bien à ces diverses préparations, mais elles sont trop rares sur les marchés pour en parler.

POMMES DE TERRE (DUCHESSE)

"Séchez sur la question"

La pomme de terre duchesse n'est autre que de la pulpe de pomme de terre liée au jaune d'œuf et au beurre, et servie sous forme de croquette. Cette préparation implique l'utilisation d'une pomme de terre très farineuse, c'est-à-dire renfermant le minimum d'humidité.

CONSEIL

Pour obtenir un excellent résultat, il est préférable d'utiliser de grosses pommes de terre et de les cuire «en robe des champs», au préalable. Une fois sorties du four, on les fend en 2, on les évide lorsqu'elles sont encore très chaudes, et on mélange la chair recueillie avec le beurre et les jaunes d'œufs.

POMMES DE TERRE (FARCIES)

"Le coup de l'armure"

La peau des pommes de terre est fragile. Difficile de ne pas faire un massacre quand on les entaille pour les évider à leur sortie du four. Il existe 2 astuces pour éviter cet écueil. La première consiste à tailler les pommes

de terre crues d'un coup de couteau circulaire ❶, puis à les faire cuire et à retirer le chapeau de peau du bout des doigts, avant de les évider délicatement à la cuiller.
L'autre astuce consiste à les cuire telles quelles, de préférence sur un lit de gros sel et à les envelopper de papier aluminium à la sortie du four. Ce n'est qu'après qu'on détaille le chapeau puis qu'on l'évide ❷.

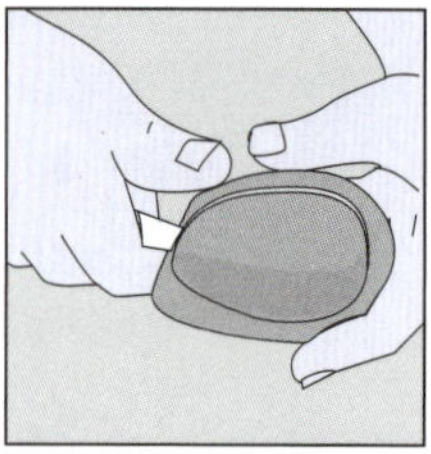

❶

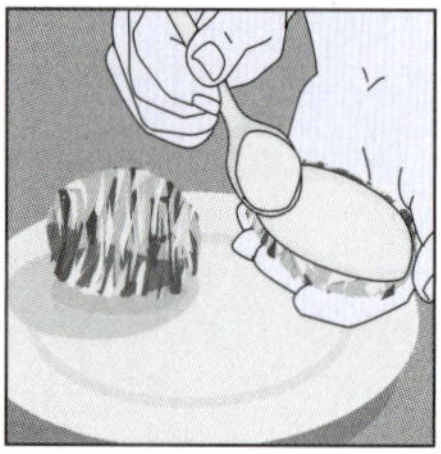

❷

Le papier aluminium présente 2 avantages : il évite de se brûler les doigts tout en maintenant la chair. Quand on fait des pommes de terre farcies, on creuse aussi le chapeau, pour récupérer de la chair.

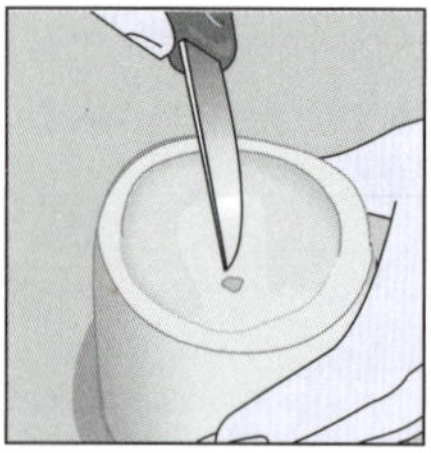

❸

Conseil

On peut aussi évider les pommes de terre à cru pour les farcir. Dans ce cas, si la pomme de terre est destinée à une farce rendant beaucoup de jus, il est préférable, avant de la farcir et de la mettre au four, de faire un petit trou dans le fond ❸ afin que l'excédent de jus rendu par la farce puisse s'échapper.

Pommes de terre (frites)

"Contrôle d'identité"

Toutes les pommes de terre ne sont pas bonnes pour faire des frites.
Pour reconnaître celles qui conviennent le mieux, c'est très simple : il suffit de faire fondre 300 g de sel dans un litre d'eau, puis d'y jeter une pomme de terre. Plus vite elle remontera à la surface, meilleure elle sera pour faire des frites.

Conseil

Les frites doivent être lavées et séchées avant d'être jetées dans la friture.
On reconnaît la bonne cuisson des frites en les pinçant entre le pouce et l'index. Cuites, elles doivent s'écraser sous la pression. Pour obtenir des frites parfaites, il faut les cuire en 2 temps. Une première fois dans une huile à 130 °C, pour qu'elles soient cuites mais pas dorées et une seconde fois dans une huile à 200 °C, pour qu'elles soient bien croustillantes.

Pommes de terre (galette de)

"La technique du moulin"

Quand on confectionne une galette avec des rondelles de pommes de terre, que ce soit à la poêle ou dans un sautoir, on commence par le bord en les chevauchant légèrement ❶ et ainsi de suite jusqu'au centre. Si on désire la faire épaisse, c'est-à-dire en gâteau, on dresse également une couronne de rondelles de pommes de terre contre la

paroi du faitout ❷,avant de terminer le montage en le remplissant de rondelles jusqu'à hauteur de la couronne.
Quant à la meilleure astuce pour le démoulage, toujours délicat, elle consiste à tailler un cercle de carton que l'on recouvre de papier aluminium d'un diamètre légèrement inférieur à celui du faitout pour qu'il puisse épouser la galette ❸. Ainsi, on obtient une galette parfaite.

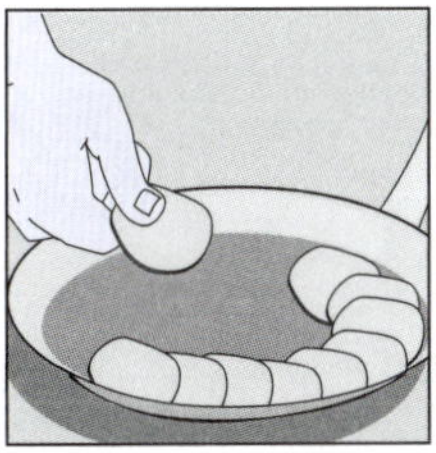

❶

❷

À défaut d'emporte-pièce, pour obtenir des rondelles de pommes de terre impeccables, on peut toujours utiliser un verre retourné. Mais bien sûr, cette méthode s'avère laborieuse si l'on a beaucoup de pommes de terre à tailler ❹

❸

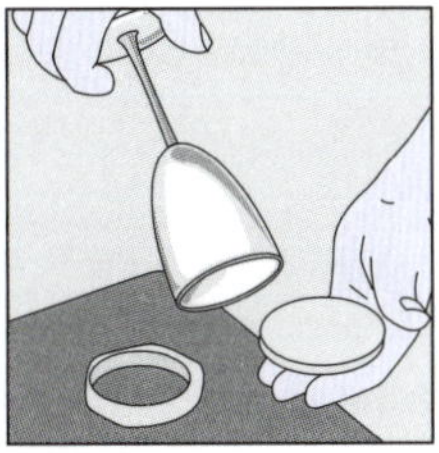

❹

Conseil

Dans tous les cas, il est conseillé de tailler les pommes de terre en bouchons pour une présentation parfaite.

Pommes de terre (gratin de)

"N'en faites pas un fromage"

Il n'est pas indispensable de noyer un gratin sous le fromage.
On peut parfaitement s'en passer, grâce à ces 2 astuces. La première consiste à mélanger 2 jaunes d'œufs à de la crème fraîche, puis à en napper le gratin en fin de cuisson, avant de le glisser à nouveau quelques minutes au four.
Pour la seconde on se passe d'œufs et on nappe le gratin seulement de crème fraîche, préalablement montée au fouet.
En fin de cuisson, on sort le gratin, on le nappe de crème et on le replace au four, où on le laisse 2 min, pas plus.

Conseil

Quand on fait un gratin de pommes de terre, il faut d'abord précuire les pommes de terre en rondelles, soit dans du lait, soit dans un mélange lait-crème (moitié-moitié), soit dans la crème seule. Il est conseillé de frotter le plat d'une gousse d'ail.
Enfin, pour obtenir un gratin dauphinois très moelleux, l'astuce consiste à le faire cuire doucement au four et au bain-marie.

Pommes de terre (nouvelles)

"À éplucher au torchon"

On n'épluche pas au couteau-économe les petites pommes de terre nouvelles. En effet, au contact de l'eau de cuisson, la partie supérieure de la chair se transforme en farine et il n'en reste plus grand-chose.

Pour préserver leur saveur et leur texture, on lave les pommes de terre et on les dispose sur un torchon, en les parsemant de gros sel ❶.

❶

On referme le torchon sur les pommes de terre et, avec la paume de la main, on les roule 3 min, de manière que le gros sel " lime" correctement les peluches. Grâce à cette méthode, la peau demeure, tout en étant élimée et imprégnée de sel.

CONSEIL

Comment reconnaître la juste cuisson des pommes de terre ? Plantez un couteau à cœur et retirez-le. La pomme de terre ne doit pas venir avec le couteau, lorsqu'on le soulève.

POMMES DE TERRE (EN OURSINS)

"Un décor ébouriffant"

On peut très bien imiter des oursins à partir d'une purée de pommes de terre et des spaghetti.
Pour cela, il suffit de faire des boulettes de purée de pommes de terre de la taille d'une balle de ping-pong, de couper avec une paire de ciseaux des petits tronçons de spaghettis crus d'environ 5 cm de long, puis de les piquer dans la boule de purée ❶, sans oublier de laisser un espace libre ❷. Une fois les "oursins" passés dans la friture, on creuse l'espace libre à l'aide d'une cuiller à moka et on le garnit de la farce de son choix.

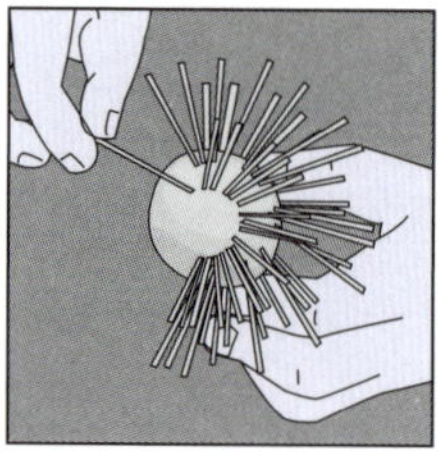

❶

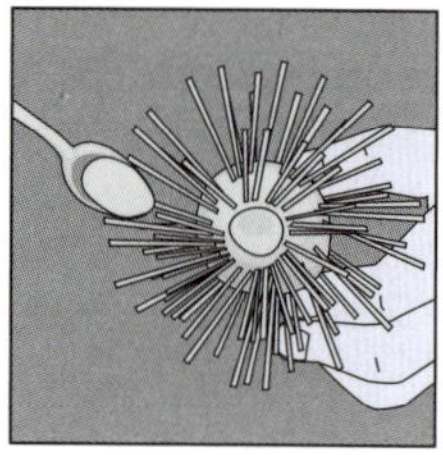

❷

Bien évidemment, il est possible de servir ces "oursins" sans farce mais, même dans ce cas, il convient de laisser un espace libre pour les coucher correctement sur le plat.

POMMES DE TERRE (PAILLASSON DE)

"Le coup de l'écumoire"

Pour faire un bon paillasson, il est préférable d'utiliser une poêle à semelle anti-adhésive.
Mais quel que soit l'ustensile, il faut beaucoup d'huile pour bien dorer les pommes de terre râpées et les rendre moelleuses.
Comment s'y prendre pour que le paillasson n'absorbe pas pour autant toute l'huile et soit bien compact ?
L'astuce consiste à le presser très régulièrement à l'aide d'une écumoire pendant toute la cuisson. Cette méthode permet de tasser le paillasson, tout en faisant ressortir l'huile ❶.

❶

Conseil

Après avoir poêlé le paillasson, on doit éliminer l'excédent d'huile en le posant sur du papier absorbant, tout en le pressant légèrement. Puis, on le glisse 3 min à four chaud pour qu'il soit bien croustillant.
Retenez encore qu'il ne faut ni laver ni éponger sur un linge propre les pommes de terre râpées. Une fois salées et poivrées à cru, n'hésitez pas à brasser les pommes de terre râpées avec les doigts pour que l'assaisonnement soit bien uniforme.

Pommes de terre (purée, conservation)

"Dressez la nappe"

La purée n'est jamais meilleure que servie sur l'instant. On peut néanmoins la conserver. Pour qu'elle ne dessèche pas, il faut la recouvrir de lait chaud. Ensuite, on la réchauffe au bain-marie en y ajoutant du lait bouillant jusqu'à bonne consistance.

Conseil

Si la purée est trop liquide, il convient de la dessécher en casserole avant d'y incorporer le lait bouillant et le beurre. Si la purée est trop épaisse, il suffit d'y ajouter au tout dernier moment un blanc d'œuf battu en neige.

Pommes de terre (purée mousseline)

"Quelques interdits"

La purée obéit à certaines règles. On ne doit jamais utiliser des pommes de terre nouvelles parce qu'elles rendent la purée élastique.
On ne doit pas la fouetter vivement et encore moins lui asséner un coup de mixeur. Sinon elle se transforme en chewing-gum. Le mieux est de tamiser les pommes de terre après cuisson, au travers d'une passoire, en les écrasant avec le dos d'une cuiller à soupe. Puis on ajoute le beurre en parcelles, on mélange à la spatule et on incorpore le lait — jamais froid, toujours bouillant — jusqu'à bonne consistance.
Une purée se sert tout de suite. À défaut, il faut la conserver au bain-marie et ajouter un peu de lait bouillant pour la détendre, si nécessaire, au dernier moment.

Conseil

Si l'on souhaite que la purée mousseline soit encore d'une texture plus fine, il faut la passer une seconde fois au travers d'un tamis très fin.
Si l'on veut une purée remarquable, il faut y ajouter autant de beurre que le Bon Dieu peut en bénir.
Enfin, retenez qu'on peut aussi incorporer de l'huile d'olive à la purée.
Au dernier moment, on ajoute 2 ou 3 cuillerées d'huile d'olive, ce qui lui apporte une très agréable saveur fruitée.

Pommes de terre (purée rustique)

"Un grain sympathique"

La purée rustique a ses amateurs. Pour la réaliser, on ne doit pas passer les pommes de terre au moulin à légumes.

Il suffit de les écraser grossièrement à la fourchette, de manière à les écraser imparfaitement, tout en incorporant du beurre en morceaux.

Reste l'astuce qui consiste à incorporer, au dernier moment, 2 blancs d'œufs battus en neige, pour lui donner le côté aérien qui lui manque.

Conseil

Pour lui donner de la personnalité, on peut incorporer au dernier moment du persil plat, ce qui accentue sa rusticité, et parsemer la purée de gros sel de mer.

Pommes de terre (en robe des champs)

"Une autre robe"

La pomme de terre en robe des champs, c'est-à-dire cuite dans sa peau, se fait au four et enveloppée dans une feuille de papier aluminium.

C'est un classique, mais il n'est pas interdit d'innover.

On peut aussi commencer par les faire cuire à l'eau. Puis, dès qu'elles sont cuites, éliminer l'eau de la cocotte et les laisser sécher quelques minutes sur feu vif, en remuant la cocotte.

Conseil

Pour que la peau de la pomme de terre en robe des champs ne ride pas à la cuisson, l'astuce consiste à la badigeonner d'huile avant de l'envelopper dans du papier aluminium.

Pommes de terre (en robe des champs)

"Soignez sa mise"

Quand on farcit une pomme de terre en robe des champs d'une purée à base de pulpe, dans laquelle on incorpore beurre et crème, il convient, avant d'ajouter le beurre et la crème à la pulpe de pomme de terre, de soustraire la valeur d'une pomme de terre pour respecter l'équilibre du mélange.

Pommes de terre (roses de)

"Poussez loin le bouchon"

En partant d'un bouchon de pomme de terre (voir Pommes de terre en bouchons, p. 137), on peut réaliser des roses de pomme de terre frites. Pour cela, il faut contourner le bouchon de pomme de terre à l'aide d'un bon couteau-économe ❶, de manière à obtenir un serpentin de 2 cm de large sur environ 15 cm de long ❷. Il ne reste plus alors qu'à superposer les tortillons qui, grâce à l'amidon, se colleront sous l'effet de la friture, formant ainsi une superbe rose.

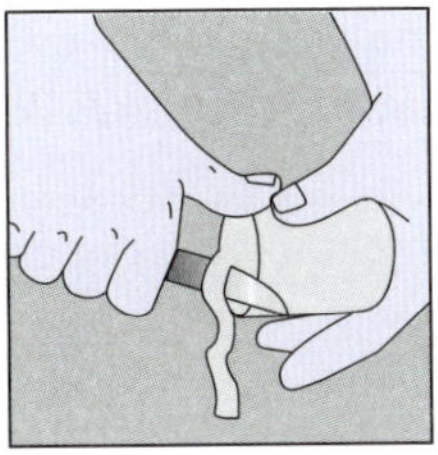

❶

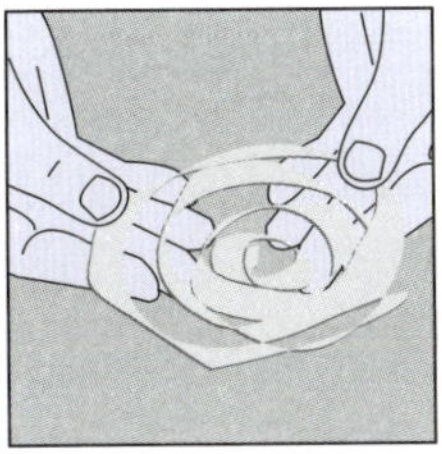

❷

Pommes de terre (salade de)

"Opérez à chaud"

Les pommes de terre en salade se doivent d'être moelleuses.
Pour cela, dès qu'elles sont découpées en rondelles, c'est-à-dire encore très chaudes, on les assaisonne avec du vin blanc (ou du vinaigre), du sel, du poivre, des échalotes hachées. Il ne faut pas oublier non plus de les mélanger délicatement tout aussi promptement, pour qu'elles s'imprègnent bien de leur assaisonnement.

Pommes de terre (sautées)

"Ne pas être sot"

Contrairement aux pommes de terre à la boulangère qu'on ne lave pas pour que leur amidon officie comme liant, les pommes de terre sautées doivent être d'abord lavées, puis séchées.
Il faut aussi les tailler en rondelles épaisses pour mieux résister à la cuisson et les sécher ensuite dans un torchon.
On doit aussi retenir que pour obtenir un excellent résultat, il est préférable de les faire cuire dans du beurre clarifié et de les saler au dernier moment.

Pommes de terre (soufflées)

"Du travail sur la planche"

La pomme de terre soufflée compte parmi les préparations les plus délicates. Inutile de se lancer dans une telle recette si l'on n'observe pas au doigt et à l'œil les principes suivants : les tranches doivent être taillées en une épaisseur de 1/2 cm avant d'être plongées dans une huile pas trop chaude ; dès que les tranches remontent à la surface, on amène très rapidement l'huile à une température élevée et, aussitôt que les tranches gonflent, on les retire de la friture ; enfin, quand la température de l'huile est au maximum, on les replonge et on retire la bassine du feu, en les laissant encore 1min dans la friture, le temps qu'elles sèchent.

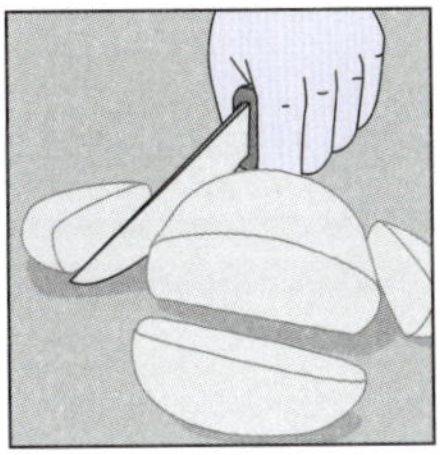

❶

Conseil

La pomme de terre doit être taillée en tranches ayant la forme d'une demi-lune. Pour cela, après avoir éliminé les extrémités, on la rogne en 3 côtés seulement ❶. Les pommes de terre doivent être très saines et à chair jaune très ferme. Toute pomme de terre tachée doit être exclue.

Porc (cuisson)

"L'art du cochon"

Comme il s'agit d'une viande très grasse, on n'arrose pas le porc de graisse, mais d'eau.
Le porc gagne toujours à être mariné à l'avance, la marinade la plus classique étant un mélange de citron et d'huile.
Quand on ajoute de la crème fraîche, il est toujours préférable que celle-ci soit légèrement aigre. Il convient donc d'employer de la crème fraîche épaisse qu'on laisse pot ouvert 24 h à température ambiante.

Conseil

Il ne faut pas oublier non plus la vieille méthode qui consiste à frotter la pièce de porc, que l'on fait au four, de gros sel mélangé à du poivre, des épices, du thym et du laurier. Ensuite, on l'enveloppe dans du papier film, et on la place 24 ou 48 h au réfrigérateur. Enfin, avant de cuire la pièce, on la débarrasse du sel épicé. Cette astuce renforce le parfum de la chair.

Porc (poitrine roulée)

"Le sandwich anti-frisottes"

De fines tranches de poitrine roulées permettent de faire ce qu'on appelle des préparations-portions en mille-feuille, en superposant, par exemple, des tranches de poitrine et des feuilles de chou.
Mais le problème, c'est qu'elles frisottent !
Pour éviter qu'elles gondolent de la sorte, l'astuce consiste à les faire cuire au four, prises en sandwich entre 2 plaques que l'on aura préalablement recouvertes de papier aluminium ❶.

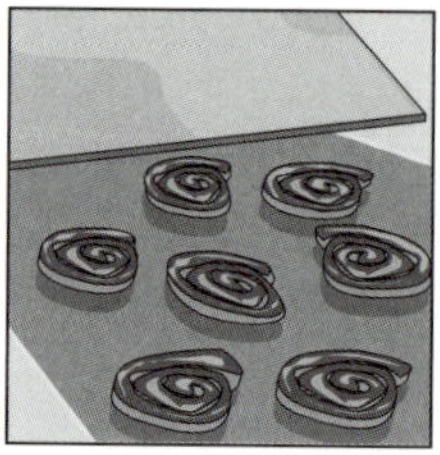

❶

Cette méthode vaut aussi bien pour les fines tranches de pommes de terre qu'on souhaite monter en mille-feuille.
Dans ce cas, il ne faut pas oublier de beurrer les plaques sur lesquelles on les fait cuire.

Pot-au-feu

"Pour ne pas tourner autour du pot"

En moyenne, on compte 1 l d'eau pour 500 g de viande. Il est vivement déconseillé d'utiliser une marmite en terre. Neuve, elle ne pose aucun problème, mais, à la longue, elle communique une odeur de graillon.
Une carcasse de volaille (crue et bien fraîche) donne un "plus" au bouillon, de même que des abattis.
Le rôle d'un morceau de foie de bœuf, souvent référencé dans les vieux livres, est d'éclaircir le bouillon. Séchées au four, les cosses de petits pois parfument le bouillon tout en le colorant.

POT-AU-FEU

"La viande ou le bouillon"

Le mode de cuisson influe tant sur la qualité de la viande que sur celle du bouillon. Mais c'est en fait beaucoup plus complexe, le choix de la viande ayant aussi son rôle à jouer dans la qualité du bouillon.
Conseillée dans tous les anciens ouvrages de cuisine, la culotte fournit un bon bouillon, tout en conservant son moelleux. Elle est cependant très chère.
Le gîte à la noix fournit un excellent bouillon, mais sa texture est sèche.
Le paleron donne lui aussi un excellent bouillon, mais sa texture n'offre pas un grand intérêt non plus. Enfin, le plat de côtes, surtout s'il est pris dans le milieu du morceau, fournit un bon bouillon et un bon bouilli.
Il est d'usage de mélanger les viandes quand on fait un gros pot-au-feu et de n'utiliser que du plat de côtes, lorsqu'il s'agit d'un petit pot-au-feu.

POT-AU-FEU (BOUILLON)

"Ses 3 règles d'or"

Pour un bon bouillon, 3 règles d'or :
1. Mettez toujours votre viande dans l'eau froide, car l'eau bouillante empêche les sucs contenus dans la viande de se marier à l'eau. En effet, au contact de l'eau bouillante, l'albumine qu'elle contient se coagule et emprisonne les sucs.
2. Une deuxième astuce consiste à saisir préalablement la viande à la poêle puis à la mouiller à l'eau froide.
3. Quelle que soit la méthode adoptée, une fois la viande dans l'eau, faites partir la cuisson à feu doux. Ainsi les impuretés remontent toutes seules à la surface, ce qui permet de les écumer.
Ajoutez un peu d'eau froide de temps à autre de manière que, sous l'effet du choc thermique, les impuretés remontent à la surface.

CONSEIL

On peut conserver quelques jours un bouillon. Mais il faut impérativement, avant de le réutiliser, le faire bouillir pour tuer les bactéries qui s'y sont développées.

POT-AU-FEU (DÉGRAISSER)

"Pour parer toute graisse"

Parer, c'est-à-dire éliminer la graisse de la viande, n'est pas une mince affaire quand il s'agit de viandes de pot-au-feu crues. Trop coriaces et trop molles à la fois, on a toutes les chances de se couper. L'astuce consiste alors à blanchir au préalable les morceaux de viande, en les plongeant 10 min dans l'eau bouillante, le temps que la chair soit suffisamment rétractée.
Dès lors, après l'avoir rafraîchie, parer la viande devient un jeu d'enfant. La lame du couteau a de la prise sur sa surface et les peaux, comme les graisses racornies par la cuisson, sont très faciles à enlever.

Potage (assaisonnement)

"Va donc, hé, patate !"

Un bon potage, comme une bonne soupe, doit être salé correctement en tout début de cuisson. En effet, le goût du sel ne se fond pas au potage quand on l'assaisonne en milieu, ou en fin de cuisson. Le potage doit donc être salé comme il faut dès le début de la cuisson.

Conseil

Si le potage est trop salé, une astuce consiste à y incorporer une pomme de terre crue et découpée en gros quartiers, puis à prolonger la cuisson du potage. Faisant office d'éponges, les quartiers de pomme de terre pompent ainsi l'excédent de sel. Il faut cependant veiller à les retirer à l'aide de l'écumoire, avant qu'ils ne tombent en purée, et se désagrègent dans le potage.

Potage (aux carottes)

"Crécy est aussi une bataille"

La carotte est aqueuse, ce qui pose un problème. Pour que, servie en potage, elle ait de la tenue, il faut la marier avec de la pomme de terre ou du riz, la première valant mieux que ce dernier. La purée de haricots blancs convient également.

Conseil

Quand on utilise des grosses carottes d'hiver, il est impératif de n'utiliser que la partie orange de la carotte et d'éliminer le cœur qui ne vaut rien.

Potage (au cresson)

"22, v'là le printemps !"

C'est au début du printemps que le cresson fait les meilleurs potages. De plus, il faut qu'il soit d'un aspect impeccable, sans feuilles jaunâtres.
S'il s'agit de cresson d'arrière-saison, on doit impérativement le blanchir au préalable pour éliminer une partie de son âcreté, tirant sur l'amertume.

Potage (en julienne)

"Pas qu'une mince affaire"

Si l'on incorpore telle quelle une julienne de légumes dans un potage comme dans une soupe, les légumes ne donnent pas tout leurs sucs à la cuisson. Le résultat ne peut être alors que médiocre.
C'est pour cette raison qu'il convient, au préalable, de faire colorer la julienne de légumes au beurre et de conserver cette casserole pour la cuisson du potage, afin de ne rien perdre des sucs rendus.

Potage (de légumes)

"Pas à vau-l'eau"

Pour qu'un potage ou une soupe aient davantage de goût, mieux vaut utiliser l'eau de cuisson d'un légume qu'on aura conservée, plutôt que de l'eau. Peu importe, d'ailleurs, la nature du légume. Frais ou sec, son eau de cuisson convient parfaitement.

Conseil

Quand du vermicelle ou des pâtes entrent dans la composition d'un potage, il faut les cuire séparément. D'une part pour que le potage ne se charge pas d'amidon, d'autre part pour mieux apprécier leur temps de cuisson. Les pâtes doivent être cuites très «al dente».
Afin que le tapioca ne s'agglomère pas, on doit le jeter en pluie et ne pas cesser de remuer à la spatule pour une parfaite dispersion.

Potage (de légumes secs)

"Assistez au dépouillement"

Le potage de légumes secs nécessite certains soins. Il ne faut pas mixer les légumes cuits, mais les passer au travers d'un tamis pour éliminer leurs peaux. Sinon, c'est le désastre, puisqu'on mixe également les peaux.
Si l'on veut que le potage soit parfait, il faut également le dépouiller, c'est-à-dire le débarrasser de ses impuretés.
Pour cela, il faut mener une cuisson à frémissements légers, puis éliminer les impuretés qui remontent en surface, à l'aide d'une cuiller à soupe.

Potage (aux lentilles)

"Tombez sur un os"

Une crosse de jambon cru parfume admirablement un potage aux lentilles. Il en va de même pour les carcasses de gibiers, rôties ou crues.
Pour accentuer la saveur des lentilles, une astuce consiste à les faire cuire dans de l'eau de cuisson de haricots verts.

Potage (aux petits pois)

"Sortez un gros calibre"

Il faut exclure les petits pois fins. D'abord parce que ce serait un gâchis, car ils sont trop onéreux, ensuite parce qu'ils contiennent une moins grande quantité de fécule que les gros.
Pour donner une belle teinte verte à un potage aux petits pois, il convient d'ajouter des feuilles d'épinards.

Conseil

Quand on fait un potage aux fèves, il ne faut pas hésiter à ajouter une partie des cosses. Cela donne du liant, tout en apportant un goût très agréable.

Potiron (billes farcies)

"Un art à consommer"

On peut très facilement farcir des billes de potiron.
Pour cela, il suffit d'avoir une cuiller à pomme parisienne, ustensile qui comporte un manche et, à ses 2 extrémités, 2 cuillères rondes l'une d'un diamètre plus grand que l'autre.
On détaille des billes dans le quartier de potiron, comme pour le melon, en utilisant la plus grande cuiller. Puis, à l'aide de

la plus petite cuiller, on taille une bille dans la première bille pour l'évider ❶.
Il ne reste plus qu'à pocher les billes dans le lait et à les farcir de crème de potiron à l'aide de la poche à douille.

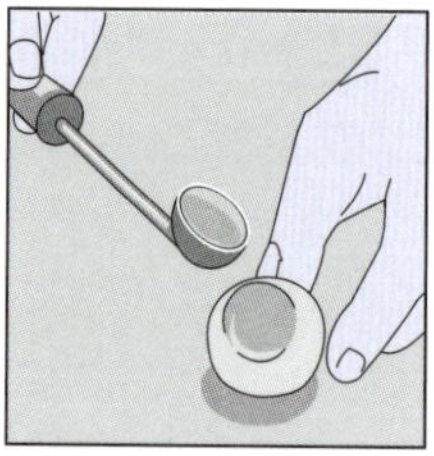

❶

POTIRON (DÉCOUPE)

"Planchez sur la question"

Très dure, la peau du potiron ne s'épluche pas n'importe comment, si l'on ne veut pas prendre le risque de se blesser.
Il ne faut pas prendre le quartier de potiron à pleine main, mais le coucher sur une planche et rogner ainsi la peau avec un couteau bien aiguisé ❶.

❶

CONSEIL

Tous les potirons sont bons, mais tous ne font ni une crème ni un gratin parfaits. Dans un cas comme dans l'autre, il faut privilégier le potiron dit de «l'Île-de-France» à peau très orangée, ou encore le potiron dit «potiron du Midi» d'une couleur plus sombre et aux quartiers plus marqués.
Quand on réalise un gratin, compte tenu de sa forte teneur en eau, il est impératif, au préalable, de sécher en casserole la chair du potiron.

POULARDE (EN CROÛTE)

"Un four en farine et gros sel"

Rien n'est plus simple que de faire cuire une poularde en croûte, cuisson grâce à laquelle elle conserve tous ses parfums tout en étant parfaitement dorée.
Il suffit de confectionner au préalable une pâte, en mélangeant 300 g de gros sel avec 1 kg de farine et de l'eau.
On étale ensuite un morceau de pâte ovale, suffisamment grand pour qu'il déborde de 2 cm tout autour de la poularde quand on la pose dessus.
Puis on enroule la pâte restante autour du rouleau et on la déroule sur le dos de la poularde ❶.

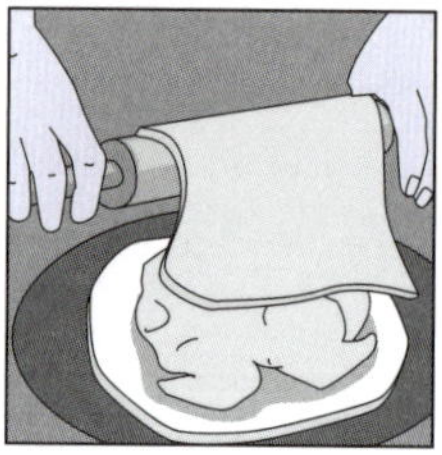

❶

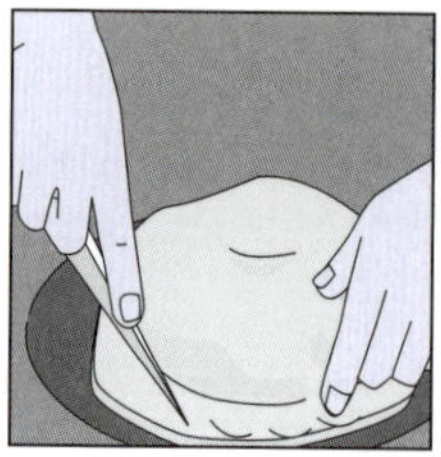

❷

On enferme la poularde dans la pâte, on presse avec les doigts et on élimine l'excédent de pâte au couteau ❷. Si la pâte est

déchirée par endroits, ce n'est pas grave. Il suffit de colmater les brèches avec des petits bouts de pâte.
Enfin, il ne reste plus qu'à badigeonner la pâte de jaunes d'œufs battus, puis à glisser la préparation au four.
La poularde cuite, on décalotte la pâte au couteau-scie pour faciliter son décorticage.

CONSEIL

Pour parfumer la pâte, on peut incorporer autant de thym qu'on le souhaite.
Cette méthode à pour avantage de garder la poularde au chaud. Tant que la coque n'est pas ouverte, la volaille se conserve chaude pendant 1 bonne heure.
Enfin, avant de décortiquer la pâte, on la présente sur table, la croûte de pâte seulement décalottée. Et bien sûr, on ne la mange en aucun cas.

POULE

"À mariner avant cuisson"

Pour relever le goût de la chair d'une poule, il convient de la couper en 2 moitiés, puis de la laisser mariner pendant 24 h dans du gros sel en la retournant de temps à autre.
Enfin, avant de la faire cuire, on ne doit pas oublier de bien dessaler les moitiés de poule.
Pour cela, il ne suffit pas de les rincer sous l'eau du robinet. On laisse tremper les moitiés de volaille une bonne heure dans l'eau fraîche, sans oublier de renouveler l'eau 3 fois.

CONSEIL

Pour qu'une poule reste bien blanche à la cuisson, une seule solution : il faut bien la masser avec un citron coupé en 2.

POULET (EN BOUTONNIÈRE)

"Un poulet doit être élégant"

Il n'est pas nécessaire de ficeler un poulet pour lui coincer les cuisses. Faites 2 incisions en biais, sur les flancs, à quelques centimètres du croupion ❶.
Puis passez les pattes dans ces boutonnières ❷, elles ne bougeront plus.

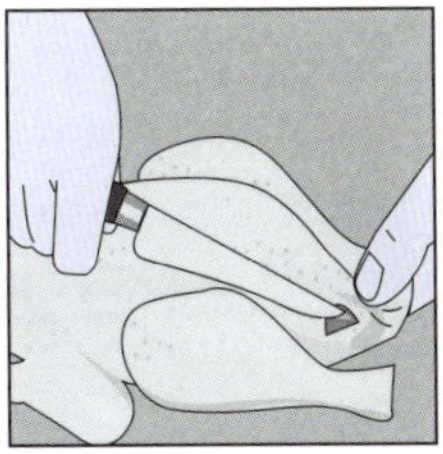

❶

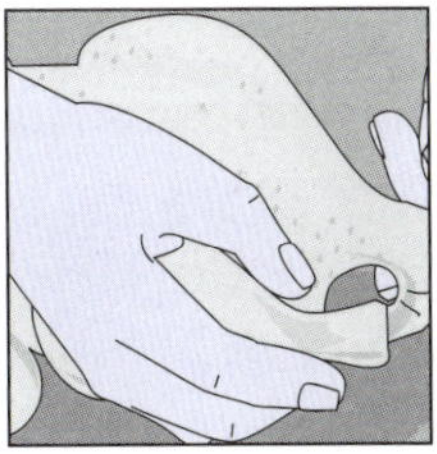

❷

POULET (CHOIX)

"Pour ne pas perdre de plumes"

Quand on fait rôtir un poulet, il vaut mieux le demander bien gras, de manière à ce qu'il soit le moins sec possible.
En revanche, on le choisit moins gras quand on le fait cuire en cocotte. Enfin, quand on l'apprête en fricassée, il vaut mieux prendre 2 petits poulets plutôt qu'un, de façon à avoir le plus grand nombre de morceaux.

CONSEIL

Si l'on craint d'avoir la moindre trace de fiel dans un poulet, il convient de le laver à plusieurs reprises sous l'eau chaude du robinet, puis de bien sécher l'intérieur à l'aide d'un torchon propre.

POULET (CUISSON)

"Il dore en chien de fusil"

Un poulet rôti ne se pose pas dans n'importe quel plat ni dans n'importe quelle position.

Il faut le mettre dans un plat de la taille du poulet. Cela pour que les graisses brûlent le moins possible.

Ainsi, on doit disposer le poulet dans le plat de manière qu'il soit appuyé sur une cuisse ❶, puis on le retourne sur l'autre cuisse. Ce n'est qu'en milieu de cuisson qu'on le pose sur le ventre, ceci afin que les blancs ne soient pas secs. Et surtout, on l'arrose sans cesse.

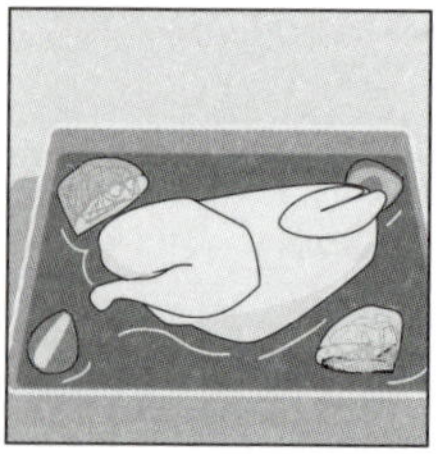

❶

On ne doit pas se fier à un temps de cuisson précis. C'est une bonne indication mais elle ne suffit pas.

En effet, on peut considérer que la marge d'erreur est de 20%. Pourquoi ? Parce que cela dépend de la puissance de cuisson du four, mais aussi du plat dans lequel on fait rôtir le poulet. Selon sa matière, il ne communique pas la même chaleur aux aliments.

Le seul moyen qui offre le maximum de précision, c'est de piquer le poulet avec une fourchette ou une aiguille à brider dans le gras de la cuisse, partie qui est la plus longue à cuire.

Si le jus qui perle est saignant, le poulet n'est pas cuit. En revanche, s'il est incolore, le poulet est à point.

CONSEIL

On renforce le parfum de la chair d'un poulet en le farcissant d'une gousse d'ail non épluchée.

Un reste de poulet cuit ne doit jamais être conservé au réfrigérateur, mais dans un endroit frais. Sinon, la chair durcit et perd son parfum tout en prenant le goût du réfrigérateur .

Un poulet que l'on réserve à un pique-nique doit être immédiatement enveloppé dans du papier aluminium à la sortie du four pour conserver son moelleux.

POULET (DÉPOUILLER)

"Le coup de la chaussette"

Quand une recette nécessite d'ôter préalablement la peau du poulet, la partie la plus délicate peut sembler être la cuisse.

Pourtant, c'est tout simple. Il suffit d'empoigner la peau avec les doigts, puis de la tirer brusquement vers le pilon en la retournant comme une chaussette ❶.

Grâce à ce système, la cuisse est dépouillée en un temps record.

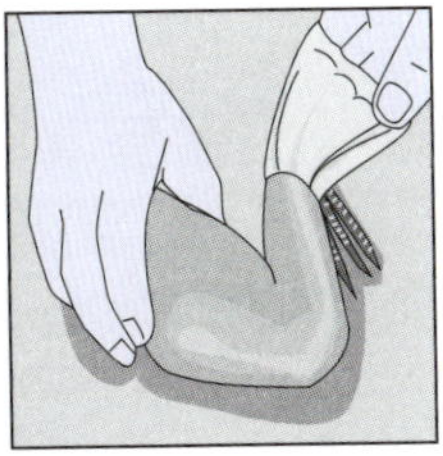

❶

Quand le caillou est mou, c'est que le poulpe est cuit !
C'est pourquoi il faut user et abuser de cette astuce. Quand on fait cuire du poulpe, on ajoute un bouchon de liège à la cuisson. Bien que n'étant pas à 100% efficace, ce truc de grand-mère de pêcheur confère une certaine tendreté à la chair, c'est indéniable.

Poulet (fricassée de)

"Pour qu'elle soit potable"

On ne vous indiquera pas la manière de découper ni de brider un poulet. Les volaillers le font très bien et c'est dans tous les livres.
En revanche, il est bon de préciser que, lorsqu'on fait une fricassée de poulet, il y a une manière de procéder.
Il ne faut jamais séparer les blancs de la carcasse, mais couper la carcasse en 2. Sinon, les blancs sont secs. Tandis que collés à la carcasse, ils prennent du goût tout en conservant leur moelleux.
Pour une fricassée, il faut également respecter une règle car les morceaux ne demandent pas le même temps de cuisson : on commence par faire cuire les cuisses, puis les ailes et enfin les blancs qui ne doivent pas cuire longtemps pour ne pas dessécher.

Poulpe (cuisson)

"Pêchez au bouchon"

Le poulpe est coriace, à tel point qu'on s'amuse à dire que pour vérifier l'appoint de sa cuisson, il faut le cuire avec un caillou.

Poutargue

"Évitez les grands baptêmes"

La poutargue, qui n'est autre que la poche d'œufs du mulet (ou du cabillaud) séchée, et protégée par une pellicule de paraffine, fait les délices de beaucoup de gourmets, servie en très fines tranches à l'apéritif. Son seul défaut est d'être horriblement onéreuse.

Conseil

Pour un meilleur profit, certaines poutargues sont «baptisées» plus que de raison, c'est-à-dire que la couche de paraffine est très épaisse, augmentant ainsi très avantageusement son poids et le profit pour celui qui la vend. Pour ne pas se faire piéger à l'achat, il convient donc de vérifier que la pellicule de paraffine est à la limite du translucide et non blanche comme un cierge de Pâques, ce qui indique une couche très épaisse.

Praires

"À reluire avec la brosse"

Avant ouverture, la praire doit être brossée à la brosse à ongles sous un filet d'eau fraîche, afin d'éliminer les petits grains de sable qui se logent dans ses rainures. Les praires se prêtent à la cuisson «à la marinière». Cela évite de les ouvrir à cru, opération relativement fastidieuse.

QUENELLES

"Un grand besoin d'aise"

Réussir des quenelles réclame déjà une certaine technique.
Mais vous pouvez retenir ces astuces avant de vous lancer dans une telle opération.
Il faut placer les quenelles au réfrigérateur, quand on ne les poche pas tout de suite.
Que vous les fassiez vous-même ou non, il est impératif de les pocher dans beaucoup d'eau pour leur donner de l'espace.
Enfin, aussitôt qu'elles sont fermes au toucher, il faut les sortir sur une écumoire et les égoutter soigneusement sur un linge avant de les mettre dans la sauce.

CONSEIL

Avant de mettre les quenelles dans leur eau de cuisson, il est toujours conseillé d'en pocher une (voire la valeur d'une noisette) pour tester tant l'assaisonnement que la fermeté.

QUEUE DE BŒUF

"Au doigt et à l'œil"

Il est très facile de détailler une queue de bœuf en tronçons.
Pour cela, il suffit d'appuyer le doigt tout le long de la queue, ce qui permet de détecter les failles entre les os ❶. Quand l'ongle s'enfonce dans la peau, cela indique qu'on se trouve entre 2 vertèbres.

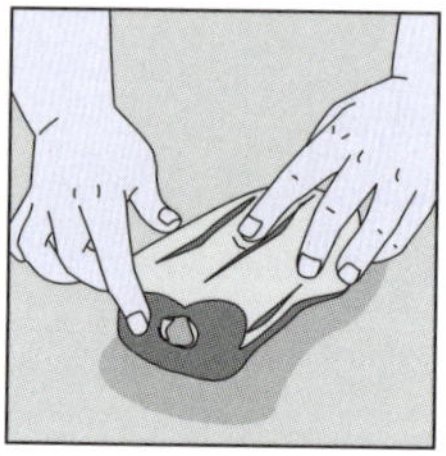

❶

❷

On n'a plus qu'à glisser la lame du couteau à cet endroit puis à trancher ❷.

CONSEIL

La queue de bœuf est idéale en salade. Pour cela, il suffit de la dépiauter en filaments, au préalable. Seul désavantage : elle sèche très vite à l'air.

QUICHE LORRAINE

"De la discipline pour les lardons"

Les lardons surnagent toujours à la surface d'une quiche lorraine.
Pour éviter cela, il suffit de bien les enfoncer dans la pâte, d'une simple pression du doigt.

RADIS

"Pour mieux les beurrer"

On ne sert jamais des radis tels quels, c'est-à-dire sortis de l'eau. Il faut tailler leur sommet en 4 et les laisser 1/2 h dans de l'eau froide, de préférence salée, pour que les quartiers rebiquent.
Le beurre tient mieux sur les radis ainsi épanouis et ils sont plus présentables.

CONSEIL

Les radis noirs (comme les radis roses, à condition de les laisser dans de l'eau fraîche et au réfrigérateur) se conservent très bien. Il suffit de les envelopper dans un linge humide et de les placer au réfrigérateur.
On peut aussi faire des gratins de radis roses ou noirs. Bien sûr, pour cela, il convient d'abord de les cuire à l'eau.

RADIS (ROSE DE)

"Pour qu'ils irradient"

Compte tenu de leur rondeur, on peut réaliser de jolis boutons de rose à partir de radis dits "cerises". Il suffit de pratiquer des entailles verticales sur 1 cm de profondeur, tout autour du radis ❶ ; puis de les laisser 1 h dans de l'eau glacée, de sorte que les entailles s'écartent ❷.

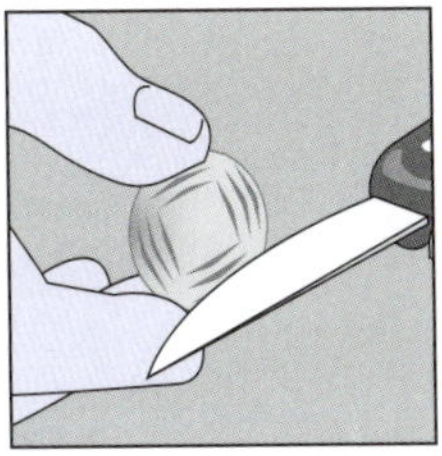

❶

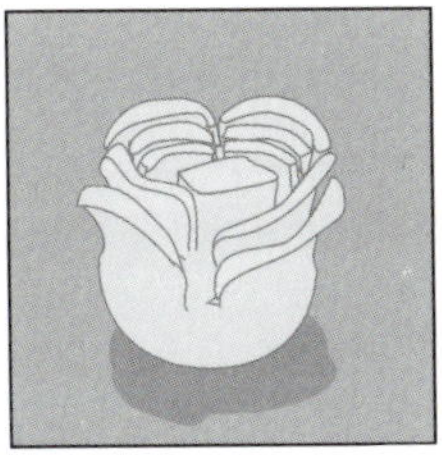

❷

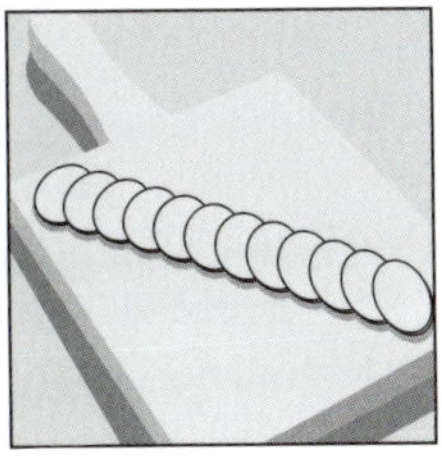

❸

❹

CONSEIL

On peut encore réaliser une grosse rose en radis noir pour décorer, par exemple, un plat de crudités. Pour cela, il faut râper le radis à la râpe à chips, de manière à obtenir de très fines tranches translucides que l'on sale légèrement et que l'on laisse ainsi 10 min pour bien les assouplir. Une fois rincées sous l'eau et séchées, on range les tranches de radis par douzaines, et de droite à gauche, sur une planche, en les faisant se chevaucher de moitié en une ligne bien droite ❸. Ensuite, en partant de la gauche, on enroule sur elle-même la bande de tranches ainsi obtenue et on la ficelle à tiers de sa hauteur. On coupe le premier tiers et on écarte les tranches pour obtenir une rose ❹.

RAIE

"À déshabiller avant cuisson"

Enlever la peau d'une raie juste au moment de la servir n'est pas la meilleure solution. Si on accommode la raie en papillote par exemple, mieux vaut la dépouiller avant. Par quelle astuce ?
C'est très simple : on l'ébouillante pendant 1 min. Cela suffit pour que, sous l'effet de la chaleur, la peau se racornisse et soit facile à enlever avec la pointe d'un couteau.
Quand on poche une raie, ce qui est la manière la plus courante de la faire cuire, on laisse la peau pour que les chairs ne s'imprègnent pas d'eau.
Encore faut-il prendre la précaution suivante : pour que la peau ne se rétracte pas à la cuisson, il convient d'entailler l'aileron

de raie ❶. Ainsi la chair ne gondole pas à la cuisson et demeure bien plate.

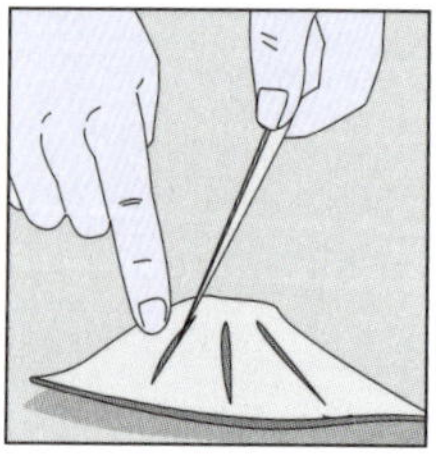

❶

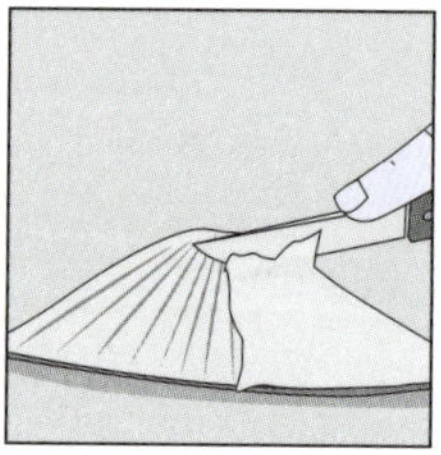

❷

Enfin, rappelez-vous que pour débarrasser un aileron de raie de sa peau, il faut le faire à chaud. Sinon, la gélatine se solidifie et son dépouillage n'est plus commode.
Pour ce faire, on l'effiloche en la grattant avec un couteau dans le sens de la trame ❷.

Conseil

L'aile de raie servie avec une salade est très à la mode, mais le principe pour la réussir est indémodable.
Dans ce cas, on ne fait pas pocher la raie. On lève la chair à cru et on la poêle, tout simplement, de manière à obtenir une chair ferme et très goûteuse, ce qui n'est pas le cas quand on la poche.

Raie (conservation)

"Pour ne pas tirer un trait"

La raie est traîtresse. En été, il faut la cuisiner dès l'achat, car elle vire très rapidement, dégageant alors une odeur d'ammoniaque qui la rend impropre à la consommation.

Conseil

La seule astuce permettant la conservation de la raie est de la cuire, puis de la laisser dans sa gelée de cuisson, au réfrigérateur.
La raie se prête très bien à la mise en terrine, compte tenu de la gelée qu'elle développe à la cuisson et qui permet une bonne prise des légumes.

Ratatouille

"Pas de bagarre"

Quand on fait une ratatouille, on a tendance à mettre tous les légumes ensemble. Ce n'est pas une mauvaise idée, sauf pour les poivrons pour lesquels il est préférable d'attendre le dernier moment.
Et avant de les ajouter aux autres légumes, il vaut mieux les brûler sous le gril pour les débarrasser de leur peau très indigeste (voir Poivrons, p. 136). Ne les incorporez à la ratatouille qu'au dernier moment, pour éviter que leur parfum puissant envahisse totalement les autres légumes.

Conseil

On peut aussi réaliser une ratatouille au four. Pour cela, il suffit d'adosser les légumes les uns contre les autres dans un plat, tout en les diversifiant.
Avant de les mettre au four, on les assaisonne, sans oublier de les arroser d'huile. C'est une version du fameux tian provençal.

Ris de veau

"C'est pourtant du sérieux"

Pour éplucher sans difficultés des ris de veau, il faut les plonger dans de l'eau glacée bien salée, après les avoir blanchis.
Cette méthode à un double avantage : le sel conserve les ris de veau blancs tout en rétractant les filets de graisse, ce qui rend l'épluchage plus facile. On obtient d'ailleurs le même résultat avec du jus de citron.
Ensuite, pour les faire dégorger, il faut les envelopper dans un linge propre ❶ et les mettre sous presse toute une nuit au réfrigérateur, c'est-à-dire les placer sur une assiette et poser un saladier dessus ❷.

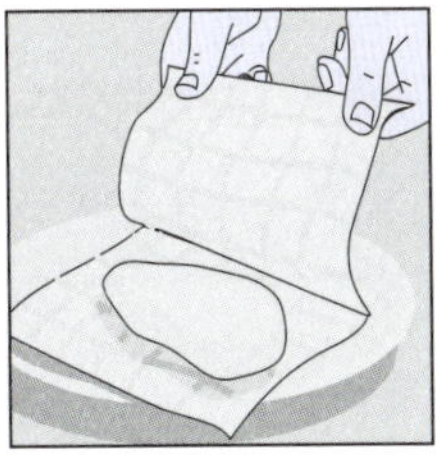

❶

❷

Conseil

Contrairement à ce que certains affirment, il faut systématiquement éplucher les ris de veau.
C'est une hérésie de ne pas le faire dans la mesure où la pellicule de peau se rétracte à la cuisson.
De plus, cette pellicule est plus ou moins toxique, raison largement suffisante pour s'en passer.

Risotto

"Restez dans l'agglomération"

Le risotto nécessite un riz pour risotto, c'est-à-dire un riz rond et non lavé, de sorte qu'il ne soit pas débarrassé d'une partie de son amidon. Ne commettez donc pas l'erreur trop fréquente d'utiliser un riz long, car alors vous n'obtiendriez pas cette consistance fondante, proche de la marmelade, qui fait tout le charme d'un bon risotto.

Conseil

Il n'est jamais recommandé d'acheter du parmesan râpé. Mieux vaut se le procurer en morceaux, d'autant qu'il se conserve fort bien enveloppé dans du papier aluminium.
en effet, le "parmesan" vendu râpé n'est pas toujours du parmesan et, même si c'est le cas, il est toujours trop sec, éventé, ou les deux à la fois.

Riz (crever le)

"Fausse interprétation"

On peut estimer que le riz est meilleur préalablement "crevé".
Cependant crever le riz ne veut pas dire le faire éclater, comme on est en droit de le croire, mais simplement le chauffer.
C'est la raison pour laquelle il ne faut le laisser qu'1 mn dans la poêle à feu vif. Audelà, les grains de riz éclatent et l'on obtient immanquablement une masse pâteuse.

RIZ (CUISSON)

"À laver de tout soupçon"

La meilleure méthode pour laver le riz n'est pas de le plonger dans l'eau, mais de le verser dans une passoire ronde, de plonger celle-ci dans une casserole d'eau, en triturant le riz avec les doigts ❶, tout en changeant plusieurs fois l'eau, jusqu'à ce qu'elle soit limpide.
Dès que l'eau est à ébullition, le riz ne doit être remué sous aucun prétexte. Sinon, il colle. Cela vaut tout particulièrement pour le risotto.
Si le riz est trop collant, une astuce permet d'y remédier : après cuisson, il faut le rincer à l'eau froide pour débarrasser les grains de leur amidon.

❶

❷

CONSEIL

On mesure la quantité nécessaire à la cuisson du riz avec une tasse, comme il est indiqué sur les emballages. Il y a cependant plus simple.
L'astuce consiste à poser l'index sur la surface du riz, puis à verser de l'eau. Quand le niveau arrive à hauteur de l'articulation de la première phalange du doigt, la quantité d'eau est bonne ❷.

RIZ (À L'INDIENNE)

"Des ruses de sioux"

Il faut non seulement très bien laver le riz, mais encore le cuire dans une très grande quantité d'eau.
Sa cuisson terminée, il convient de le plonger dans de l'eau froide et ensuite de le laisser égoutter. Enfin, on éparpille le riz dans un grand plat et on le réchauffe à four doux pour qu'il sèche correctement, c'est-à-dire sans durcir.

CONSEIL

Pour accentuer la blancheur des grains, on peut ajouter un jus de citron dans l'eau de cuisson.
Il est indispensable, tandis que le riz sèche au four, de le mélanger délicatement à la spatule, de sorte que les grains de riz qui se trouvent sur le fond du plat ne conservent pas leur humidité.

ROGNONS (DE BŒUF)

"Attention à l'effet bœuf !"

Moins fin que le rognon de veau, le rognon de bœuf n'est cependant pas à négliger dans la cuisine familiale, ne serait-ce qu'employé dans des tourtes.
Pour atténuer la puissance de son goût, il convient, après l'avoir découpé en morceaux, de mettre ces morceaux dans une passoire et de la plonger rapidement dans l'eau bouillante ❶.

❶

Conseil

À l'achat, veillez à ce que le rognon de bœuf ne soit pas issu d'une bête âgée. Cela se discerne à la couleur du rognon d'un rouge virant au brun foncé. Quand le rognon est d'une grande fraîcheur, la peau recouvrant celui-ci s'enlève sans difficulté. Enfin, veillez à le débarrasser soigneusement de toute sa graisse. Même très frais, le rognon de bœuf conserve à la cuisson une odeur désagréable, quand on laisse subsister la moindre parcelle de graisse.

Rognons (grillés)

"Il a un sens"

On grille un rognon entier en exposant d'abord à la flamme sa face dégraissée. Puis on le retourne et on le grille sur son côté noble. En respectant cette cuisson, on obtient ainsi un rognon en forme de coque de noix dont on arrose la partie concave de beurre fondu aux herbes ❶.

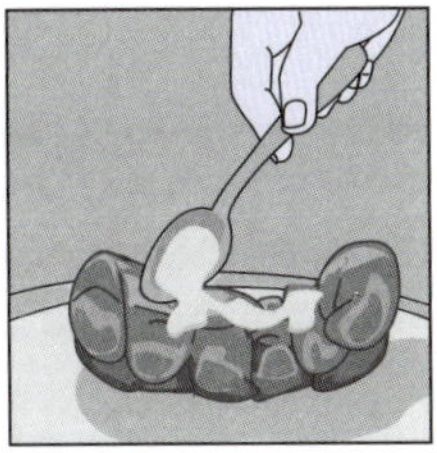

❶

Rognons (de veau)

"Le bon choix"

Quand on achète des rognons, il faut choisir les plus clairs (c'est-à-dire ceux tirant sur le beige clair). Ce sont les meilleurs, les teintes rouge et rouge foncé indiquant qu'il s'agit de veaux de lait forcés ou encore mal abattus. Le goût du rognon se révèle alors nettement plus fort.

Conseil

Pour les rognons en brochettes, on procède de la même façon que pour le foie à ceci près : si l'on ne désire pas raidir les morceaux de rognons au beurre pour des raisons diététiques, on peut tout aussi bien les plonger quelques secondes dans de l'eau bouillante avant de les embrocher.

Rognons (de veau entiers)

"Papier, s'il vous plaît !"

Pour obtenir facilement un rognon entier cuit à la goutte de sang, la meilleure astuce, quand on est pas expert en la matière, est d'utiliser un papier film.
Pour cela, après avoir dégraissé le rognon entier, il suffit de l'envelopper bien serré dans une grande feuille de papier film ❶ puis d'entortiller les extrémités du papier et de les nouer afin de ne pas prendre le risque que la papillote s'ouvre sous l'effet de la cuisson.
Enfin, on le plonge dans l'eau bouillante et on le fait cuire à frémissements.

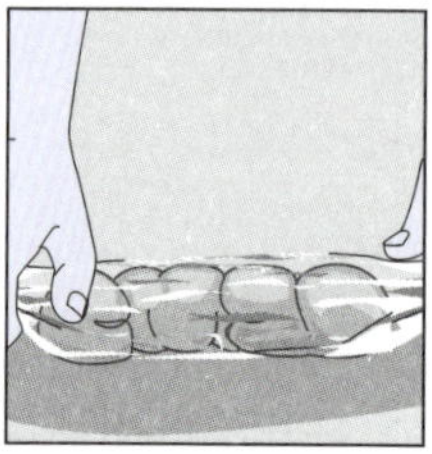

❶

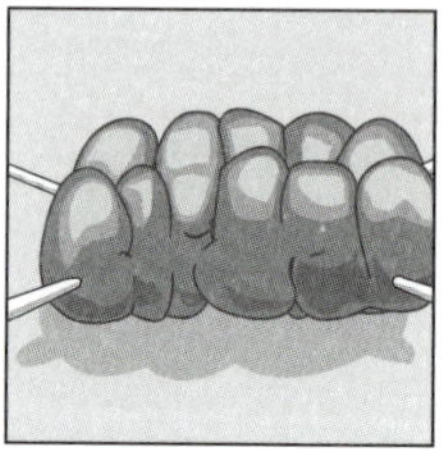

❷

Pour que le rognon entier soit bien moelleux, une autre méthode consiste à le dégraisser puis à l'envelopper dans un papier aluminium, entouré de sa graisse, et de le glisser au four.

CONSEIL

Quand on grille un rognon de veau entier, il est conseillé, pour qu'il ne festonne pas à la cuisson et devienne informe, de le transpercer de 2 brochettes, en diagonale, c'est-à-dire, en les croisant. Ainsi reste-t-il bien plat ❷.

ROGNONS (DE VEAU, EN MORCEAUX)

"La preuve par 3"

Pour dégraisser facilement un rognon que l'on sert en morceaux, l'astuce consiste à le couper en 3 dans le sens de la longueur ❶. Ainsi, on peut aisément supprimer les graisses avant de le découper en dés.

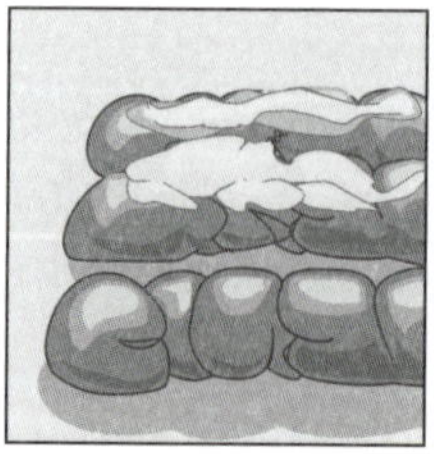

❶

On doit également retenir qu'il ne faut pas découper un rognon en morceaux, quand on ne le cuit pas le jour même. Dans ce cas, il faut l'acheter entier et le détailler soi-même.
Enfin, il est toujours préférable de blanchir les dés de rognons, en les plongeant pendant 1 min dans l'eau bouillante, avant de les poêler.

CONSEIL

Il faut d'abord poêler les morceaux de rognons sur feu très vif, pour bien les saisir, et mettre la sauce au dernier moment. Sinon, les rognons s'imprègnent de sauce et ramollissent.

ROUGET

"Bataille d'Hernani"

Pour beaucoup, le petit rouget de la Méditerranée ne se vide pas. Pour d'autres, il se vide, tout comme les autres poissons.
En vérité, la bonne solution est de prendre un peu de chacune des méthodes. Videz le rouget et replacez son foie à l'intérieur, avant cuisson, puisque c'est le foie qui communique cette saveur incomparable, recherchée par tant de gourmets.

ROUX

"Une goutte d'huile"

On ne peut pas rater un roux en suivant ces règles. On fait le roux, moitié beurre, moitié farine, en ajoutant une cuillerée à café d'huile pour éviter qu'il ne brûle.
N'attendez pas que le roux soit "roux",

mais seulement blond et bien homogène, tout en ne cessant pas de le tourner à la spatule. Laissez refroidir et versez le bouillon ou le lait bouillant sur le roux froid, pour éviter la formation des grumeaux.
Mélangez et replacez sur le feu, tout en remuant à la spatule, jusqu'à bonne consistance.

CONSEIL

Si la farine brûle, inutile d'insister : le roux risque de prendre un goût âcre et amer ; mieux vaut recommencer.
Si le mélange mousse, c'est que la proportion beurre-farine n'a pas été respectée. Le roux manque de farine.

SAFRAN (PISTILS DE)

"Un piège à contourner"

Les pistils de safran présentent 2 inconvénients : ils coûtent très cher et perdent leur saveur en un clin d'œil.
Pour éviter cela, on ne doit pas les incorporer dans une sauce très chaude. Au préalable, il convient toujours de les mélanger à un peu de beurre ou de lait tiède, voire à de l'eau. Cette astuce vaut également pour la poudre de safran.

SAINT-JACQUES

"Savoir les ouvrir"

Les coquilles Saint-Jacques sont faciles à ouvrir. Pour ne pas abîmer la noix, on enfonce la pointe du couteau à quelques centimètres de la pointe de la coquille ❶.

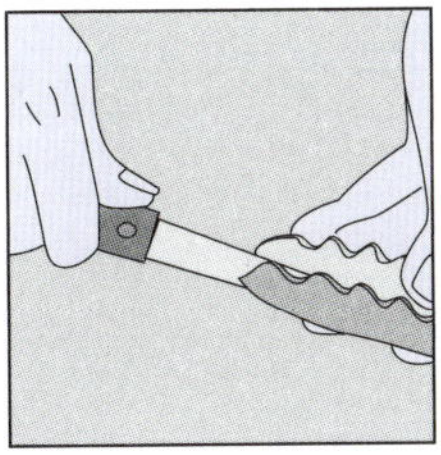

❶

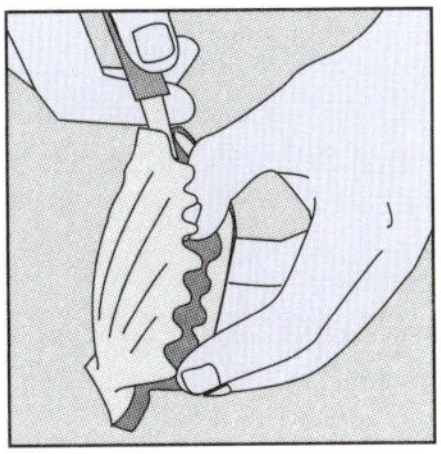

❷

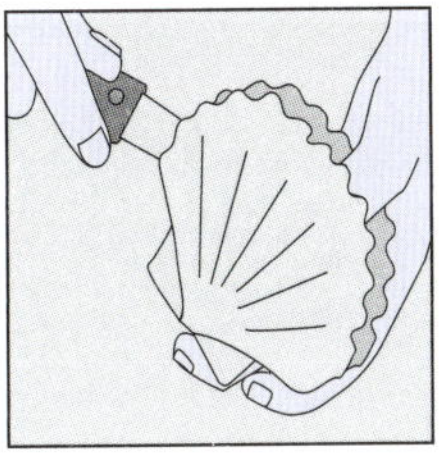

❸

On glisse la lame contre la coquille plate, c'est-à-dire la coquille supérieure, et dès qu'on sent le nerf, on le tranche, avant de glisser le pouce dans la coquille ❷. On maintient la coquille entrouverte, sans forcer, et on sectionne la noix en faisant toujours glisser la lame du couteau contre la coquille plate ❸.

CONSEIL

On peut aussi se passer de couteau pour ouvrir des coquilles Saint-Jacques. Il suffit de les disposer sur la plaque du four, préalablement chauffé, pendant 5 min.
Mais quand on a le coup de main, on perd moins de temps à les ouvrir soi-même et c'est surtout moins salissant.
Il n'est pas utile d'utiliser un couteau pour détacher la noix de la coquille. Une cuiller suffit.

SAINT-JACQUES (EN BROCHETTES)

"Un coup aux poêles"

La brochette de Saint-Jacques nécessite une technique particulière pour que les noix ne soient pas racornies.
Il faut embrocher les noix et les "marquer" à la poêle ❶, avant de les glisser au four.

❶

Ainsi, elles se tiendront bien et seront parfaites, la cuisson au four leur apportant tout juste ce qu'il faut de moelleux.

CONSEIL

Quand on fait des noix de Saint-Jacques en brochette, il convient d'éliminer le corail qui devient systématiquement caoutchouteux.
Si l'on utilise des noix surgelées, ce qui n'est jamais recommandable, il faut les laisser décongeler au préalable dans du lait, à température ambiante.

SAINT-JACQUES (À LA COQUE)

"Attachantes"

On peut servir les noix à la coque, c'est-à-dire sans les détacher de leur coquille. Il suffit d'éliminer au couteau tout ce qui l'entoure — à commencer par la barbe —, de retirer le nerf, puis de les huiler, les saler et les poivrer.
Ensuite, il ne reste plus qu'à les glisser au four.

CONSEIL

Les noix de Saint-Jacques ultra-fraîches peuvent se conserver jusqu'à quatre jours et cela sans poser le moindre problème. Il suffit de les envelopper dans un linge propre et de les placer dans le bas du réfrigérateur.

SAINT-JACQUES (EN COQUILLES)

"Plus jolies entrouvertes"

Si l'on prend soin de ne pas séparer les 2 coquilles en ouvrant les Saint-Jacques, on peut très bien les servir entrouvertes, ce qui est beaucoup plus joli.
Pour cela, il suffit de bien les nettoyer et de les poser entrouvertes, sur l'arête des coquilles ❶, sur la plaque du four chaud pendant 5 min, c'est-à-dire juste le temps que les ligaments se dessèchent et momifient la coquille dans cette position.

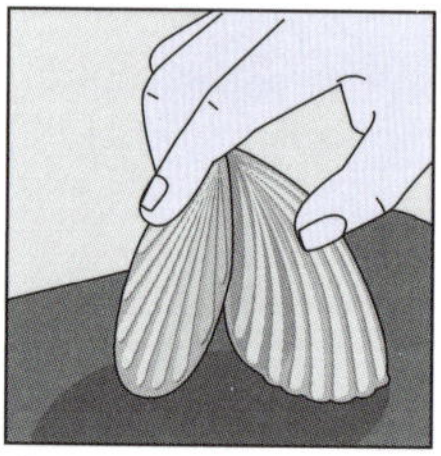

❶

CONSEIL

Les barbes de Saint-Jacques, c'est-à-dire les franges dont elles sont entourées, sont jetées la plupart du temps. Cependant, il faut retenir que lorsqu'on fait des Saint-Jacques en sauce (à la portugaise, par exemple), celles-ci doivent être utilisées pour confectionner un fumet. Pour cela, on les lave dans plusieurs eaux, afin de les débarrasser du sable qu'elles contiennent en grande quantité.

SAINT-JACQUES (FEUILLETÉ EN COQUILLES)

"En sandwich"

Deux coquilles inférieures, c'est-à-dire concaves, que l'on a superposées forment un excellent moule pour réaliser un feuilleté.
Pour cela, il suffit de beurrer l'intérieur de la première coquille, puis d'étaler la pâte et de bien appuyer pour épouser sa forme, avant d'éliminer l'excédent de pâte en la contournant avec un couteau ❶.

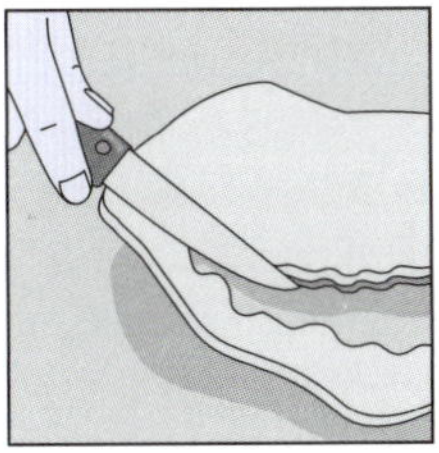

❶

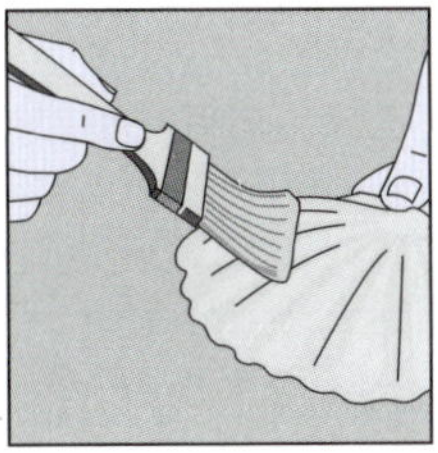

❷

Ensuite, on beurre le dos de la seconde coquille ❷ et on la pose sur la première, de manière que la pâte soit prise en sandwich ❸.

❸

Il ne reste plus qu'à glisser au four. La pâte cuite, on retire la coquille supérieure et on la farcit au dernier moment.

CONSEIL

On peut conserver les barbes des coquilles Saint-Jacques pour confectionner un fumet. Dans ce cas, il faut les laver à plusieurs eaux pour bien les débarrasser de tout leur sable.

SAINT-JACQUES (NOIX DE)

"Juste côté pile"

Pour qu'elles restent bien moelleuses tout en étant dorées il suffit de ne les poêler que d'un côté.
Ensuite, lorsque leur surface est bien dorée, on les dispose sur un plat à gratin, face non dorée sur le fond, et on compte 4 min de cuisson, à four chaud.
On obtient ainsi des noix dorées, cuites à point et parfaitement moelleuses.

CONSEIL

Les Saint-Jacques sont toujours meilleures en début de saison, c'est-à-dire quand elles n'ont pas de corail. Il faut toujours éliminer le filament noir qui cerne la noix, car il se raffermit à la cuisson, contractant ainsi la noix.

Salade (assaisonnement)

"Respectez l'axiome"

La salade s'assaisonne toujours au dernier moment. C'est alors qu'il faut respecter l'axiome : "Il faut quatre hommes pour faire une salade : un prodigue pour l'huile, un avare pour le vinaigre, un sage pour le sel et un fou pour la tourner."
Le mieux est d'incorporer d'abord l'huile, puis de tourner délicatement la salade afin que les feuilles soient recouvertes d'une fine pellicule grasse. Ensuite, on verse le vinaigre et on ajoute le sel et le poivre, de sorte que ni le vinaigre ni le sel ne "cuisent" les feuilles. Autre avantage de cette méthode : au cas où l'on aurait la main trop lourde avec le vinaigre, celui-ci n'imprègnera pas les feuilles préalablement huilées, mais tombera au fond du saladier.

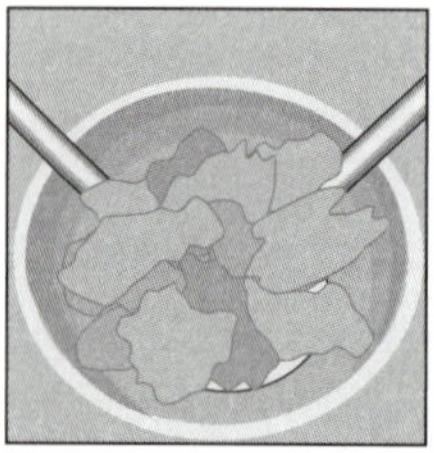

❶

Conseil

Si, parce que vous en avez l'habitude, vous préférez préparer la vinaigrette à part, n'oubliez pas, une fois que vous l'avez versée dans le fond de votre saladier, et avant de mettre votre salade, de disposer les couverts en croix dans le saladier ❶ pour éviter que la salade, en attendant d'être mélangée, ne "cuise" au contact du vinaigre.

Salade (conservation)

"Heureuse en essoreuse"

Pour conserver une salade, le mieux est de la laver, de l'essorer sans trop insister, et de la laisser telle quelle au réfrigérateur dans l'essoreuse.
Quand une salade est prévue pour deux repas, il faut d'abord consommer les feuilles extérieures. Le cœur, alimentant les feuilles, se conserve beaucoup mieux.

Conseil

On peut plus ou moins bien ranimer une salade flétrie. Pour cela, il convient, dans un premier temps, de la plonger dans une eau tiède et seulement après dans de l'eau glacée.

Salade (en fleurs)

"Composez votre bouquet"

Certaines fleurs peuvent agrémenter la salade, encore qu'il s'agisse ici plus de décoration que de gastronomie, la seule pouvant être prise au sérieux étant la capucine d'un arôme moutardé fort plaisant. Parmi les fleurs "consommables", citons le coquelicot, la rose rouge, la capucine, le souci, l'ail décoratif, la primevère, la fleur de courge, la fleur de moutarde, le chèvrefeuille, la bourrache, la fleur de thym, la violette.

Conseil

On peut utiliser soit la fleur entière, soit les pétales hachés ou entiers. Il est à retenir que la couleur des pétales vire au contact du vinaigre. Il convient donc de disposer les fleurs au dernier moment sur la salade.

Salicorne

"Attention aux cornes"

La salicorne, ou "corne salée", se sert en salade, comme les haricots verts, ou encore en accompagnement de poissons.
Il faut cependant veiller à la blanchir au préalable et n'utiliser que les petites pousses, c'est-à-dire les extrémités tendres et bien vertes. Mais jamais la tige principale qui est très souvent ligneuse.

Salmis

"Révisez vos classiques"

Le salmis est immuable dans ses règles : c'est un oiseau cuit à la broche ou au four dont on achève la cuisson dans une sauce faite à base de sa carcasse. Reste à connaître ces règles : l'oiseau doit être seulement rôti aux 3/4, c'est-à-dire encore très saignant, avant d'être dépecé pour terminer sa cuisson dans la sauce. Si l'on dépasse ce degré de cuisson, il sera sec et filandreux. Après découpage, la peau doit être enlevée et ajoutée dans la sauce. Sinon, imperméabilisée par la peau, la chair ne pourrait pas pomper la sauce, ce qui lui ferait perdre beaucoup de son moelleux.

Conseil

Aux 3/4 de sa cuisson, l'oiseau doit être découpé pour, d'une part récupérer les chairs, et d'autre part la carcasse. Avant de procéder à cette opération, attendez que l'oiseau soit tiède. Sinon, tout le sang s'échapperait des chairs, alors qu'il doit y demeurer pour contribuer à leur moelleux.

Salsifis

"À citronner"

Les salsifis se taillent en biseaux après avoir été épluchés. On doit alors tout de suite les mettre dans de l'eau citronnée ou vinaigrée pour qu'il ne noircissent pas. En principe, il est toujours conseillé de cuire les salsifis dans beaucoup d'eau, avant de les ajouter à une préparation. Et, si l'on veut qu'ils soient toujours aussi blancs, il convient de prendre une précaution supplémentaire : les cuire dans un blanc, c'est-à-dire verser 50 g de farine dans l'eau bouillante et la fouetter en la portant à ébullition avant d'y jeter les salsifis.

Conseil

On peut encore cuire les salsifis dans moitié d'eau, moitié de lait pour conserver leur blancheur, mais aussi les rendre plus moelleux. On vérifie que leur cuisson est à point en les piquant avec les dents d'une fourchette. Celles-ci doivent pénétrer facilement les salsifis.
Pour les éplucher sans difficulté, il convient de les laisser séjourner toute une nuit dans de l'eau bien fraîche.

Sanglier

"Pensez d'abord marcassin"

Le sanglier ne vaut que lorsqu'il est encore marcassin, c'est-à-dire très jeune. On n'obtient donc jamais rien de bon avec un vieux sanglier. La marinade conseillée pour le cuissot de marcassin est des plus simples : citron, vin blanc et eau-de-vie.

Conseil

Il en va de même pour les côtelettes de marcassin. Il suffit de les assaisonner et de les laisser mariner dans du jus de citron quelques heures avant de les cuire.

Sardines (en filets)

"L'art du coup de pouce"

Pour lever des filets de sardines, le couteau est totalement superflu. Il suffit de prendre la sardine dans une main et d'enfoncer le doigt dans son ventre à la base de la tête pour ôter tous les viscères ❶.

Puis on pince fortement la base de la tête pour que la chair s'écrase.

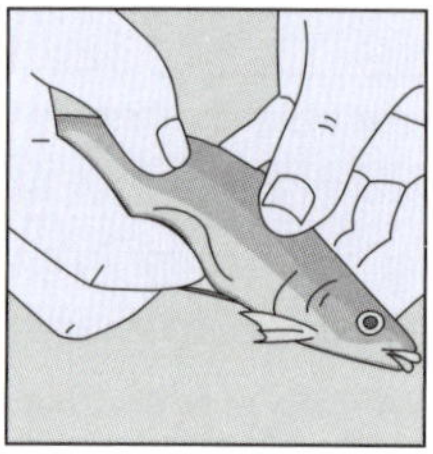

❶

On tient alors la base de l'arête bien pincée entre ses doigts ❷ et on fait coulisser les doigts de l'autre main le long de l'arête jusqu'à la queue pour dégager les filets ❸.

Il ne reste plus qu'à poser la sardine bien à plat et, d'un coup de couteau, trancher la queue et l'arête.

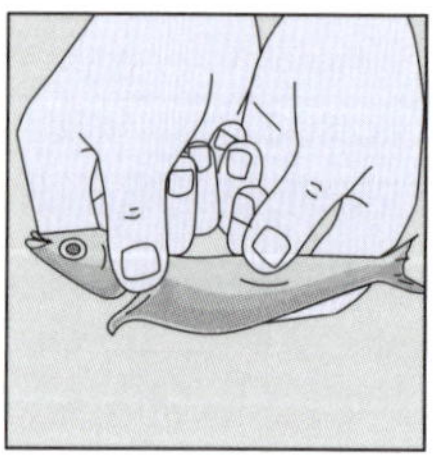

❷

❸

Conseil

On peut mariner les sardines dans de l'huile. Pour cela, il suffit de recouvrir les filets crus d'huile d'olive et de les laisser ainsi mariner 48 h au frais, sans oublier de les retourner.

Quand on grille une sardine, il est complètement inutile de l'écailler et même de la vider si elle est d'une fraîcheur absolue. C'est même considéré comme un crime par les véritables amateurs.

On se contente seulement de l'essuyer, de l'étêter, et de la servir avec du beurre frais, à part.

Sauce (aigre-douce)

"Ayez vos vapeurs"

Une sauce salée-sucrée s'obtient en réduisant du vinaigre de vin avec du sucre. C'est ce que l'on appelle une "gastrique".

Le tout est de la laisser réduire jusqu'à ce qu'on obtienne un sirop, c'est-à-dire jusqu'à évaporation presque complète du vinaigre.

Sauce (aïoli)

"Donnez-lui du corps"

Pour que l'aïoli ne se liquéfie pas, l'astuce consiste à y incorporer une petite pomme de terre cuite à l'eau et passée au tamis fin. En variante, on peut aussi ajouter à l'aïoli des cerneaux de noix. C'est original et délicieux.

Sauce (américaine)

"Ne soyez pas flambeur"

La sauce américaine (ou armoricaine) nécessite des carcasses de homard (ou de tout autre crustacé).

Il ne faut donc pas flamber celles-ci au préalable, car les poils des pattes communiquent un parfum âcre à la sauce.
Enfin, pour parfaire cette sauce, on la lie au dernier moment avec le corail cru du crustacé.

Sauce (béarnaise)

"Des pièges qui comptent pour du beurre

La béarnaise comporte des pièges, mais on peut tous les éviter :
- si les jaunes d'œufs deviennent trop épais et commencent à coaguler, on peut ajouter quelques gouttes d'eau ;
- s'ils moussent et ne deviennent pas crémeux, la température est trop basse : on s'approche alors davantage de la source de chaleur, sans cesser un seul instant de fouetter.

Mais si la sauce tourne subitement, autrement dit si le beurre monte à la surface, que faire ? Il faut ajouter de l'eau froide, cuiller à soupe par cuiller à soupe, en ne cessant jamais de fouetter, jusqu'à ce que la sauce reprenne.
Reste l'astuce infaillible : dès que les œufs se sont épaissis et que le mélange est devenu crémeux, versez-le dans un mixeur et ajoutez le beurre.

Conseil

Faute d'expérience, il est toujours conseillé de faire la sauce béarnaise au bain-marie. Le beurre ne doit être ajouté, et seulement au fur et à mesure, que lorsque les jaunes d'œufs et la compote d'échalotes commencent à se lier.

Sauce (béchamel)

"Prenez-la au filet"

Il est d'abord inutile de faire "roussir" le roux. Dès que beurre et farine forment une pâte homogène blonde, retirez du feu, laissez tiédir, et ajoutez un filet de lait chaud, puis fouettez de nouveau. Quand l'ensemble est homogène, ajoutez un peu plus de lait tout en fouettant et ainsi de suite, le principe consistant à ne pas verser la totalité du lait au départ pour éviter la formation de grumeaux.

Conseil

On ne peut pas envisager de faire une béchamel sans peser la farine. Selon la consistance souhaitée, on doit prévoir de 30 à 80 g de farine au litre de lait. Cela est d'une importance capitale et explique, par ailleurs, que la plupart des gratins se transforment en "bain de pieds". Non seulement parce qu'on n'égoutte pas assez les légumes (chou-fleur, par exemple), mais encore parce que la béchamel n'est pas assez serrée, alors qu'il faut grandement tenir compte du fait que l'eau rejetée par les légumes la liquéfie plus que de raison.

Sauce (au beurre)

"Le fouet n'est pas la panacée"

Un fouet n'est pas indispensable quand on incorpore du beurre à une sauce. Il suffit simplement de secouer vivement la queue de la casserole après avoir mis le beurre froid en petits morceaux.
Cette opération, qui s'appelle "vanner" et qui ne demande guère plus de 2 min, a

pour avantage de ne pas brasser de l'air, comme c'est le cas avec un fouet, donc de ne pas oxyder la sauce.

SAUCE (BLANCHE)

"Pas si innocente"

Simple oui ! Mais il faut tout de même observer certaines règles, si l'on veut minimiser au maximum le goût de la farine.
Il faut faire fondre sans coloration le tiers du beurre avec la farine, puis mouiller d'eau bouillante en fouettant constamment jusqu'à homogénéité, la casserole éloignée du feu, pour éviter toute ébullition. Enfin, incorporez le reste du beurre et le vinaigre.

SAUCE (CRÈME FRAÎCHE)

"Le diable au corps"

Il ne faut pas avoir peur de faire bouillir la crème fraîche.
Bien au contraire. Si l'on se contente d'ajouter un peu de crème fraîche dans la sauce au dernier moment, on obtient une sauce trop liquide qui n'est plus que médiocre.
Pour tirer le meilleur parti de la crème fraîche, Il faut commencer par la faire bouillir. Elle se liquéfie au bout de la première minute de cuisson, pour reprendre corps ensuite, au fur et à mesure que l'eau qu'elle contient s'évapore.
On obtient ainsi un concentré de crème fraîche plein de saveur.

CONSEIL

Si la crème fraîche est trop réduite, elle prend la consistance du beurre. Ce n'est pas un drame.
Pour lui permettre de retrouver sa fluidité, il faut simplement ajouter une cuillerée à soupe d'eau tout en continuant de fouetter.

SAUCE (CRÈME FRAÎCHE)

"Paye plus en liquide"

La crème fraîche liquide convient mieux aux sauces que la crème fraîche épaisse.
On la réduit soit dans la sauce soit à part. Pour la réduire dans la sauce, il est impératif que celle-ci ne contienne ni beurre, ni sang, ni foie mixé. Si c'est le cas, il faut impérativement la réduire à part dans une casserole et l'incorporer à la sauce au dernier moment.

SAUCE (DÉGLACER)

"Rien ne vaut l'eau"

L'eau demeure le seul liquide qui, neutre, ne dénature pas un jus.
Après avoir éliminé la graisse du plat, on ajoute donc 2 cuillerées à soupe d'eau, puis on replace le jus sur le feu, avant de gratter les sucs à l'aide d'une fourchette. On peut aussi, si on le désire, incorporer au dernier moment quelques parcelles de beurre frais dans le jus bouillant. Ou encore quelques gouttes d'un bon vinaigre, qui apportera du "pointu" au jus. Mais, attention aux vinaigres parfumés aux fruits.
En ce domaine, il vaut mieux rester très

classique, c'est-à-dire se cantonner à utiliser un bon vinaigre de vin ou de Xérès.

SAUCE (DEMI-GLACE)

"Le signal de la larme"

Pour reconnaître une sauce demi-glace, il suffit de verser un peu de la sauce dans une assiette puis de l'incliner légèrement.
Si la sauce forme des larmes ❶, c'est qu'elle est à bonne consistance. Si elle se répand uniformément, il faut la réduire encore quelques minutes.

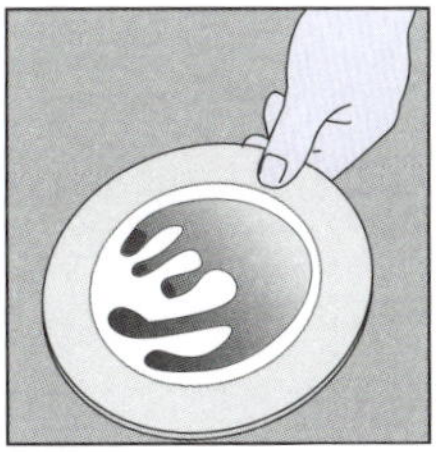

❶

SAUCE (DÉPOUILLER)

"Purifier par le feu"

Dépouiller une sauce signifie la débarrasser de ses ultimes impuretés pour qu'elle soit parfaite. L'opération se fait à découvert et sur un feu moyen, le tout étant d'obtenir un seul point d'ébullition en surface, faisant émerger les impuretés, qui sont ainsi projetées hors du petit cratère formé par le point d'ébullition, c'est-à-dire sur toute la surface de la sauce à peine frémissante.
La meilleure solution est de procéder par tâtonnements, en baissant ou augmentant le feu, jusqu'à ce qu'un point d'ébullition se produise. On écume alors à la cuiller les impuretés, ceci tant que la surface de la sauce n'en est pas débarrassée.

❶

CONSEIL

Pour provoquer ce point d'ébullition, une astuce consiste à faire en sorte que la casserole soit légèrement penchée durant la cuisson. Pour cela, il suffit de soulever le fond de la casserole en la calant à l'aide d'une brochette ou d'une aiguille à brider ❶.

SAUCE (FONDS DE)

"Ne touchez pas le fond"

Les fonds réclament du travail et de la technique. Faute de cela, on peut, dans la plupart des préparations, utiliser des cubes de bouillon de volaille, ce qui simplifie considérablement la tâche. Mais, dans ce cas, on veillera toujours à ne pas trop saler, car les cubes de bouillon de volaille sont eux-mêmes très salés.
Si l'on souhaite se lancer dans des fonds, il faut savoir qu'on ne doit jamais les laisser bouillir au risque de les troubler. Si l'erreur est commise, il y a toujours moyen de le rattraper en le clarifiant : soit avec de la glace qui, en créant un choc thermique, "assomme" les particules qui tombent alors au fond, soit avec du blanc d'œuf délayé dans de l'eau glacée.

CONSEIL

On peut congeler des fonds. À condition, toutefois, de ne pas oublier de les porter à ébullition avant de les réutiliser.

SAUCE (FROMAGE ET MOUTARDE)

"Soyez au parfum"

Le fromage doit toujours être ajouté au dernier moment dans une sauce et par petits morceaux. La sauce ne doit bouillir à aucun moment, et dès que le fromage est fondu, il faut la retirer du feu. Sinon, le fromage se décompose en huile, sursale la sauce et anéantit son goût.

CONSEIL

Il en va de même avec la moutarde. Celle-ci ne supportant pas l'ébullition, il convient de l'incorporer à la sauce au tout dernier moment. Sinon, elle fait immédiatement tourner la sauce en lui donnant un déplaisant aspect granuleux.

SAUCE (GIBIER)

"Cassis, myrtilles, etc."

La confiture de cassis est un remarquable remède pour rectifier une sauce de gibier trop puissante. Elle permet de l'adoucir tout en ne changeant rien à sa personnalité. Mais il faut procéder avec parcimonie. Si l'on en met trop, le sucre qu'elle contient risque de "casser" la sauce. On obtient un résultat identique avec des myrtilles surgelées.

CONSEIL

Concassés, puis mélangés à la fourchette à du beurre pommade, les cerneaux de noix rehaussent certains gibiers. Pour cela, il suffit de lier le beurre aux noix au dernier moment dans la sauce.

SAUCE (À GLACE)

"Ne pas être coulant"

Comment reconnaître une sauce à glace ? Élémentaire : il suffit de tremper la cuiller dans la sauce dès qu'on l'estime à bonne consistance, puis de la retourner. Si elle s'écoule rapidement, la sauce n'est qu'à demi-glace.
En revanche, si elle tient sur la cuiller sans couler, la sauce est à glace ❶.

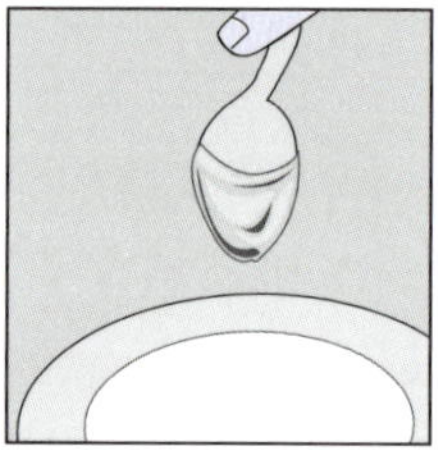

❶

SAUCE (HOLLANDAISE)

"Pas de péril avec le jaune"

Pour réussir une sauce hollandaise, utilisez du beurre préalablement clarifié et fondu. La cuisson doit se faire au bain-marie. Pour une meilleure marge de sécurité, placez une assiette retournée dans le fond de la casserole contenant l'eau du bain-marie ❶, afin de prévenir toute surchauffe des jaunes d'œufs.

❶

Incorporez le beurre petit à petit (qu'il soit solide ou fondu), tout en fouettant.

La cuisson doit être la plus régulière possible, tout changement de température provoquant la décomposition de la sauce.

Si la sauce devient trop épaisse, retirez-la du feu et ajoutez une petite cuillerée d'eau froide. Si le beurre paraît se dissocier des jaunes d'œufs, retirez la sauce du feu et émulsionnez -la au fouet en y ajoutant un peu d'eau froide, avant de reprendre la cuisson.

CONSEIL

Si la sauce hollandaise tourne, il faut procéder de la même façon que pour rattraper une mayonnaise : laisser refroidir la sauce hollandaise tournée, délayer un jaune d'œuf dans un saladier et verser petit à petit la sauce hollandaise sur le jaune d'œuf, tout en fouettant vivement.

Il est toujours conseillé de faire une sauce hollandaise pour beaucoup de convives. C'est un gage de réussite. Plus il y a de jaunes d'œufs, mieux la sauce monte.

SAUCE (LIAISON AUX ŒUFS)

"Pas forcément dangereuse"

Pour que les jaunes ne coagulent pas dans une sauce, l'astuce est très simple, bien qu'assez méconnue : il suffit, au préalable, d'incorporer un peu de farine dans la sauce. Dès lors, on peut la faire bouillir sans prendre le moindre risque.

CONSEIL

Si l'on est réfractaire à la farine, on peut s'en passer. Il convient alors, avant d'incorporer les jaunes d'œufs à la sauce, de les délayer avec de la crème fraîche. Le résultat est garanti. À condition, toutefois, de ne pas porter la sauce à ébullition.

SAUCE (MORNAY)

"Pensez à l'améliorer"

La sauce Mornay est une béchamel dans laquelle on incorpore du fromage, ce qui lui vaut d'être indissociable des gratins.

Pour lui donner le parfum de ce qu'elle accompagne, pensez à l'améliorer.

Quand il s'agit d'un gratin de poisson, l'astuce consiste à réduire un peu de fumet de poisson et à l'incorporer à la sauce. Quand il s'agit d'un gratin de légume, suivant le même procédé, on fait réduire de l'eau de cuisson du légume avant de l'incorporer à la sauce.

CONSEIL

L'incorporation de fumet de poisson (ou de vin blanc) dans une béchamel destinée à accompagner du poisson, comme l'addition d'eau de cuisson dans une béchamel destinée à un légume, nécessite, plus que jamais, d'employer du lait entier et non du lait demi-écrémé pour la confectionner.

Sauce (mousseline)

"Pour se faire mousser"

La sauce mousseline n'est autre qu'une sauce hollandaise dans laquelle on incorpore de la crème fouettée pour l'alléger.
Règle n°1 : la crème doit être froide et bien fouettée, et le montage doit se faire, si possible, dans un saladier placé sur de la glace pilée.
Règle n° 2 : il convient, une fois la crème fouettée incorporée à la sauce hollandaise, de fouetter en vrille, c'est-à-dire de rouler vivement le fouet entre ses mains, à l'image du geste que l'on fait pour se réchauffer ❶.

❶

Conseil

Une méthode plus expéditive et plus moderne consiste à monter la sauce mousseline au mixeur. Dans ce cas, il faut que la crème fraîche soit tout juste sortie du réfrigérateur, sans avoir oublié, au préalable, de placer la cuve du mixeur au congélateur pour qu'elle soit glacée.
Enfin, il est nécessaire de mixer par à-coups. Un mixage ininterrompu provoque un phénomène de surchauffe entraînant la liquéfaction des matières grasses.

Sauce (napper)

"Restez dans les coins"

Le nappage a ses ennemis. Il ne faut jamais napper un mets, mais disposer la sauce autour. Le mieux est encore de la présenter à part, en saucière.
En nappant une viande ou un poisson, on modifie sa texture en noyant sa chair sous la sauce.

Sauce (aux oignons)

"En grande finesse"

Pour que la sauce aux oignons ne devienne pas "marmelade", les oignons doivent être taillés en rondelles le plus finement possible. C'est pourquoi l'usage d'un robot-coupe convient à merveille.
S'il s'agit de vieux oignons, il faut impérativement, après les avoir taillés en rondelles, les placer dans une cassererole d'eau froide, puis porter à ébullition avant de les rafraîchir et de les laisser égoutter. C'est la seule solution pour éliminer leur âcreté.

Sauce (passer)

"Pas de coup de force"

Pour extraire les sucs de la garniture que l'on filtre dans une passoire, il ne faut pas s'escrimer à presser fortement les légumes et les os avec un pilon.
C'est une erreur car les légumes, trop écrasés sous la pression, traversent la passoire et se déversent en purée dans la sauce qui perd alors de sa limpidité.
Pour éviter que la sauce ne se trouble de la

sorte, il vaut mieux exercer une pression plus légère, avec le dos d'une louche.

Sauce (piquante)

"Ne soyez pas cornichon !"

Il faut employer des échalotes grises pour réaliser une bonne sauce piquante. Si l'on ne supporte pas la trop grande acidité du vinaigre, on doit le couper de vin blanc. La sauce piquante ne pose pas de problème de conservation.
Il est cependant nécessaire de rappeler que les cornichons et les câpres doivent être très bien égouttés, et incorporés au dernier moment dans la sauce, ainsi que les fines herbes.

Sauce (suprême)

"Une affaire de grumeaux"

Une sauce suprême réussie doit être lisse et onctueuse. Il faut donc insister sur la nécessité d'utiliser un bouillon chaud, mais non brûlant.
Sans cela, à son contact, les jaunes cuisent et durcissent, ce qui conduit à un résultat catastrophique : ils forment des grumeaux dans la sauce.
Pour l'éviter, il est conseillé de découper la progression de la recette en 4 temps : on verse d'abord une cuillerée de bouillon dans un bol ne contenant que de la Maïzena.
On transvase le mélange bouillon-Maïzena dans un second bol dans lequel on aura préalablement battu les jaunes d'œufs avec la crème fraîche.
Puis, une fois que ce mélange est délayé, on ajoute progressivement du bouillon, louche par louche, jusqu'à ce que la liaison soit homogène.
Enfin, on verse la liaison dans le bouillon. C'est la méthode à respecter à la lettre pour obtenir une sauce suprêmement suprême.

Conseil

Pour bien napper de sauce suprême des blancs de poulet, il ne faut pas procéder n'importe comment.
Il faut placer les blancs sur une grille à pâtisserie préalablement posée sur un plat creux. Cela pour que l'excédent de sauce égoutte et que la sauce nappe uniformément la chair.
Pour reconnaître la bonne consistance d'une sauce suprême, il suffit d'y tremper une cuiller. Quand on passe le doigt sur le dos de la cuiller, la trace doit persister.

Sauce (tomate)

"Aussi mauvaise graine !"

Après cuisson, la sauce tomate doit être passée au travers d'un tamis ou d'une passoire fine, ce pour quoi on se contente souvent de couper les fruits en quartiers avant cuisson. Mais le temps qu'on gagne ici, on le perd ailleurs.
Mieux vaut monder (voir p. 191) puis épépiner les tomates avant cuisson. Cela évite que les graines et les peaux obstruent le tamis, exigeant ensuite un nettoyage fastidieux pour les en déloger.
On ajoute un peu de sucre en poudre si les tomates sont trop acides. Si elles manquent de goût, relevez la sauce en y incorporant un peu de concentré de tomates.

Conseil

À défaut de tomates, et plutôt qu'une sauce tomate en conserve de mauvaise qualité, on peut confectionner une sauce tomate à partir de jus de tomate en bouteille. On fait réduire la valeur de 3 bouteilles de jus de tomate avec 1 oignon moyen, 1 cuillerée à café de farine et un morceau de beurre.
Mais on ne met surtout pas de sel, le jus de tomate étant déjà très chargé en sel pour une meilleure conservation.

Sauce (tournée)

"Un événement qui s'arrose"

On dit que la sauce a tourné quand elle fait tache d'huile. Ce n'est pas une catastrophe puisqu'on peut y remédier. L'astuce consiste à ajouter du bouillon ou de l'eau, puis à cuire la sauce à frémissements jusqu'à ce qu'elle ait retrouvé son homogénéité.

Conseil

Quand une sauce doit attendre, il convient de la beurrer légèrement en surface pour qu'elle ne croûte pas. L'eau convient également.
Une sauce réchauffée a souvent trop de corps, au point d'attacher à la cocotte. C'est pourquoi, il convient toujours, avant de réchauffer une sauce (de bourguignon, par exemple), de la détendre avec un peu d'eau.

Sauce (au vin)

"Prenez-en de la bouteille"

Pour qu'une sauce au vin soit parfaite, il est toujours conseillé de flamber le vin au préalable, de manière qu'il perde de son acidité, les acides volatils s'évaporant au flambage.
On peut aussi ajouter une cuillerée de concentré de tomates, ce qui donne un petit goût pointu très plaisant à la sauce.

Saucisses

"Intervention à chaud"

Qu'on les grille ou qu'on les poêle, pour que les saucisses n'éclatent pas, il faut les plonger dans de l'eau bouillante tout juste quelques secondes, puis les ressortir avant de les piquer à l'aide d'une épingle en plusieurs endroits.
Compte tenu de sa forme allongée et parce qu'elle est emprisonnée dans un boyau, la saucisse constitue une farce éclair très pratique, par exemple dans un carré de veau. Il suffit d'entailler profondément le carré de viande en son centre et de part et d'autre, à l'aide d'un long couteau, puis d'enfoncer la saucisse dans la fente ❶.

Conseil

En Allemagne, la saucisse de Francfort étant reine, on la présente de diverses façons, dont certaines amusantes.
L'une d'entre elles consiste à entailler chaque extrémité en croix sur plusieurs centimètres. Plongées dans l'eau bouillante ou la friture, sous l'effet de la cuisson, les lanières de la saucisse se dressent en s'enchevêtrant, comme les tentacules d'une pieuvre.

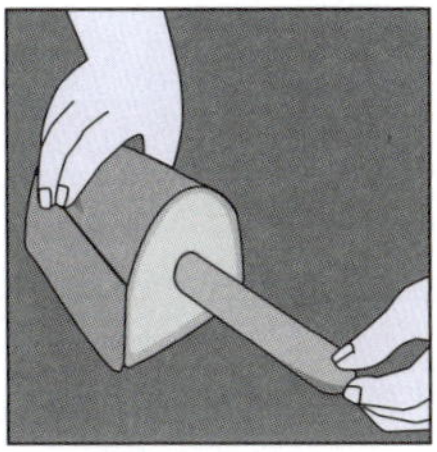

❶

SAUCISSON (EN CROÛTE)

"En bas résille"

Bien présenter un saucisson en croûte n'est pas sorcier. Mais dans ce cas, il ne faut pas se contenter d'une seule couche de pâte. Le procédé n'en est pas moins simple.
Après avoir enroulé le saucisson dans une première bande de pâte, on moule les extrémités dans le creux des mains, pour les arrondir ❶.

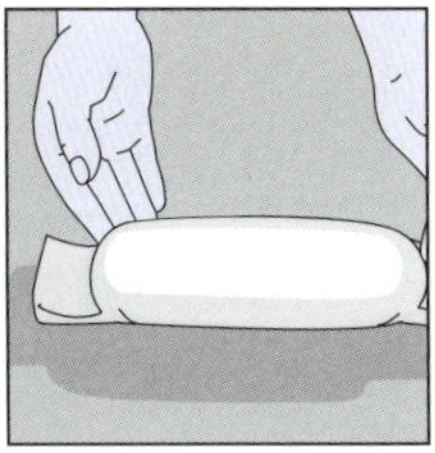

❶

On élimine l'excédent de pâte et on badigeonne de jaune d'œuf.
On taille dans la seconde bande de pâte de petites incisions de 2 cm de longueur, en veillant à ce qu'elles soient décalées sur chaque rangée ❷.

❷

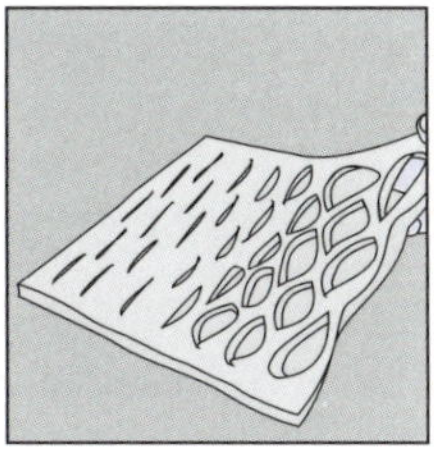

❸

Enfin, on recouvre de cette bande la première bande de pâte. En la soulevant, les incisions s'ouvrent d'elles-mêmes, formant ainsi un treillis. ❸.

CONSEIL

On peut bien sûr faire le même genre de décor pour un gâteau.
On placera alors le treillis sur toute la surface du gâteau, en rabattant les bords contre les parois, pour le recouvrir totalement.

SAUGE

"Soyez sage"

La sauge fraîche, compte tenu de sa puissance qui vire à l'âcreté, n'est pas conseillée, même dans une farce.
Mieux vaut avoir recours aux feuilles de sauge séchées qui ont perdu une grande partie de leur "force de frappe". Il n'en reste pas moins vrai qu'il faut l'utiliser avec une grande parcimonie si l'on veut éviter les mauvaises surprises.

SAUMON (BOUDIN DE)

"Faire les choses à moitié"

Pour confectionner un boudin de saumon, il faut un filet entier avec sa peau préalablement bien écaillée.

Après avoir éliminé toutes les arêtes, on tranche délicatement le filet en son centre, de manière à ne pas entamer la peau.
Puis on lève le filet le moins épais (côté ventre) en prenant les précautions nécessaires pour ne pas entailler la peau ❶.

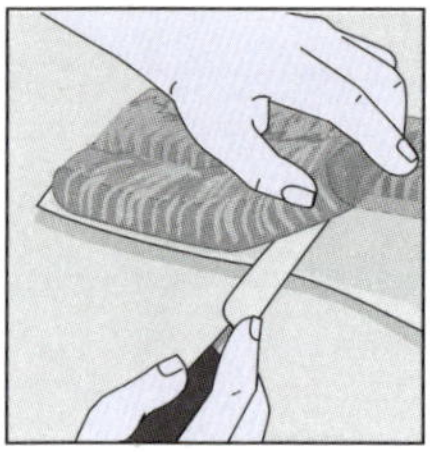

❶

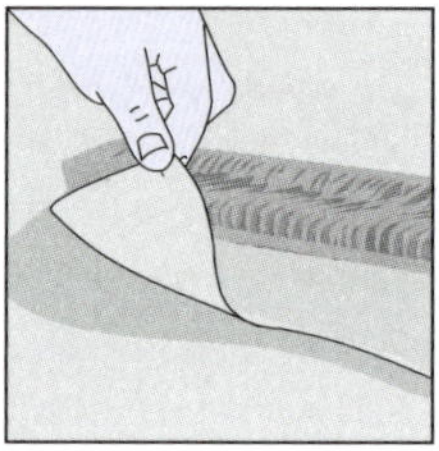

❷

On obtient ainsi un demi filet, mais avec la peau du filet complet. Il ne reste plus alors qu'à recouvrir le demi-filet non levé, de la peau de l'autre ❷. Et enfin de bien le ficeler pour obtenir un boudin.

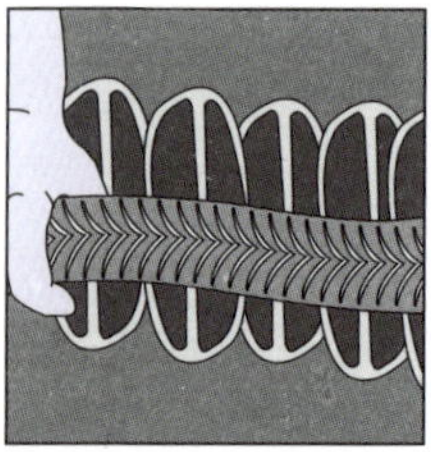

❸

Conseil

On peut également réaliser un boudin de saumon, par exemple avec des tranches de jambon de Bayonne. Pour cela, on étale les tranches de jambon en les faisant légèrement se chevaucher, on pose le filet de saumon dessus, et on rabat les tranches de jambon pour emprisonner le filet ❸, avant de ficeler.
Quand on poche un saumon entier, il convient d'ajouter une poignée de tapioca dans l'eau. Cela donne du moelleux à sa chair.

Saumon (faux saumon fumé)

"À priser, tout de même"

Même sans fumoir, on peut donner un goût de fumé à la chair d'un saumon.
Pour cela, il faut 600 g de gros sel de mer, 400 g de sucre en poudre, 60 g de poivre concassé et de l'aneth ou du fenouil. Le reste n'a rien de compliqué.
On pique la peau du saumon (non écaillée) de part en part avec la pointe d'un couteau pour transpercer les chairs ❶.

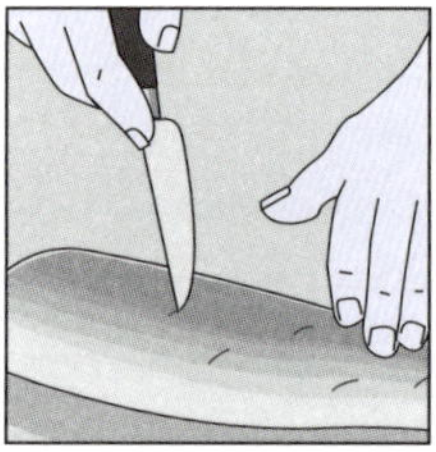

❶

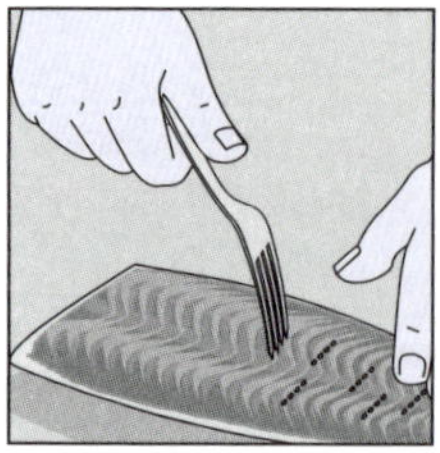

❷

On le retourne et on pique la chair, non plus avec un couteau, mais avec les dents d'une fourchette ❷.
On mélange dans un saladier tous les ingrédients cités ci-dessus, on recouvre le fond du plat d'une couche de ce mélange, on pose le filet de saumon côté peau sur ce lit et on l'ensevelit totalement sous le reste du mélange ; on recouvre d'un papier film et on place 48 h au réfrigérateur.
Ensuite, on le rince abondamment sous l'eau du robinet, avant de le laisser bien dessaler 6 h dans une grande bassine d'eau fraîche.
Enfin, on le sèche bien en le tamponnant avec du papier absorbant et on le replace de nouveau 24 h au réfrigérateur, mais à découvert.

Conseil

On peut encore avoir recours à une autre méthode préconisée par l'excellent Jean Ducloux. Celle-ci consiste à mettre pendant 24 h un filet de saumon au gros sel, ensuite à le débarrasser de son sel et enfin à le laisser mariner encore 24 h avec 1 verre d'huile d'olive, 2 verres de vin blanc, de l'aneth, de la coriandre, de l'échalote hachée et une pointe de Cayenne. À défaut d'aneth, on peut utiliser 1/2 cuillerée d'apéritif anisé.

Saumon (fumé, conservation)

"Ne manquez pas de peau"

Quand on achète un filet de saumon fumé entier, il convient, pour le conserver, de rabattre la peau sur le morceau non tranché ❶ et de l'envelopper dans du papier film, puis du papier aluminium avant de l'entreposer au réfrigérateur.

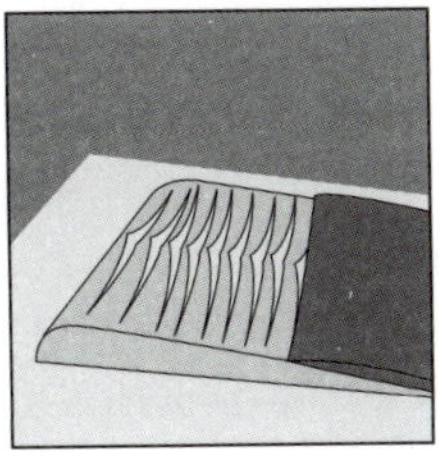

❶

Conseil

Le filet de saumon entier se tranche toujours en commençant par la queue et non l'inverse. Quand du saumon fumé entre dans une préparation quelconque, pour faire des économies, il convient d'acheter des déchets. Les déchets d'un bon saumon fumé sont toujours meilleurs et pas plus onéreux que du saumon fumé vendu sous plastique, prétranché et le plus souvent d'une médiocrité affligeante.

Saumon (en pannequets)

"Prenez le pli"

Le pannequet, dont le nom dérive du mot anglais "pancake" (gâteau à la poêle), est une crêpe fourrée. Par extension, on attribue ce mot à toutes les préparations pliées, comme doit l'être un pannequet, notamment au saumon. Pour plier correctement un pannequet, on procède comme pour un mouchoir. On dispose la farce au milieu de la crêpe, puis on rabat les 2 premiers bords opposés sur la farce et ensuite les 2 autres bords sur les premiers ❶.

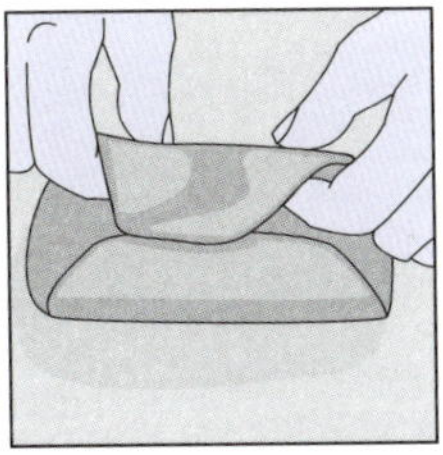

❶

Pour une tranche de saumon, on procède différemment, celle-ci n'étant pas ronde. On rabat les 2 extrémités de la tranche du saumon pour obtenir un rouleau ❷.

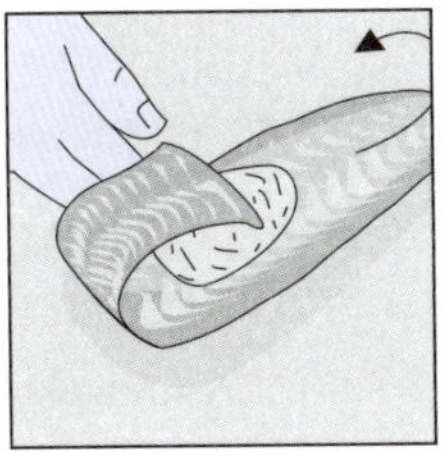

❷

❸

On l'aplatit légèrement d'un coup de spatule et on écrase, toujours à la spatule, les extrémités du rouleau formé, pour bien les faire adhérer, avant de les rabattre également ❸.

SAUMON (EN PAPILLOTE)

"Prétranchez le débat"

Pour présenter un filet de saumon en papillote d'une manière originale, on utilise un filet débarrassé de sa peau.
Après avoir retiré la partie grasse de la peau du ventre ❶, on découpe entièrement le filet en tronçons de 2 cm d'épaisseur taillés en biais le plus régulièrement possible.

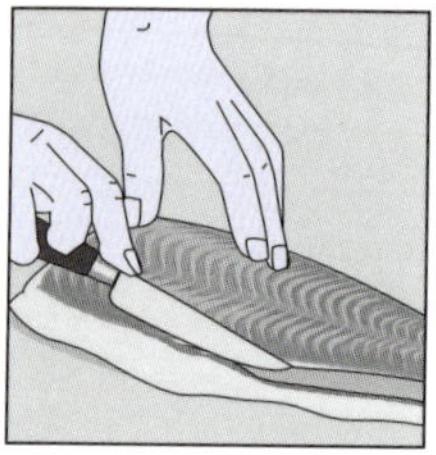

❶

Puis on reconstitue le filet sur une grande feuille de papier film et on intercale entre chaque tronçon une couche de légumes, que l'on aura pris soin de blanchir à l'eau bouillante au préalable (carottes, courgettes, champignons, ou d'autres légumes de votre choix.) ❷.
Enfin, on recouvre de feuilles de céleri et on enveloppe le filet dans le papier film, en entortillant bien chacune des extrémités avant de les ficeler.

❷

CONSEIL

C'était préconisé jadis dans tous les bons livres de cuisine, mais les temps changent : on ne "vinaigre" plus le court-bouillon d'un saumon, car on s'est aperçu qu'il faisait tourner sa belle couleur rose.
Mieux vaut utiliser du citron, ou rien du tout.
Par ailleurs, quand on poche un saumon, il est toujours conseillé de ne pas écailler la peau, mais de bien laver le saumon sous l'eau du robinet. Écaillée, la peau n'est pas facile du tout à enlever.

SAUMON (PAVÉ DE)

"Ayez de bonnes intentions"

La cuisson à la vapeur, compte tenu de l'épaisseur du pavé de saumon, est le mode de cuisson qui convient le mieux. La peau ne doit pas être retirée de sorte que le pavé soit posé côté peau sur le tamis.

❶

CONSEIL

Au préalable, il convient d'éliminer la petite bande blanchâtre, située tout le long du filet dans sa partie la plus mince. Cette partie de la peau du ventre, d'une texture molle, à la fois grasse et gélatineuse, détériore en effet le goût du saumon. Ensuite, cette bande éliminée, on rabat la peau sur le pavé pour une meilleure présentation ❶.

SEL

"Prenez-le de haut"

Il semble que 80 % des cuisiniers amateurs ne salent pas comme il faut un aliment ; ne serait-ce qu'en le saupoudrant de sel. La première règle est de mettre le sel dans une boîte à sel, ce qui permet de le prendre par pincées au lieu de retourner la boîte, geste hasardeux réservant souvent de désagréables surprises. La pincée prise, on doit soulever la main à bonne hauteur de la préparation ❶. Cela, tout simplement, pour mieux apprécier la quantité de sel que l'on lâche.

Il y a enfin 3 règles principales en ce qui concerne le sel : on sale l'eau dans laquelle on fait cuire les légumes à raison de 20 g de gros sel au litre, soit l'équivalent d'une grosse cuillerée à soupe de sel. On ne sale jamais la viande en début de cuisson, car le sel attire les sucs en surface, et provoque une vapeur nuisible à un bon saisissement. Enfin, on ne sale un poisson poêlé qu'à mi-cuisson. Sinon, la peau colle à la poêle.

❶

CONSEIL

Le meilleur sel pour l'eau des légumes est le gros sel non raffiné, notamment celui de Guérande.

Pour saler un aliment, le nec plus ultra est la fleur de sel que l'on trouve dans toutes les bonnes épiceries.

SEL

"Prenez-en de la graine"

Pour cuisiner, il est toujours préférable d'utiliser du sel fin : assaisonnement des viandes, poissons, sauces, etc.

En revanche, les préparations comme le bouillon, court-bouillon et les légumes réclament du gros sel.

CONSEIL

Le sel entre également dans de nombreuses préparations sucrées (notamment les pâtes à tarte).

On parle alors de "grain de sel" à ajouter.

Ce n'est qu'une image. En réalité, il ne faut pas incorporer un grain de sel mais une toute petite pincée de sel fin.

Sel (coque de)

"Soyez marteau"

La coque de sel représente un moyen de cuisson idéal et simple, notamment pour le gigot et les gros poissons (dorade, saumon, etc.).

Il n'en demeure pas moins vrai qu'il est préférable de connaître certaines astuces pour rendre le procédé encore plus simple.

À commencer par n'utiliser que du gros sel. Pour réaliser une coque de sel bien compacte, il suffit d'ajouter des blancs d'œufs au sel, puis de "touiller" pendant 1 min avec la main pour rendre le mélange bien homogène.

Ensuite, et avant toute chose, il convient de tapisser le fond du plat de papier aluminium pour faciliter son nettoyage, sans quoi il est très difficile de détacher la croûte de sel après cuisson.

Enfin, on procède de la sorte : on commence par étaler dans le fond du plat une couche de sel d'1 cm d'épaisseur ; lit sur lequel on couche l'aliment. On l'ensevelit entièrement et on tasse bien le sel, en le pressant contre l'aliment pour lui donner une forme de coque ❶.

À la sortie du four, comme on tombe sur un os, il faut faire preuve d'une ultime astuce.

Pour fendre la coque, on pose un gros couteau dessus et on frappe sur la tranche avec un marteau ❷.

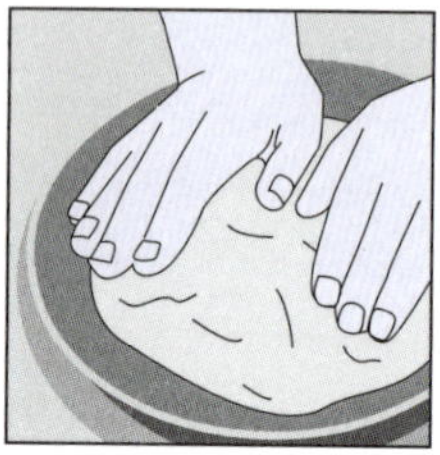

❶

❷

Conseil

On ne doit jamais commettre l'erreur de faire cuire un poisson en coque de sel s'il a été écaillé.

Ce n'est pas au dernier moment qu'on décide de faire un poisson en coque de sel, mais quand on l'achète. Une fois écaillé, c'est trop tard. Le sel pénètre dans les chairs et les rend immangeables.

Mais ce n'est pas le seul avantage des écailles. Elles permettent aussi de retirer facilement la peau, formant une véritable croûte.

Quand on fait un gigot désossé au gros sel, on ne doit pas oublier de le reformer, une fois posé sur le lit de sel, pour qu'il conserve une forme bien ronde.

Sel (gros)

"Glaces éternelles"

Le gros sel est d'un grand secours lors d'un pique-nique, augmentant considérablement le pouvoir réfrigérant de la glace. Lorsque vous voulez rafraîchir une bouteille, ajoutez 200 g de gros sel par kilo de glace pilée.

CONSEIL

Si vous ne disposez pas d'une glacière, prenez un pain de glace et, pour le conserver intact, employez une bonne vieille méthode : enveloppez le pain de glace dans une vieille couverture en laine, repliée sur plusieurs épaisseurs.

SEL (TERRINES ET PÂTÉS)

"Une guerre froide"

Il faut toujours assaisonner plus que de raison, pâtés, terrines et tout ce qui est à base de gelée. En effet, vous ne devez pas oublier que vous goûtez la préparation chaude, alors que vous la servirez froide. Ce qui veut dire : soumise au froid, la préparation, quelle qu'elle soit, perd de sa puissance.

CONSEIL

Veillez toujours à saler correctement les légumes d'une soupe en début de cuisson. Une soupe salée en fin de cuisson n'a pas le même goût, car l'âcreté du sel ressort.

SEMOULE

"C'est aussi du jardinage"

Avant de faire cuire de la semoule, on ne doit pas oublier de l'humecter de 2 cuillerées d'huile d'olive où, à défaut, d'huile d'arachide.
Ensuite, on roule la semoule entre ses mains afin que chaque grain soit enrobé d'une pellicule grasse, ce qui permet à la semoule de cuire harmonieusement sans que les grains ne collent les uns aux autres. L'autre astuce consiste à l'égrener. La semoule cuite, on prend 2 fourchettes en main ❶. Puis délicatement, mais fermement, on gratte la semoule avec les dents des fourchettes, comme si on ratissait une allée de jardin.

❶

SOLE (ENTIÈRE FARCIE)

"Pour un grand écart"

On peut demander au poissonnier de préparer la sole à farcir, mais avec un peu de dextérité on peut le faire soi-même.
On commence par longer l'arête centrale à l'aide de la pointe d'un couteau. Puis, toujours avec ce couteau (qui doit être bien aiguisé dans tous les cas et à lame souple de préférence), on décolle les filets de l'arête en partant de la base de la tête, tout en faisant glisser la lame sur l'arête ❶.

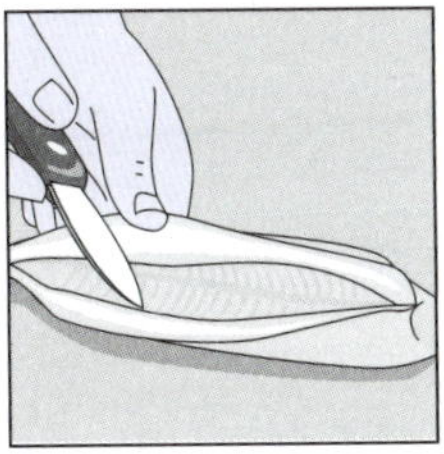

❶

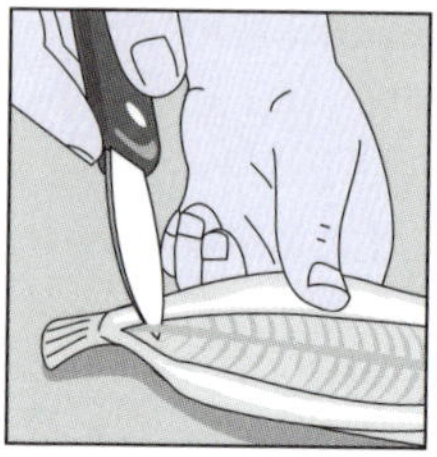
❷

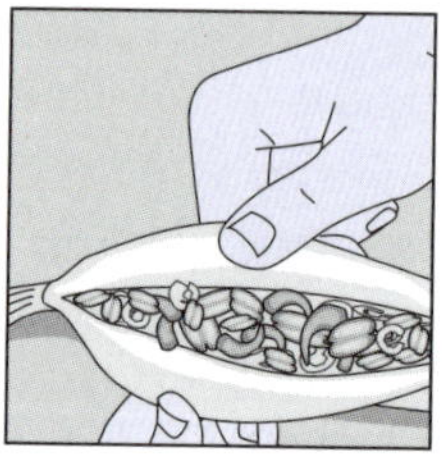
❸

On incise l'arête de 2 coups de couteau, l'un à la base de la tête, l'autre à la base de la queue.
Ensuite, on glisse la lame du couteau sous l'arête, à hauteur de la queue et, tout en prenant appui sur l'arête, on décolle délicatement les filets inférieurs ❷. On retire l'arête, on farcit la sole et on rabat les 2 filets supérieurs sur la farce ❸.

CONSEIL

En tout état de cause, ce découpage nécessite un doigté délicat, le tout étant de ne pas hachurer la chair, ce qui fait partie des probabilités, surtout quand on décolle les filets inférieurs.
Pour inciser l'arête au niveau de la tête et de la queue, on peut simplifier l'opération en utilisant non pas le couteau, mais une paire de ciseaux.

SOLE (FILETS, CUISSON)

"La clé de la sole"

Les filets de sole "tire-bouchonnent" souvent à la cuisson. Pour éviter cela, il suffit d'entailler la fine pellicule qui recouvre le filet, côté peau. C'est cette membrane qui, en se rétractant, recroqueville le filet ❶. Les filets de saint-pierre ont la fâcheuse réputation de se dessécher à la cuisson. Pour les conserver moelleux, on ne doit donc pas oublier de les recouvrir d'un papier aluminium bien beurré.

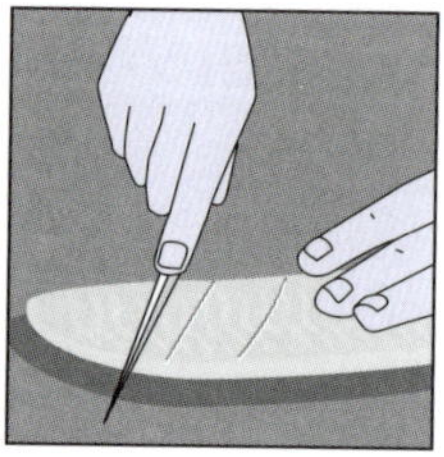
❶

CONSEIL

Contrairement aux autres poissons, la sole ne doit pas être dégustée en sortant de l'eau. Une sole extra-fraîche se conserve au moins 2 jours au réfrigérateur, pour que la chair perde de son élasticité. Ce n'est pas le cas du merlan, dont la particularité de la chair est d'être feuilletée, donc fragile.
Si on aime les filets pochés, mieux vaut alors enrouler le filet de merlan sur lui-même et le transpercer d'un cure-dent en bois, avant de le plonger dans le court-bouillon.

SOLE (FILETS, LEVER)

"Comme sur des roulettes"

Si lever des filets de sole à cru réclame une certaine technique (il faut entailler le filet tout le long de l'arête, puis le lever en partant de la base de la tête, tout en prenant appui sur l'arête), lever les filets d'une sole cuite est un jeu d'enfant pour peu qu'on ait une roulette servant à découper la pâte. Pour cela, il suffit de passer la roulette en appuyant sur la chair, d'abord sur les côtés, en bordure des arêtes ❶, puis tout le long de l'arête centrale ❷. Enfin, il ne reste plus qu'à décoller les filets ainsi prédécoupés, en roulant la roulette sur le plat de l'arête ❸.

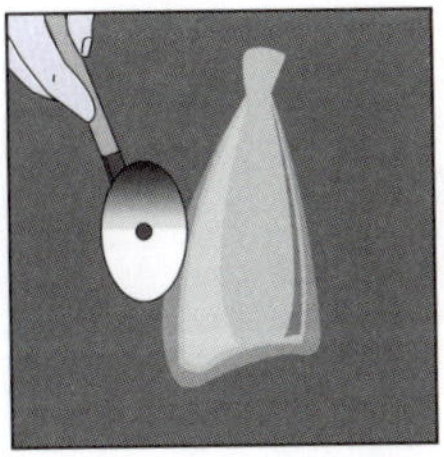

❶

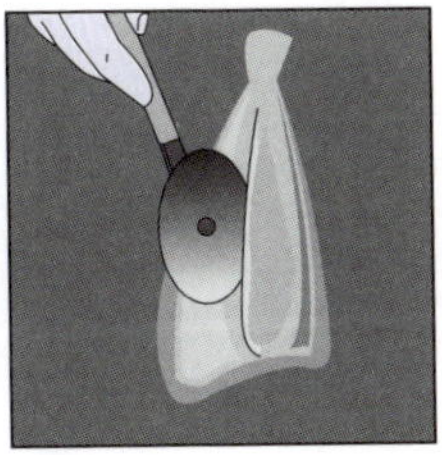

❷

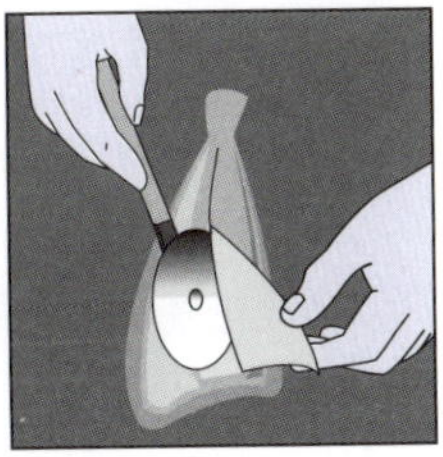

❸

Sole (lever la peau)

"Allez à la queue"

Si l'on ne cuisine pas une sole après achat, il est toujours conseillé de la conserver avec la peau pour que la chair ne se dessèche pas. D'autant que la dépouiller est une opération simple. Il suffit de faire une incision de travers à la base de la queue, ensuite de gratter avec l'ongle la peau incisée pour qu'elle rebique ❶, enfin tirez la peau d'un coup sec tout en tenant fermement, de l'autre main, la queue de la sole ❷. Pour que la peau ne glisse pas entre les doigts, il est toujours conseillé de se munir d'un torchon propre.

Quand on poêle une grosse sole entière, il faut pratiquer une incision, dans sa partie la plus épaisse, en longeant l'arête, pour que les chairs ne soient pas sanguinolentes à ce niveau.

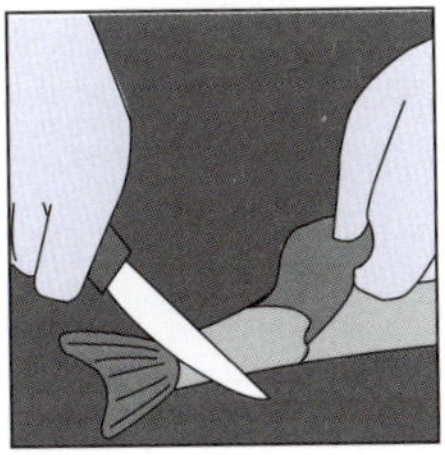

❶

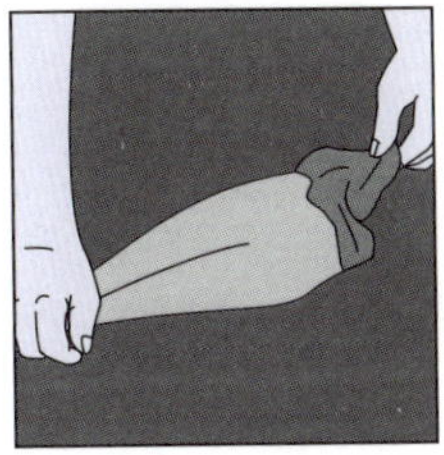

❷

Soufflé

"Ne laissez aucune empreinte"

Pour réussir un soufflé, il convient de respecter ces règles : bien monter les blancs d'œufs en neige, correctement mélanger les blancs d'œufs montés à l'appareil, les faire cuire à la température adéquate et respecter scrupuleusement le temps de cuisson. Mais ce n'est pas tout. Même si l'on s'astreint à respecter ces règles essentielles, et largement décrites dans tous les ouvrages de cuisine, il y a une erreur à ne pas commettre : après avoir beurré et fariné le moule, on ne doit pas en toucher l'intérieur avec les doigts.

Il faut savoir, en effet, qu'une seule empreinte suffit pour que le soufflé reste collé au moule, ce qui stoppe net son ascension.

Conseil

Pour qu'un soufflé (sucré) tienne bien, une astuce consiste à incorporer une cuillerée de crème pâtissière. Pour démouler un soufflé glacé, il suffit d'entourer le moule d'une serviette trempée dans de l'eau très chaude.

Soupe (au chou)

"Melting pot"

Le chou accepte bien des variations. De la potée à la garbure, dans toutes les régions, on a sa propre manière de l'accommoder, l'ail lui convenant aussi bien que la graisse d'oie. Il n'en demeure pas moins vrai qu'il est toujours préférable de faire blanchir le chou avant de le faire cuire, afin d'éliminer une partie de son âcreté.
Pour lui communiquer un bon parfum, à défaut de lard, on peut incorporer un petit saucisson dans la soupe, celui-ci étant de préférence non fumé pour ne pas "assommer" la saveur du chou. Puis, on découpe le saucisson en tranches que l'on sert avec la soupe.

Soupe (de chou-fleur)

"À caraméliser"

Pour obtenir une excellente soupe de chou-fleur, il faut procéder de la manière suivante : après avoir fait cuire le chou-fleur, on le mixe et on sèche la purée dans une casserole avec du beurre, jusqu'à ce qu'on obtienne une purée bien compacte et légèrement caramélisée.
Il ne reste plus ensuite qu'à détendre cette "pâte de chou-fleur" avec l'eau de cuisson du chou-fleur.

Soupe (à l'oignon)

"Misez sur les tranches"

Les oignons doivent être coupés en tranches aussi fines que possible, le robot-coupe étant le meilleur ustensile pour cela. Avant de mouiller les rondelles d'oignons de bouillon, il faut les faire tomber dans du beurre, sur feu très doux, tout en surveillant qu'elles ne noircissent pas ni ne brûlent.

Conseil

Pour gratiner convenablement une soupe à l'oignon, il faut privilégier les soupières individuelles ou, à défaut, une soupière qui soit la moins profonde possible. Sinon, la quantité de gratin, qui fait le délice des amateurs, n'est plus en rapport avec la quantité de soupe.
Pour obtenir un filage parfait du fromage, il faut que celui-ci soit de la meilleure qualité et extra-gras. Plutôt que de le râper, il vaut mieux l'émincer en très fins copeaux.
À noter : pour qu'un morceau de gruyère ne perde rien de son moelleux, on doit l'envelopper dans un linge propre humidifié de vin blanc.

Soupe (au potiron)

"Une soupière idéale"

Un potiron constitue une soupière idéale. Pour cela, il suffit de faire une soupe au potiron, et de la servir dans le potiron préalablement décalotté et bien évidé.
Une autre méthode consiste à éliminer les graines du potiron, et à le remplir de croûtons grillés et de fromage râpé par couches successives, ainsi que d'une bonne dose de crème fraîche avant de le recoiffer de son couvercle, puis de le glisser 2 h au four.
Attention, cependant ! faute d'expérience, le potiron peut s'effondrer à la cuisson.

CONSEIL

Quant on fait une soupe au potiron, il faut toujours penser à laisser longuement égoutter les morceaux de potiron avant de les mixer. Sinon, le goût de la soupe en pâtit.

SPAETZLES

"Plus nouilles que les pâtes"

Les spaetzles ont un avantage considérable sur les pâtes : ils sont beaucoup plus faciles à préparer.
Et c'est d'autant plus simple quand on utilise l'astuce suivante : on étale la pâte sur une planche à découper et on les détaille en petites lanières, tout en les faisant tomber dans l'eau bouillante ❶.

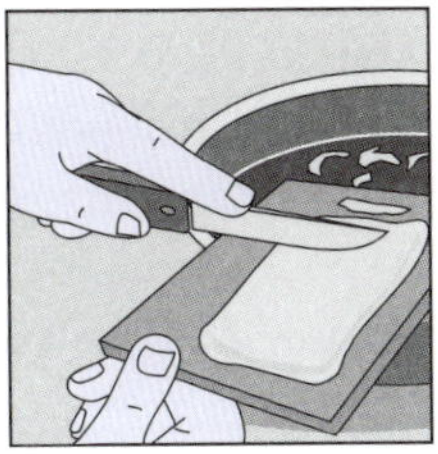

❶

Ensuite, après les avoir laissés pocher 3 min, il ne reste plus qu'à les plonger dans l'eau froide, les égoutter et les poêler dans du beurre pendant 2 min.

TARTARE (STEAK)

"Un hachage inspiré"

Pour réaliser un steak tartare digne de ce nom, il faut hacher la viande au couteau. Sinon, point de salut, le hachage à la machine n'étant qu'un pis-aller. Le hachage est trop fin et la viande perd beaucoup de son sang. De plus, elle perd du goût en raison de la surchauffe que cela entraîne.

CONSEIL

Si l'on veut respecter les règles, le steak tartare exige un jaune d'œuf, du poivre, du sel, de l'huile, des câpres, du persil et des oignons hachés, les sauces Worcestershire et Tabasco. Sans oublier une pointe de cognac.

TERRINE (CHEMISAGE)

"À habiller proprement"

Le chemisage d'une terrine revêt une importance capitale, dans la mesure où il faut la démouler dans bien des cas sauf, bien sûr, lorsqu'il s'agit d'un pâté.
On peut utiliser pour cela, soit du papier sulfurisé soit du papier aluminium. Ou encore du papier film, si la terrine demande simplement à être placée au congélateur pour prendre en gelée.
Dans tous les cas, il faut veiller à ce que le papier qui tapisse la terrine soit suffisamment grand pour pouvoir rabattre les bords sur la terrine, une fois celle-ci montée.
Pour faciliter le chemisage, on peut très bien ne tapisser la terrine que d'une seule feuille de papier sulfurisé. On aura ainsi 2 parois couvertes sur 4, ce qui est souvent suffisant dans la mesure où ce sont les plus longues.
Cependant, mieux vaut tout de même prendre une paire de ciseaux et un crayon. On pose la terrine sur une feuille de papier

sulfurisé. Et on rabat ensuite le papier contre les parois afin de mesurer la surface dont on aura besoin ❶, sans oublier de laisser un côté plus grand pour pouvoir masquer la surface de la terrine.
On découpe ensuite les 4 carrés qui sont en trop, à chaque coin du papier ❷.

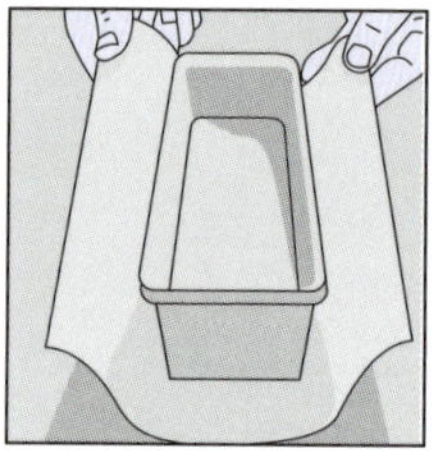
❶

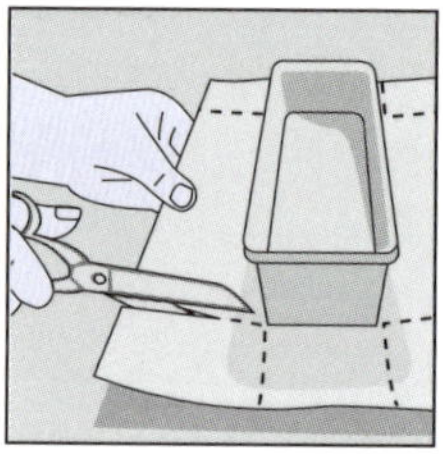
❷

CONSEIL

Quel que soit le papier que l'on utilise pour chemiser une terrine, il faut toujours humidifier à l'eau du robinet la face qui épousera les parois, ou encore humidifier la terrine, pour que le papier adhère au moule et qu'il ne glisse pas au montage.

Ensuite, il ne reste plus qu'à chemiser la terrine.
Bien sûr, ce procédé n'a aucun intérêt avec du papier film car, souple, il permet de chemiser sans découpe préalable.

TERRINE (DÉCOUPE)

"À se plier en quatre"

Si la terrine est d'une composition fragile, il faut redoubler de soins lors de son découpage.
Pour éviter d'abîmer ou de casser la tranche, on utilise un couteau-scie électrique d'une main, et de l'autre une feuille de papier aluminium pliée en quatre, que l'on plaque contre celle-ci. Une fois la tranche découpée, la feuille de papier fait alors office de support ❶.

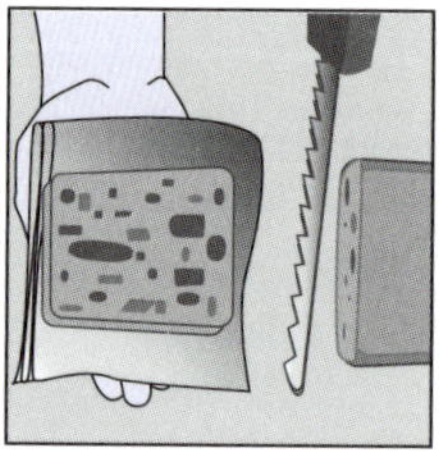
❶

TERRINE (EN GELÉE)

"Tenez-en plusieurs couches"

Lorsqu'on fait une terrine en gelée (qu'il s'agisse de viande, de poisson, de fruits ou de légumes), on ne procède pas n'importe comment. Si l'on verse la gelée après avoir rempli la terrine, faute de pouvoir s'infiltrer entre les ingrédients, tout s'écroule au démoulage.
Pour garantir la réussite d'une terrine, il faut opérer par couches successives. D'abord on coule 1/2 cm de gelée au fond de la terrine, qu'on laisse prendre 15 min au congélateur. Ensuite, on étale une première couche de légumes, on verse de la gelée à hauteur et on replace au congélateur et ainsi de suite jusqu'à remplissage de la terrine.

CONSEIL

Quand on fait une terrine de légumes, on redouble de précautions en arrosant au préalable les légumes d'un peu de gelée.

On attend ensuite quelques minutes pour que celle-ci commence à prendre, avant de commencer le montage.
Cette première couche de gelée qui entoure les légumes assure une meilleure prise entre eux.
Ensuite, on procède couche par couche, comme indiqué ci-dessus.

TERRINE (MONTAGE)

"Gare aux mauvaises farces"

On ne chemise pas seulement une terrine avec du papier. Elle peut être aussi chemisée avec du lard, des tranches de saumon etc.
Dans ce cas, il faut disposer les tranches perpendiculairement à la terrine ❶, en les laissant déborder de manière à pouvoir les rabattre pour envelopper totalement la farce.
L'un des attraits de la terrine est la mosaïque qu'elle forme quand on la tranche.
Pour cela, il faut disposer les légumes en long et en fonction de leur couleur.
Enfin, si l'on n'arrive pas à faire une découpe franche, ce n'est pas toujours le manque de gelée qui en est responsable. Ce peut-être aussi le mauvais choix des ingrédients.

❶

Pour éviter toute catastrophe quand on incorpore des légumes dans une terrine, il faut bannir tous ceux qui ont tendance à s'effilocher ; c'est-à-dire les épinards, les poireaux, ou encore ceux qui n'ont pas assez de tenue, comme les choux-fleurs. Il vaut mieux aussi se passer de chair de crabe, beaucoup trop fibreuse pour assurer une belle découpe.

CONSEIL

Si la texture de la terrine est d'une très grande fragilité, il est préférable de la tapisser de papier film avant de la monter.
Ensuite, on la démoule et on la tranche au couteau-scie électrique, toujours enveloppée dans son papier film.

TÊTE (DE VEAU)

"Ses règles d'or"

Il y a trois règles d'or pour obtenir une excellente tête de veau. La première consiste à la faire cuire aussitôt après son achat, car elle est très fragile et se conserve mal. La deuxième, à la préparer 24 ou 48 h à l'avance pour lui donner le temps de se "nourrir" de sa gelée. La troisième, à la trancher froide avant de la réchauffer dans son bouillon. Sinon, en la découpant, les tranches s'effondrent.

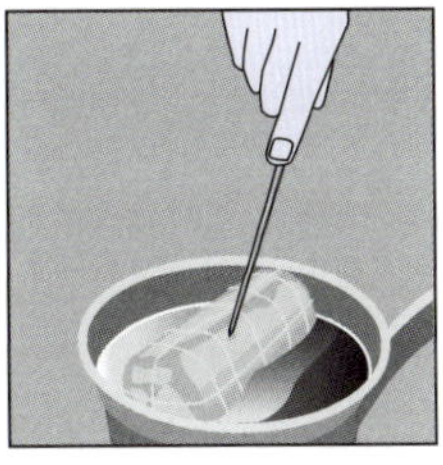

❶

Conseil

Choisissez la tête de veau bien blanche et frottez-la au citron pour qu'elle conserve son étincelante blancheur. De l'achat au moment de la cuire, conservez-la dans de l'eau fraîche. Durant la cuisson, veillez à poser un poids sur la tête pour qu'elle ne flotte pas à la surface. Sinon, elle noircirait au contact de l'air.

Pour reconnaître une cuisson à point, utilisez une aiguille à tricoter. En transperçant la tête, vous ne devez rencontrer aucune résistance ❶.

Thé

"Procédez par étapes"

Il faut commencer par échauder la théière en y versant de l'eau bouillante. Jetez l'eau chaude et mettez dans la théière une bonne cuillerée à soupe de thé, plus une autre cuillerée "pour la théière". Mouillez d'eau bouillante à hauteur et comptez quelques minutes, le temps que le thé se gonfle d'eau. Seulement ensuite, remplissez la théière d'eau bouillante.

Conseil

La théière compte beaucoup, et la façon de l'employer encore plus ! Ne lavez jamais la théière. Après utilisation, contentez-vous de la rincer à l'eau chaude et de la retourner pour qu'elle égoutte, jusqu'à la prochaine utilisation.

Thon

"Haussez-le de votre savoir"

Pour donner plus de saveur à des rouelles de thon, une méthode consiste à les saler au gros sel à cru, à les envelopper dans du papier film et à les placer 24 h au réfrigérateur avant de les passer sous l'eau courante pour éliminer le sel. On doit laisser mariner dans de l'huile aromatisée les rouelles de thon destinées à être grillées. Cela leur confère plus de moelleux. Si l'on fait un gros pavé de thon braisé, il est conseillé de le larder pour lui apporter du moelleux.

Conseil

Une fois cuits, on doit envelopper le pavé ou la darne de thon dans du papier aluminium. La chair du thon se desséchant très rapidement, il faut donc employer la même technique que pour la viande, c'est-à-dire laisser reposer une bonne dizaine de minutes, pour que les tissus se détendent et retrouvent ainsi tout leur moelleux. Quelle que soit la façon de le cuire, on reconnaît qu'il est cuit à point quand l'arête centrale se détache de la chair.

Timbale (milanaise)

"Ne répondez pas au téléphone"

La timbale milanaise, qui n'est rien d'autre que des macaronis liés avec une sauce, et cuits dans une croûte, demande une grande rapidité d'exécution. Dès que les macaronis sont placés dans la timbale, il faut mettre celle-ci au four le plus rapidement possible, pour que la sauce n'ait pas le temps de détremper la pâte.

TOASTS

"Baissez le verre"

Faire des toasts bien ronds est important si l'on veut une belle présentation.
Comme on n'a pas toujours un emporte-pièce dans sa cuisine, l'astuce consiste à prendre un verre à moutarde. On le retourne et on le presse sur la tranche de mie de pain ❶.

❶

TOMATES (CONFITES)

"Pédalez dans la semoule"

On peut confire les rondelles de tomates à l'huile, mais cette opération est tout de même assez longue. C'est pourquoi on peut se contenter de les poêler, juste saupoudrées d'un peu de sucre semoule, ce qui renforce leur parfum tout en les caramélisant légèrement.

CONSEIL

Les tomates séchées sont très faciles à réaliser. Il suffit de les couper en 2, puis de les exposer au soleil. On les conserve telles quelles ou encore dans de la bonne huile d'olive. Quelques tomates séchées mises à l'huile, puis mixées, ou plus simplement détaillées en dés, renforcent le parfum d'une sauce tomate.

TOMATES (EN DÉS)

"Pour un résultat carré"

Les dés de tomates sont très utiles pour parfaire une décoration. Il faut d'abord monder les tomates (voir ce mot, p. 191), puis détailler la chair de la tomate entière, en mordant seulement dans la chair, de manière à obtenir des grosses languettes que l'on pose ensuite à plat et que l'on détaille d'abord en lanières dans le sens de la longueur puis ensuite, perpendiculairement à cette première découpe pour obtenir de petits dés.
Retenez qu'il est toujours conseillé, alors, de laisser bien égoutter ces dés dans une passoire afin d'éliminer l'eau de végétation.

TOMATES (FARCIES)

"Quatre points essentiels"

La réussite d'une tomate farcie repose sur 4 points essentiels.
On doit conserver la pulpe et la mélanger à la farce.
Ensuite, ne pas commettre l'erreur de presser la farce dans la tomate, ce qui la rend compacte à la cuisson.
On ne doit pas oublier non plus, que si la farce doit être aérée, les tomates, en revanche, doivent être disposées bien serrées dans le plat, de manière à "s'épauler" durant la cuisson.
Enfin, avant de les mettre au four, il faut penser à les arroser de leur jus que l'on aura également conservé.

TOMATES (FARCIES, ÉVIDER)

"Un couteau-cuiller"

Pour évider des grosses tomates, le doigt ne suffit pas puisqu'il convient également d'éliminer une partie de la pulpe.
Pour cela, le meilleur instrument n'est ni le couteau ni la cuiller, mais le "couteau-cuiller". Le couteau n'étant pas du tout commode compte tenu de la forme de la lame et la cuiller n'étant pas tranchante, il suffit de la rendre tranchante en aiguisant tout le bord de la cuiller à soupe avec un fusil de cuisine ❶.

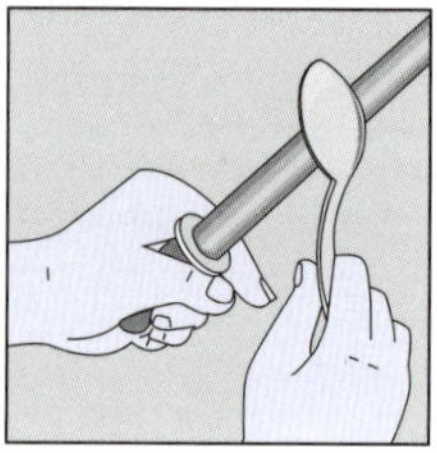

❶

En procédant de cette façon, on gagne beaucoup de temps lorsqu'on on fait des tomates farcies. Un seul inconvénient demeure: une fois la cuiller aiguisée de la sorte, on ne doit la réserver qu'à cet usage.

TOMATES (À L'ITALIENNE)

"Le coup de l'éventail"

Il n'est pas nécessaire de tailler les tomates en rondelles quand on les sert avec des œufs durs.
Il existe un moyen beaucoup plus plaisant de les présenter qui nous vient d'Italie.
On pose la tomate à l'envers, c'est-à-dire pédoncule reposant sur la table, puis on la détaille en tranches ; celles-ci n'étant sectionnées qu'aux 4/5 de manière à former un éventail. Puis on intercale, entre chaque tranche, des rondelles d'œufs durs.
Enfin, on assaisonne et on arrose d'un filet d'huile ❶.

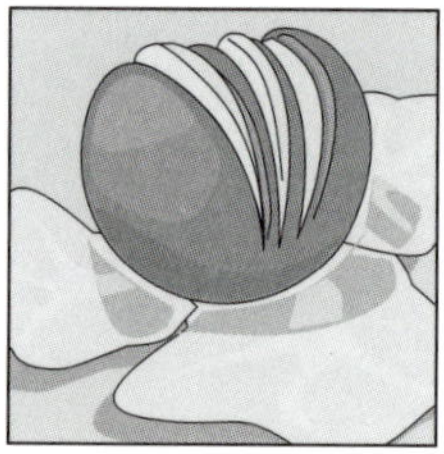

❶

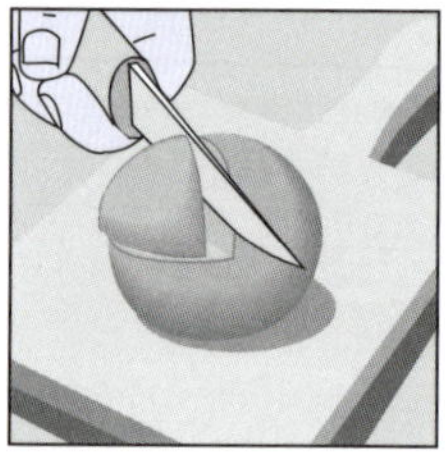

❷

❸

CONSEIL

On peut aussi réaliser un panier avec une tomate. Pour cela, à mi-hauteur, on coupe deux triangles à angle droit de chaque côté de la partie centrale, en laissant une bande d'un bon centimètre entre les deux, pour figurer l'anse du panier ❷. Ensuite, on évide la tomate à la petite cuiller ❸.

TOMATES (MONDER)

"Signe de croix"

Pour éliminer la peau des tomates, on les monde. C'est-à-dire qu'on les plonge 30 secondes dans l'eau bouillante avant de les peler et, selon l'usage réservé, on les coupe en 2 puis on les presse dans la paume de la main pour éliminer pépins et eau de végétation. Mais il ne faut pas oublier, au préalable, c'est-à-dire avant de les plonger dans l'eau bouillante, d'entailler leur peau d'une petite croix pour rendre leur épluchage plus commode.

CONSEIL

Le couscoussier se révèle très utile pour peler des tomates. Il convient de placer seulement quelques minutes les tomates au contact de la vapeur. Cette méthode a un avantage : le fruit conserve toute sa fermeté.

TOMATES (ÉVIDER)

"Pas si évident"

Pour farcir une tomate à cru, il ne suffit pas de trancher son chapeau puis de la creuser avant de la remplir avec la farce de son choix. Ce fruit délicat demande beaucoup plus d'égards si l'on veut qu'il donne le meilleur de lui-même. Dans tous les cas, il est préférable de choisir des petites tomates bien fermes et de ne pas retirer le pédoncule du chapeau pour une plus jolie présentation.

Une fois le chapeau tranché, on évide la tomate. Pour cela, compte tenu de la petite taille des fruits, il n'est pas souhaitable d'utiliser un couteau ou une cuiller.

Le meilleur outil, c'est le petit doigt. On l'enfonce délicatement à l'intérieur des quartiers, de sorte que les graines se détachent et que le jus sorte de lui-même ❶.

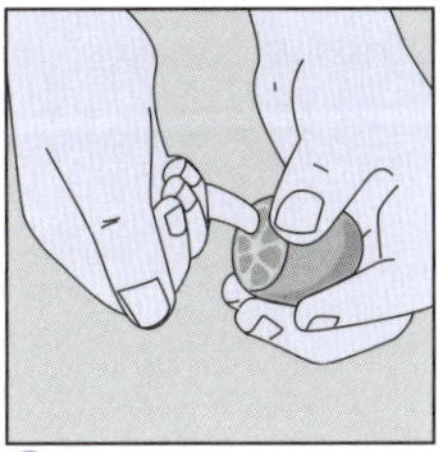

❶

Ensuite, on sale l'intérieur de la tomate et on la retourne 1/2 h sur une grille à pâtisserie, le temps nécessaire pour que le sel agisse, c'est-à-dire ronge la pulpe en pompant le maximum de son eau de végétation.

TOMATES (EN ROSE)

"Aussi à échancrer"

Faire une rose en peau de tomate relève d'un jeu d'enfant. Il suffit d'enrouler une longue bande de peau sur elle-même. On peut encore parfaire la ressemblance en usant d'une astuce peu utilisée qui consiste, au préalable, à échancrer tout un côté de la bande de coups de ciseaux donnés à intervalles réguliers ❶.

❶

TOPINAMBOURS

"Pour un parfum de truffes"

Le mélange des topinambours et des cerneaux de noix est une excellente astuce pour remplacer les truffes. Le goût de ce mélange rappelle en effet l'arôme de la truffe, qui est mille fois plus chère.

TOURTEAU

"Pour une fin foudroyante"

Si l'on a le cœur trop sensible pour plonger un tourteau vivant dans l'eau bouillante, l'astuce consiste, pour le faire passer le plus rapidement possible de vie à trépas, à introduire une aiguille à brider (ou à tricoter) dans le petit trou qui se situe sur son abdomen ❶, ensuite à l'enfoncer (tout en la penchant) d'abord dans la tête, puis dans l'abdomen du crustacé ❷. La mort est instantanée et le crabe ne se vide pas à la cuisson.

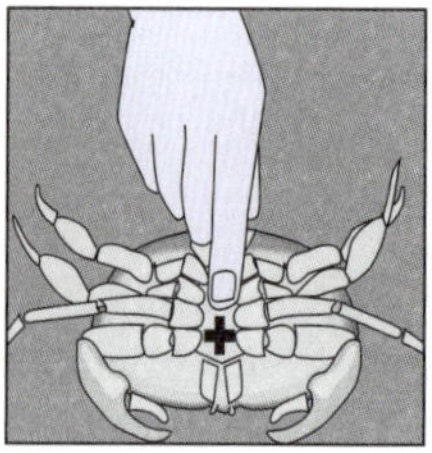

❶

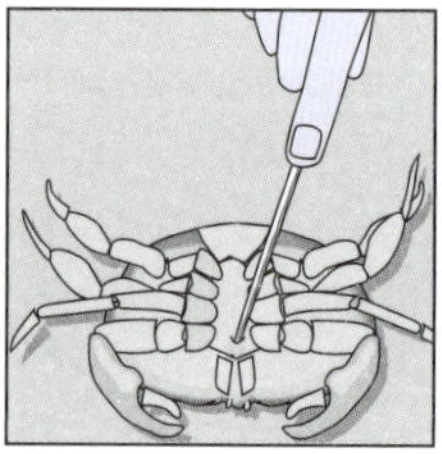

❷

TOURTEAU (CHOIX)

"Visez la languette"

Les tourteaux femelles ont du corail ; pas les mâles. En revanche, les mâles sont plus pleins. Le choix est donc une affaire de goût. Comment les reconnaître ?
C'est simple : pour porter ses œufs, la femelle a sous l'abdomen une nageoire en forme de languette, plus large que celle du mâle.

TOURTEAU (DÉCOFFRER)

"Pas de couteau, une cuiller"

Pour décoffrer un tourteau, on doit procéder de la façon suivante : on retourne le tourteau sur le dos, on arrache la nageoire, c'est-à-dire la languette qui se trouve fixée sur son abdomen, puis on le replace sur le ventre.
On glisse les doigts sous la carapace du tourteau et on presse avec les 2 pouces sur la naissance des pattes arrières ❶. Si la carapace ne vient pas, ce qui est toujours possible, on utilise alors les grands moyens. Mais sans couteau.
On replace le crabe sur le dos et on glisse le manche d'une cuiller à soupe entre coffre et abdomen, puis on fait levier en appuyant sur la cuiller ❷.

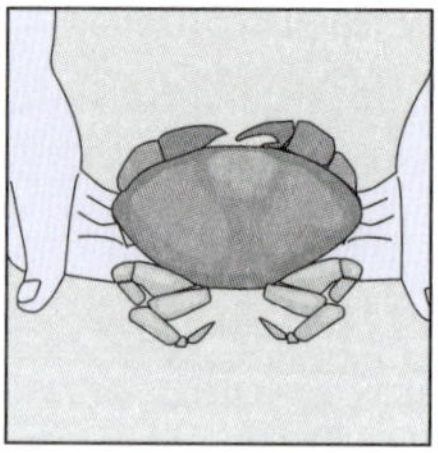

❶

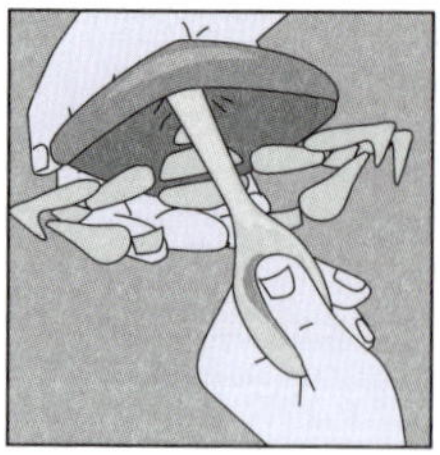

❷

La carapace ôtée, il ne reste plus qu'à arracher les pinces et les pâtes du crabe et découper le thorax en 4.

TOURTEAU (FARCI)

"Usez des pinces"

Un tourteau préalablement farci se glisse au four pour que la farce gratine.
Pour parfaire sa décoration, il convient alors de piquer les pinces dans la farce, tout en usant d'une astuce pour qu'elles n'éclatent pas sous la chaleur du gril.
On les enveloppe tout simplement de papier aluminium ❶. Cette méthode évite l'éclatement, comme le dessèchement de la chair.

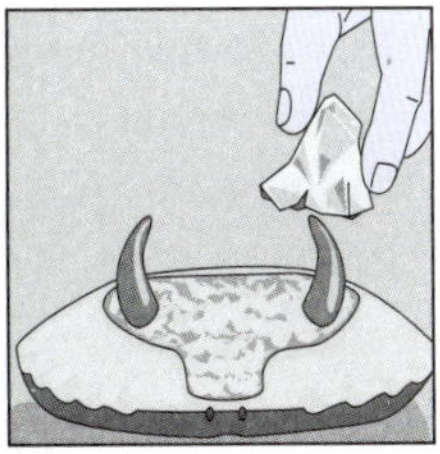

❶

TOURTE

"Passez par la cheminée"

La réussite d'une tourte passe par une condition incontournable ; il faut que la farce soit sèche, c'est-à-dire débarrassée de son jus de cuisson.
Pour cela, il convient de ménager une cheminée au centre de la tourte, de manière que la vapeur s'échappe durant la cuisson.
On commence par creuser un petit trou, du diamètre d'un doigt, au centre de la tourte à l'aide de la pointe du couteau ❶. Puis on prend un morceau de papier sulfurisé long de 15 cm et large comme l'index et on l'enroule autour de son doigt, de manière à obtenir un tube. Il ne reste plus qu'à enfoncer ce tube dans la tourte ❷. Tout en permettant à la vapeur de s'échapper, cette astuce présente également l'avantage de contrôler la cuisson.

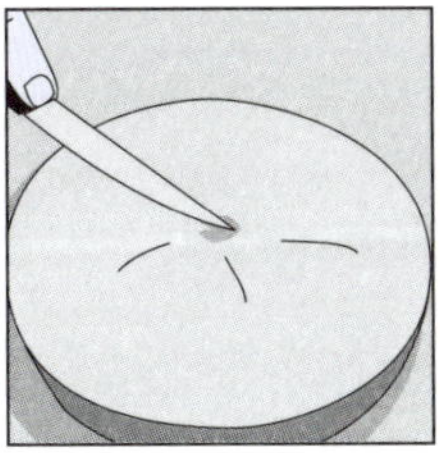

❶

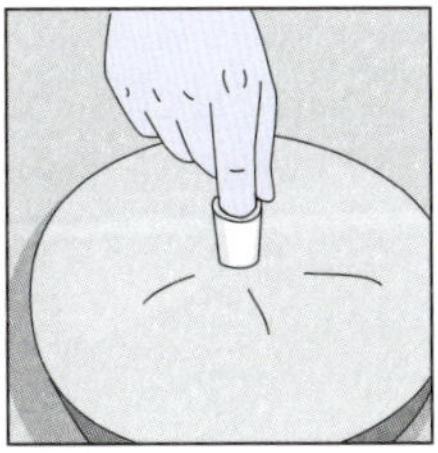

❷

Pour cela, il suffit de sortir la tourte du four, puis d'enfoncer une aiguille à brider (ou à tricoter) dans la cheminée. Aussi longtemps qu'un peu de jus remonte en surface, la tourte n'est pas assez cuite. Pour qu'elle soit à point, il faut que la farce demeure parfaitement sèche, même si on plante plusieurs fois l'aiguille.

TRUFFES

"Être au parfum"

Tout le monde connaît l'astuce qui consiste à mettre des œufs dans un bocal avec une truffe, puis à mouiller d'eau à hauteur pour que les œufs prennent le goût de la truffe.
Mais il ne faut pas jeter l'eau ensuite, car elle aussi prend le goût de la truffe. On l'utilise donc pour cuire du riz. Seconde astuce permettant au riz d'avoir lui aussi le goût de truffe.

Turbot

"Pour une bonne conduite"

En tant que roi des poissons, le turbot nécessite certains égards, surtout lorsqu'il est apprêté entier.

Afin que la chair conserve sa blancheur et qu'il ne subsiste aucune partie sanguinolente, il convient de le laisser une heure dans de l'eau fraîche, salée au gros sel, avant cuisson.

Si la pièce est très grosse, pour qu'elle ne gondole pas à la cuisson, ses chairs se rétractant à la chaleur, il faut pratiquer une incision, le long de l'arête, dans sa partie la plus épaisse (c'est-à-dire au premier tiers en partant de l'arête), et l'arc-bouter en s'aidant d'un torchon, pour casser net l'arête ❶.

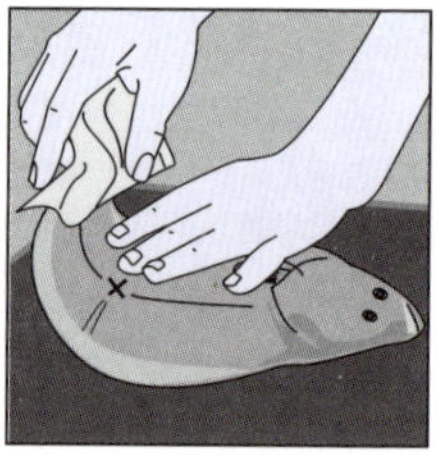

❶

On peut encore la sectionner sur un segment de 3 cm, ce qui nécessite une pince coupante, l'arête étant trop dure pour être coupée avec un couteau.

Conseil

Pour une cuisson uniforme, le turbot doit être incisé tout au long de l'arête. Il se poche face blanche reposant sur le plat, qu'il convient de beurrer grassement, au préalable. Pour accentuer la blancheur de sa chair, ajoutez du lait à l'eau de cuisson. Dès les premiers frissonnements, vous devez le recouvrir d'une feuille de papier aluminium grassement beurrée.

La cuisson doit être conduite d'un bout à l'autre à frémissements, c'est-à-dire être régulière, sans ébullition franche.

Vapeur (cuisson à la)

"Ne soyez pas dans les nuages"

Une chose est certaine : on ne maîtrise pas aussi bien la cuisson à la vapeur que les Asiatiques. Une autre l'est tout autant : elle obéit à certaines règles inamovibles.

En ce qui concerne les légumes, on ne les place pas dans le panier tant que la vapeur ne s'est pas dégagée, ceci pour ne pas altérer leur couleur. S'il s'agit de légumes forts en goût, les choux de Bruxelles par exemple, il convient toujours de les blanchir auparavant en les plongeant quelques minutes dans l'eau bouillante. Ainsi perdent-ils de leur âcreté.

Quand on fait cuire des poissons entiers à la vapeur, on ne les écaille pas, ceci afin que leur chair ne devienne pas cotonneuse. D'ailleurs, la peau est plus facile à enlever si on laisse au poisson ses écailles.

De plus, on prend la précaution de les coucher sur des feuilles de salade pour protéger le côté le plus exposé, c'est-à-dire celui qui repose sur le panier.

Pour contrôler la cuisson du poisson, on enfonce une aiguille à brider dans la partie la plus épaisse, c'est-à-dire dans le filet, à la base de la tête.

Si la chair résiste, le poisson n'est pas assez cuit. La juste cuisson se situe au moment où l'aiguille s'enfonce jusqu'à l'arête, tout en affichant une légère résistance.

Conseil

Il est parfaitement inutile de saler l'eau de cuisson ou encore de l'aromatiser d'un ingrédient quelconque.
On perd son temps et son argent dans la mesure où la vapeur est... de la vapeur. Et qu'à cause de cette élémentaire vérité, elle ne transporte pas les parfums.

Veau (côte de)

"Misez sur l'épaisseur"

Pour réussir la cuisson d'une côte de veau, il faut qu'elle soit épaisse. Une côte de veau d'une épaisseur de 5 cm est idéale.
On commence d'abord par saisir la côte de veau, 3 min, dans très peu de beurre, de façon à former une croûte sur la surface et d'y emprisonner les sucs. Puis on jette le beurre qui a servi au saisissement. Ensuite, on ajoute du beurre frais et on fait cuire la côte de veau très lentement c'est-à-dire sur feu très doux ; sinon sur feu vif, la chair se rétracte et se dessèche.

Conseil

Comme l'escalope, la côte de veau mince est souvent servie panée. Mais dans quel état ! Cela vient du fait que l'on se contente de tremper la côte crue dans la panure, puis de la faire cuire, de telle sorte qu'en gondolant, la panure se fissure, éclate et se disperse en plaques dans la poêle.
Pour éviter ce triste état, il convient, avant de la cuire, de faire raidir la côte à la poêle quelques secondes, ensuite de l'enrober de panure et de la poêler au beurre clarifié.

Veau (côtes Pojarski)

"Reconstitution sur le pouce"

Pour reconstituer une côte de veau "Pojarski", c'est-à-dire faite à partir de veau haché, le tour de main consiste d'abord à modeler la viande en forme de poire, avant de la coucher et de l'aplatir. Puis à disposer sa main, comme indiqué ❶, tout en pressant le pouce contre la chair.

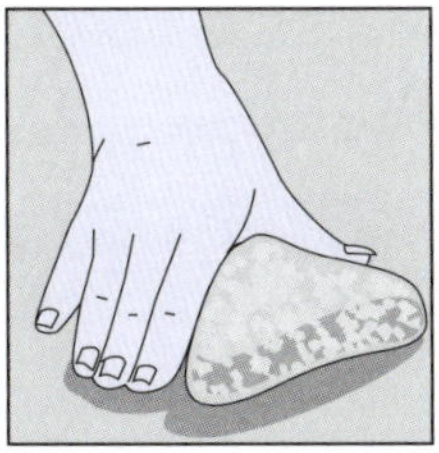

❶

Et enfin, à reconstituer l'arrondi de la côte, à l'aide de la lame d'un couteau ❷.
Il ne reste plus alors qu'à enfoncer le manche de côte conservé dans la viande hachée ❸.

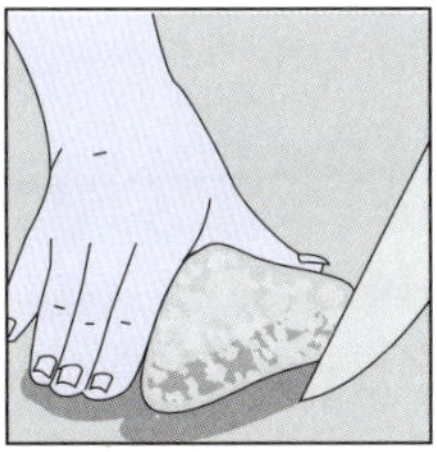

❷

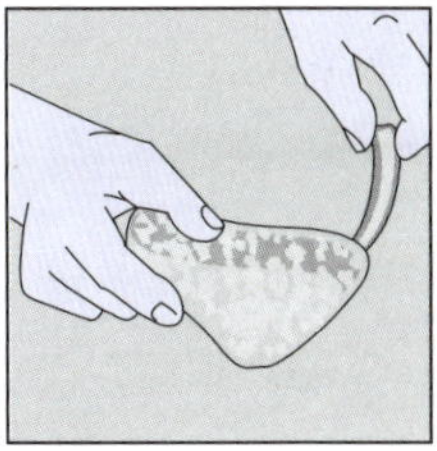

❸

VEAU (JARRET DE)

"Bon à découper"

Il n'est pas facile de se débarrasser de la couenne d'un jarret de veau.
Pour simplifier les choses, il suffit de commencer par l'entailler avec une paire de ciseaux ❶, puis ensuite de la décoller délicatement avec les doigts ❷.

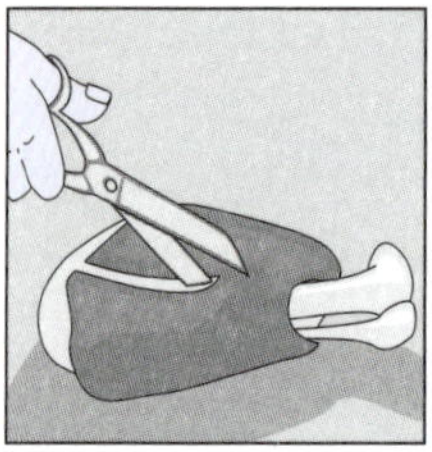

❶

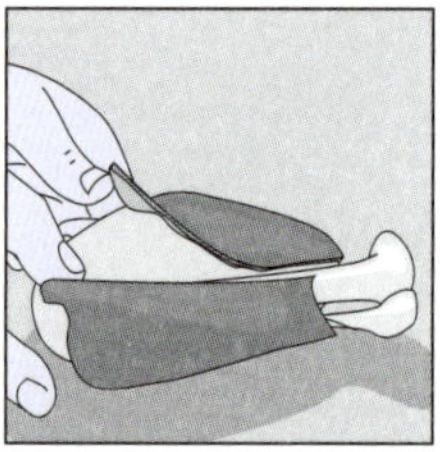

❷

VEAU (MÉDAILLONS DE)

"Hélice et fantaisie"

Quand on veut correctement enrober des médaillons de veau dans du fromage fondu, il ne suffit pas de les tremper dans la casserole et de les faire pivoter.
Il faut plonger les médaillons dans le fromage, les retirer et les garder au dessus de la casserole pour laisser filer l'excédent de fromage ❶.
Ensuite il faut faire pivoter la fourchette sur elle-même comme une hélice, de manière que le médaillon soit bien enrobé de fromage, mais sans excès ❷.

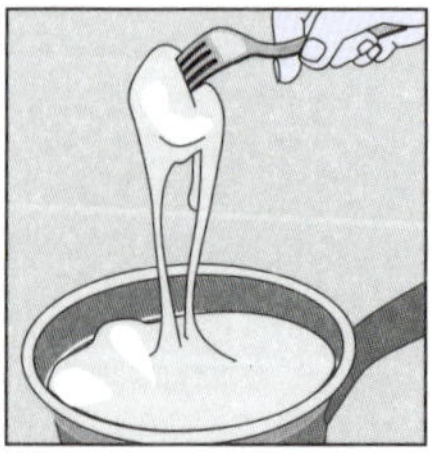

❶

❷

VEAU (NOIX FARCIE)

"Une farce sérieuse"

Pour farcir sérieusement une noix de veau, il faut l'ouvrir en portefeuille, c'est-à-dire l'inciser en son milieu à mi-hauteur de l'épaisseur de la chair, et tailler de part et d'autre à l'horizontale pour obtenir 2 volets ❶. Puis disposer la farce, rabattre les volets sur la farce ❷ et la ficeler.

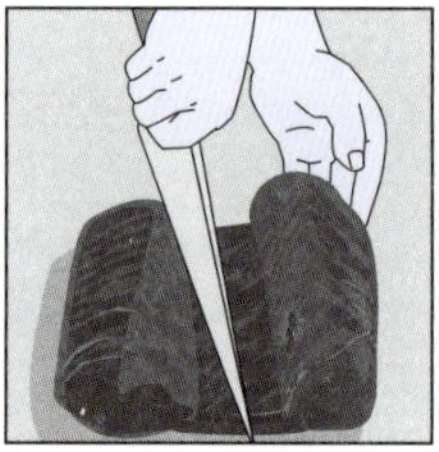

❶

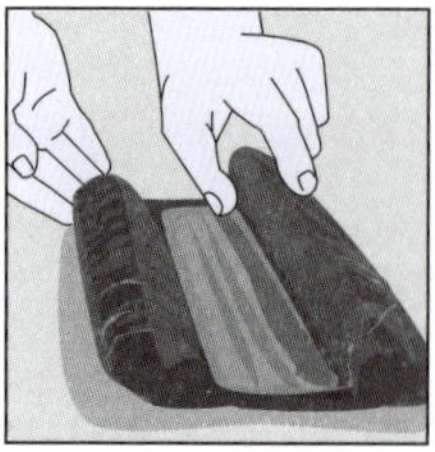

❷

VERMICELLE

"Pour que soit le gratin"

Quand on fait un gratin de vermicelle, il convient de le poêler d'abord 5 min à cru avec du beurre. Sinon, le vermicelle s'effondre et, de ce fait, manque de tenue.

VIANDE (ARROSER)

"Ce qui coule de source"

Il est souvent indiqué dans les livres de cuisine "d'arroser très régulièrement le rôti". Il serait plus judicieux de conseiller d'arroser la viande en début de cuisson. En effet, c'est à ce moment, c'est-à-dire quand les surfaces des chairs ne sont pas encore caramélisées, qu'il convient d'arroser sans cesse. Au-delà, quand la surface est bien dorée, l'efficacité de l'arrosage est moindre.

Conseil

Si les graisses du rôti ne sont pas abondantes, ou encore liées à trop de jus, il est préférable de badigeonner le rôti à l'aide d'un pinceau trempé au préalable dans de la matière grasse fraîche de son choix, qu'il s'agisse de graisse d'oie fondue, de saindoux fondu, de beurre clarifié, ou encore d'huile d'olive.

Viandes (braiser)

"Voyez grand"

Le braisage exige une grosse pièce de viande. La longue cuisson qu'il réclame ne convient pas aux petits morceaux.
La taille de la cocotte est d'une grande importance. Le mieux est que la pièce de viande s'y loge sans laisser de vide autour d'elle, et qu'elle soit à quelques centimètres du couvercle pour une concentration maximale de la vapeur.

Conseil

Le braisage nécessite de la couenne de porc pour éliminer le risque que le pièce de viande ne brûle au contact du fond.
Il convient cependant de ne pas poser la pièce de viande directement sur la couenne. Mieux vaut recouvrir la couenne d'un lit de carottes et d'oignons avant de placer la viande dessus.

Viandes (griller)

"Ne brûlez pas les étapes"

Toute viande grillée doit être préalablement huilée, voire beurrée d'un beurre fondu, clarifié auparavant.
Le gril, ou la plaque de fonte, destiné à recevoir la viande, doit être chauffé au préalable pour que celle-ci n'attache pas.
Une viande peu épaisse se grille en 2 mouvements. D'abord sur une face, puis l'autre.
Une viande épaisse (côte de bœuf, par exemple) se grille en plusieurs mouvements. Chaque côté étant bien saisi, comme précédemment, on doit ensuite la retourner très régulièrement sur le gril, tout en la badigeonnnant au pinceau de beurre fondu pour qu'elle ne carbonise pas.
Pour une bonne présentation, le tournedos, après avoir été posé sur le gril, doit être tourné d'1/4 de tour dans un second temps ❶.

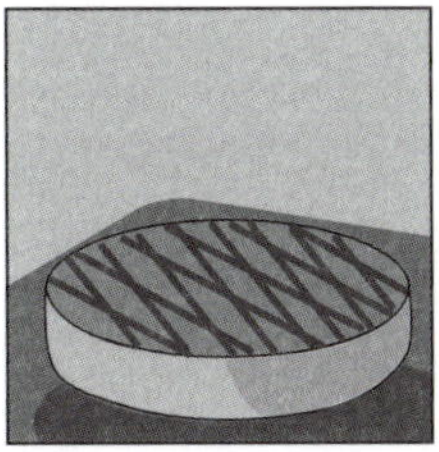

❶

❷

Conseil

Le mieux, quand on grille une grosse pièce de viande est d'adopter la technique de tous les cuisiniers. À savoir : avoir un bol de beurre fondu à portée de main. On ne doit pas piquer la viande en cours de cuisson. À défaut de pince, il faut utiliser deux fourchettes pour la retourner ❷.

VIANDES (PINCER)

"Engagez-vous dans la narine"

Le pinçage désigne le moment où la viande ayant rejeté ses sucs, ceux-ci prennent corps au fond de la cocotte sous forme de petites plaques de la consistance du caramel. Il faut alors déglacer. Sinon, les sucs brûlent, et c'est la catastrophe.
Pour éviter cela, il faut très régulièrement humer la vapeur de la cuisson en la rabattant de la main sur les narines ❶. Dès que les parfums "forcissent", il faut déglacer.

❶

VIANDES (POÊLER)

"Des mesures à prendre"

Le premier souci est de choisir une poêle ou une sauteuse dont les dimensions se rapprochent le plus possible de celles du morceau que l'on poêle. Ceci pour éviter que les corps gras brûlent sur la surface inutilisée.
Plus la surface non utilisée de la poêle est grande, plus les graisses brûlent.
Il est inutile de verser de l'huile ou de mettre un gros morceau de beurre dans une poêle à semelle anti-adhésive. Passer un papier absorbant préalablement imbibé d'huile suffit.
Si l'on huile au préalable les morceaux à poêler, ce n'est même pas utile.
Ce n'est qu'en fin de cuisson qu'on ajoute un morceau de beurre frais et quelques gouttes d'eau, pour obtenir un jus plus long.

CONSEIL

Quelle que soit la viande, il est toujours impératif, avant de la faire cuire, de la sortir du réfrigérateur, et cela au moins une bonne heure à l'avance, surtout quand elle est destinée à être saisie.
Plus la viande est froide, plus elle est crue à cœur, voire froide quand on la sert. C'est pourquoi, en hiver, il est même conseillé de la laisser reposer sur un radiateur.

VIANDES (REPOS)

"Accordez-lui de la détente"

On ne sert jamais une viande à la sortie du four. Il vaut mieux la sous-cuire (en écourtant de 5 min le temps de cuisson), puis l'envelopper dans du papier aluminium et la laisser sur la porte du four pendant 15 min, ce qui est une question de bon sens.
En effet, quand on saisit une viande, les sucs et le sang se trouvent repoussés vers l'intérieur de la chair sous l'effet de la cuisson, de telle sorte que, si on la découpe immédiatement, on obtient des couches différentes : une très sèche vers l'extérieur, une autre saisie et la dernière, le cœur, très saignante.
Il faut donc laisser reposer la viande, afin de donner le temps au sang et aux sucs, qui se sont réfugiés en son centre, de

refluer lentement vers les couches extérieures du rôti pour irriguer de nouveau toutes les fibres de la viande.

Retenez également que cette méthode doit être employée même si l'on aime la viande très cuite. En effet, elle permet aux fibres musculaires durcies par la cuisson de se détendre, fournissant ainsi une viande plus tendre.

VIANDES (RESTES DE)

"Pesez bien le pour"

L'art d'utiliser les restes réclament certains égards, notamment en ce qui concerne les croquettes. Pour un bon résultat, et cela quelle que soit la nature de la croquette, il faut respecter la proportion viande et sauce, soit environ 1dl de sauce pour 100 gr de viande.

Toute précipitation est catastrophique. Une fois le mélange réalisé, il convient de le placer au réfrigérateur et de ne confectionner les croquettes que lorsque celui-ci est bien froid.

CONSEIL

Il faut que les croquettes soient enveloppées d'une bonne épaisseur de panure, pour la raison suivante : maintenir la farce en faisant office de coque.

On place les croquettes au congélateur, le temps qu'elles durcissent, si leur consistance est trop molle.

VIANDES (RÔTI FARCI)

"Tout en boucle"

Après avoir farci un rôti, quelle que soit la viande, il faut prendre la précaution de bien le ficeler pour éviter que la farce ne s'échappe en cours de cuisson.

Ce n'est pas si compliqué : on prend un grand bout de ficelle d'au moins 2 m et on le noue une première fois autour du rôti. Puis on monte une boucle de ficelle sur sa main, comme on le ferait avec une maille de tricot ❶

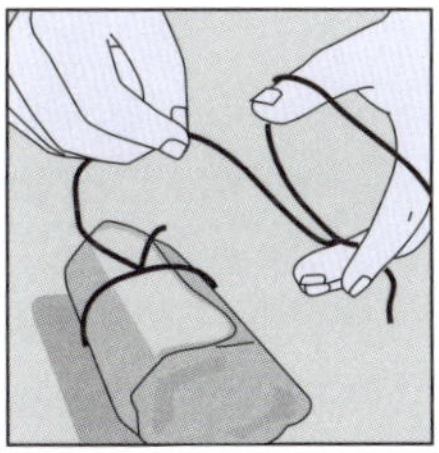

❶

On soulève doucement la viande et on glisse la boucle de ficelle autour, qui forme ainsi un lasso ❷. On serre ❸, puis on refait la même opération tout le long du rôti.

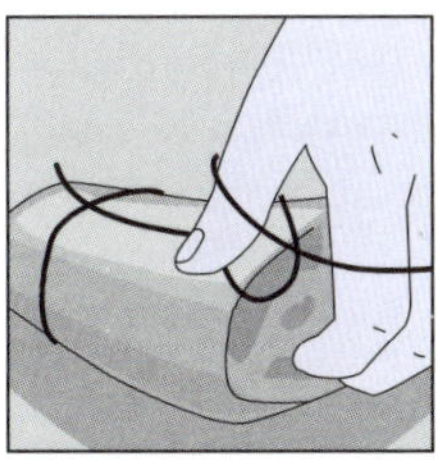

❷

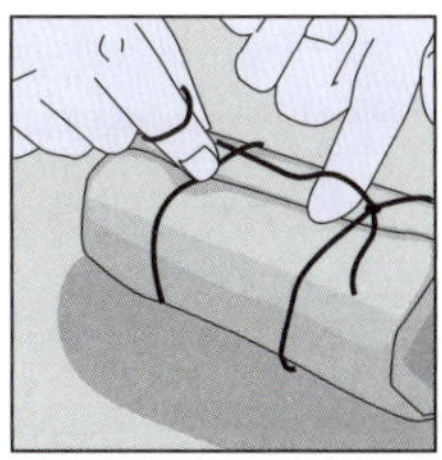

❸

VIANDES (RÔTI, JUS)

"Prenez les os"

Pour corser le parfum d'un jus de rôti, il faut, si possible, l'entourer d'os. Os d'agneau pour un gigot, de veau pour un rôti de veau, etc. En revanche, il est conseillé de débarrasser le rôti de bœuf de sa barde ou mieux encore, quand vous commandez un rôti, demandez-le sans barde.

VIANDES (RÔTIR)

"Des calculs à faire"

Le temps de cuisson est inversement proportionnel au poids de la viande. Plus le morceau est gros, moins le temps de cuisson est long à la livre. Exemple : on comptera un maximum de 40 min de cuisson pour une pièce de 2 kg et 25 min pour une pièce de 1 kg. La viande rôtie obéit à la même sacro-sainte règle que la viande poêlée : le plat doit être aux proportions du morceau de viande pour éviter que la graisse rendue ne brûle en s'étalant. Il est vivement déconseillé, si ce n'est pour le porc, d'ajouter de l'eau en cours de cuisson, celle-ci provoquant une vapeur ramollissant la surface de la viande préalablement saisie.

CONSEIL

Pour que la viande soit uniformément rôtie, il convient de ne pas la laisser en contact direct avec le fond du plat, mais de la surélever dans celui-ci en la disposant sur une petite grille. On ne sale les rôtis qu'après cuisson, car le sel provoque une vapeur en surface de la viande qui empêche son saisissement.

VIANDES (SINGER)

"Un geste à imiter"

Singer veut dire saupoudrer de farine une viande après saisissement. Mais il faut avoir la main experte car tout l'art consiste à saupoudrer les morceaux de viande, tout en utilisant le minimum de farine. À défaut d'une solide expérience en ce domaine, l'astuce consiste tout simplement à tamiser la farine au travers d'une passoire.

VINAIGRE

"Facile à personnaliser"

Le vinaigre ne demande pas grand chose pour changer de tempérament. On peut à loisir le personnaliser.
Il suffit d'acheter une bouteille de bon vinaigre (si l'on ne le fait pas soi-même) et d'ajouter 3 branches de l'herbe de son choix.
Une semaine suffit pour qu'il soit bien parfumé.

VINAIGRE (DE VIN)

"Réduction comprise"

En quelques minutes, on peut très bien faire du vinaigre avec du vin. L'astuce consiste à réduire le vin aux 3/4 sur feu vif, de manière qu'il s'épaississe tout en restant liquide.
Selon la qualité du vin, on peut éventuellement ajouter une pincée de sucre pour chasser l'acidité.

Vinaigrette

"Nuances"

Quand on confectionne une vinaigrette, il faut d'abord dissoudre le sel dans le vinaigre avant d'ajouter l'huile. Sinon, l'huile ne se mélange pas avec le vinaigre.

Quand la vinaigrette est à base de moutarde, le procédé n'est pas le même, le vinaigre devant être incorporé en dernier, après le sel, le poivre et l'huile.

Il faut toujours émulsionner une sauce juste avant de la servir.

Ce qui signifie donner un dernier petit coup de mixeur pour disperser les particules, qu'il s'agisse d'une vinaigrette, d'une mayonnaise ou d'une sauce hollandaise.

Conseil

On peut réaliser une excellente sauce vinaigrette acidulée avec du jus de betterave, en passant la pulpe à la centrifugeuse.

On lie le jus avec un peu de purée de carottes et on ajoute du sel, du poivre, du vinaigre et de l'huile d'olive.

Vinaigrette (conservation)

"Prenez de la bouteille"

Si l'on fait une grande consommation de sauce vinaigrette, on peut la préparer en quantité et la conserver dans une bouteille, au réfrigérateur, après l'avoir mixée. Ensuite, il suffit de secouer énergiquement la bouteille au moment de servir pour que la vinaigrette soit parfaitement émulsionnée.

Conseil

Au cas où l'on a assaisonné une salade plus que de raison, la faute est réparable. Il suffit de mettre un gros morceau de mie de pain dans le saladier, et d'attendre qu'il absorbe le superflu de sauce vinaigrette.

Volaille

"L'horreur du vide"

Quelle que soit la volaille (poulet, dinde, pintade etc.), elle ne doit pas être vidée quand on ne la consomme pas immédiatement, ou du moins dans les 48 h.

On doit alors l'acheter entière et la vider soi-même car les viscères empêchent l'oxydation des chairs.

Il est toujours conseillé de laver l'intérieur d'une volaille en la passant sous l'eau du robinet pour éliminer toute trace de fiel. Ce n'est jamais une précaution inutile.

Quand on farcit une volaille (surtout une grosse volaille comme une dinde) il est toujours préférable de précuire la farce avant. Si on met la farce à cru, on a fort peu de chances qu'elle soit bien cuite, surtout quand elle est à base de marrons.

Conseil

Les pattes et les ailerons fournissent un excellent assaisonnement pour la salade.

Pour cela, il suffit de les mettre dans une casserole puis de les mouiller d'eau à hauteur et de faire réduire jusqu'à ce qu'il ne reste plus qu'une cuillerée à soupe d'un jus à l'apparence sirupeuse.

Il ne reste plus qu'à ajouter ce jus à l'assaisonnement de la salade.

VOLAILLE (BLANCS)

"Traitements de faveur"

Quand une volaille est destinée à être servie froide, lors d'un pique-nique par exemple, pour que les blancs ne soient pas secs, il convient de la laisser reposer sur le dos après cuisson ❶, enveloppée dans du papier aluminium. Ainsi, le jus contenu dans la volaille imprègne les filets. Le poulet destiné à être mangé froid doit être laissé à température ambiante, mais jamais au réfrigérateur. Sinon, il dessèche.
Les filets de volaille collent. Quand on veut les aplatir, on les prend en sandwich entre deux feuilles de papier film et on les frappe au rouleau à pâtisserie ❷. À défaut de papier film, on doit les humidifier au préalable.

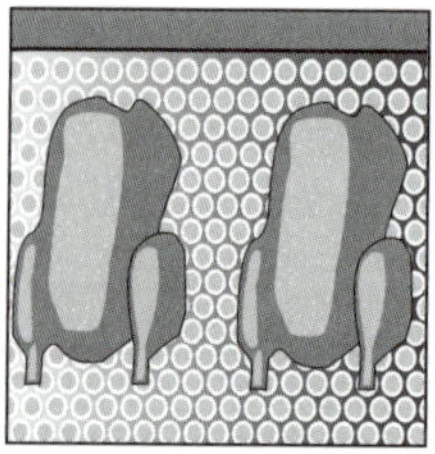

❶

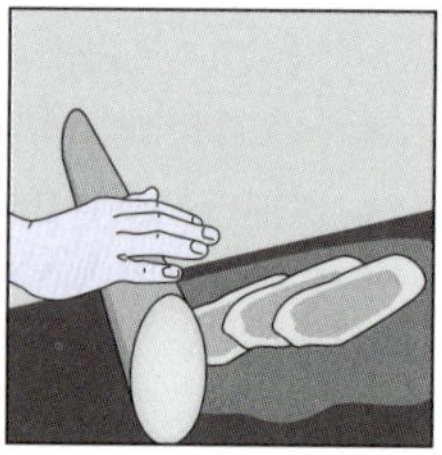

❷

❸

CONSEIL

On ne doit pas oublier que le blanc comporte un nerf qui se rétracte à la cuisson. Ce nerf devient particulièrement coriace, notamment quand le blanc entre dans la confection d'une terrine. Il faut donc l'éliminer auparavant, à l'aide de la pointe d'un couteau ❸.

VOLAILLE (BLANCS)

"Ne tombez pas sur un os"

Pour obtenir des blancs de volaille vraiment entiers, il est préférable d'éliminer le bréchet, cet os en "V" qui se situe à la base du cou et sur lequel le couteau dérape quand on lève le filet.
Pour l'ôter, il suffit de le contourner du doigt puis de tirer dessus. Lorsque la pointe est dégagée on l'arrache tout doucement ❶.

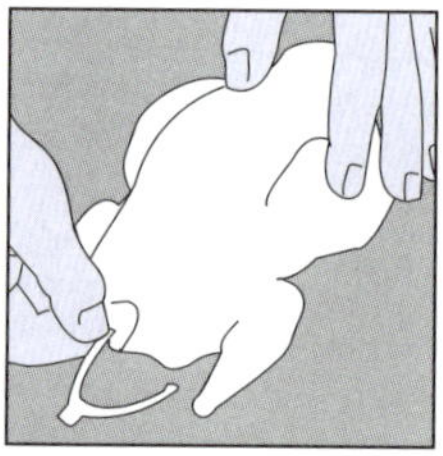

❶

VOLAILLE (BLANCS POÊLÉS)

"Chapeau !"

Pour qu'un blanc de volaille conserve son moelleux quand on le poêle, on ne doit pas se contenter de le faire cuire sur feu très doux.
Il faut aussi envelopper une assiette de papier aluminium, beurrer le papier ❶ et retourner l'assiette sur les blancs qui cuiront ainsi à l'étouffée, côté peau sur la poêle.

❶

Conseil

Il est très facile de farcir des blancs de volaille puis de les faire cuire en rouleau.
Pour cela, on les ouvre en portefeuille, on les nappe de la farce de son choix et on les roule en les enveloppant dans un papier-film que l'on entortille bien à chaque extrémité, avant de les cuire dans l'eau bouillante.
Grâce à cette technique, ils conservent tout leur moelleux.

Volaille (farcir une cuisse)

"Tout est dans le rabattage"

On désosse la cuisse en éliminant l'os supérieur que l'on contourne au couteau ❶. Ensuite, on farcit la cuisse à la cuiller et on rabat bien la peau sur la farce ❷.

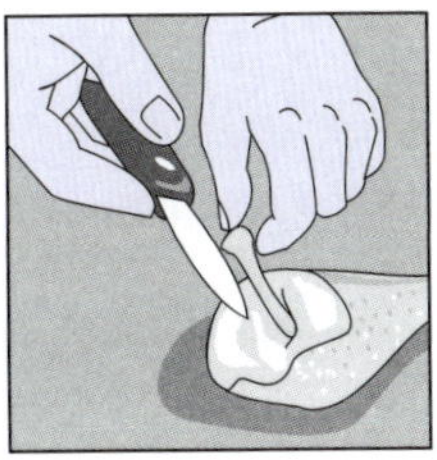

❶

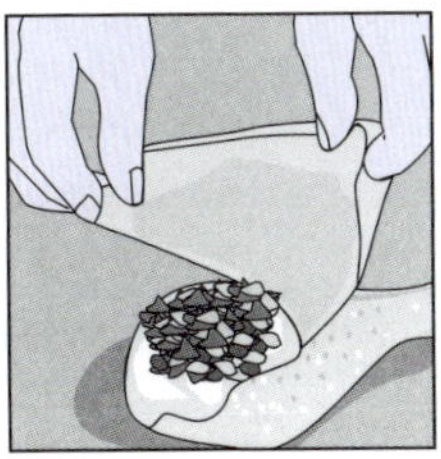

❷

Conseil

Pour que la cuisse demeure impeccable à la cuisson, il est conseillé de l'envelopper dans du papier-film, en entortillant bien chaque extrémité, puis de la pocher.
On peut farcir tout ce qu'on veut, y compris des côtelettes d'agneau, qu'il suffit d'ouvrir en 2 pour étaler la farce et, ainsi, la prendre en sandwich.
Mais dans ce cas, pour que la farce ne bave pas à la cuisson, on enveloppe la viande dans un morceau de crépine de porc.

Volaille (farcir sous la peau)

"Beaucoup de doigté"

A l'aide des doigts, on décolle la peau de la chair de la volaille, en les glissant à hauteur du cou ❶.
Si l'on a les ongles longs, mieux vaut les positionner côté chair, pour ne pas prendre le risque de déchirer la peau. Ensuite, on enfonce le médius jusqu'à la cuisse, pour décoller également la peau. La peau décollée, on introduit la farce à la cuiller, tout en massant la peau pour l'étaler uniformément ❷.

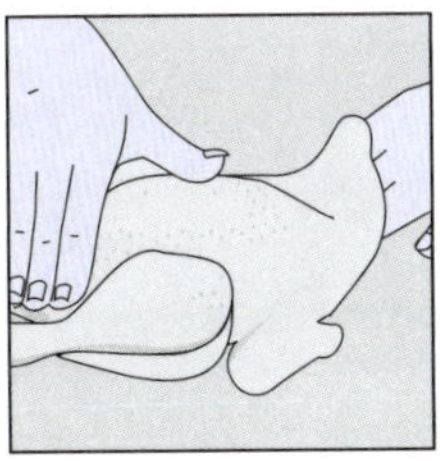

❶

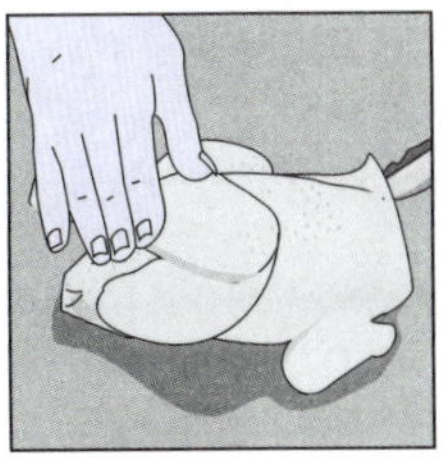

❷

Volaille (pochée)

"À toquer"

Quelle que soit la volaille pochée, il convient toujours de la recouvrir d'une assiette
❶ pour éviter qu'elle ne surnage dans le bouillon en remontant à la surface.

❶

Volaille (roulade)

"Gâtez le filet mignon"

Pour qu'une roulade de blanc de volaille soit parfaite, il faut commencer par détacher le filet mignon.
Ensuite, on fait une incision dans les 4/5 de la chair du blanc pour l'ouvrir en portefeuille ❶. On la tartine de la farce choisie, puis on pose le filet mignon sur la farce ❷ et on referme le filet.

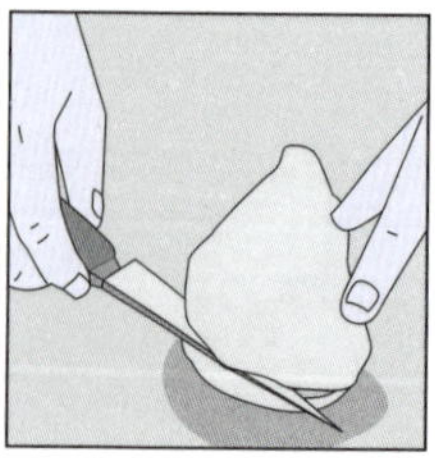

❶

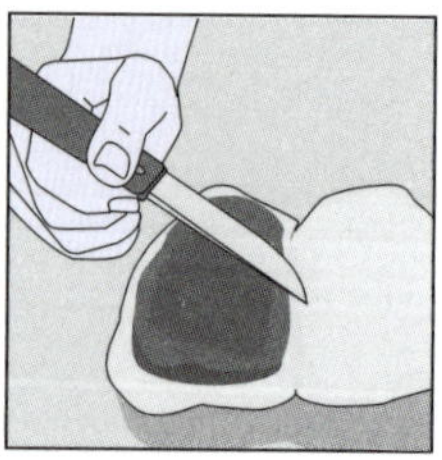

❷

Enfin on entoure cette roulade d'une crépine, on l'enveloppe dans du papier film et on la poche dans l'eau bouillante.

Yaourt

"Un lait attendrissant"

Le yaourt a des vertus insoupçonnées. C'est un excellent allié, compte tenu des acides qu'il renferme, pour attendrir une viande ou un poisson (comme le poulet ou le haddock).
Pour cela, il suffit de laisser mariner ce que l'on souhaite attendrir, dans un mélange de lait et de yaourt.

Index alphabétique

Achards, voir à Légumes
Agneau :
– (carrés d'), 7
– (côtes d'), 7
– (épaule d'), 7
– (gigot d'), 8
– (— aux herbes), 8
– (pieds d'), voir à Pieds d'agneau
Aigre-douce, voir à Sauce
Aiguillette, voir à Bœuf
Ail, 9
– (beurre d'), 9
– (crème d'), 10
– (éplucher l'), 10
Aioli, voir à Sauce
Alose, 11
Amandines, voir à Pommes de terre
Amandes, 11
Américaine, voir à Sauce
Anchois, 11
– (beurre d'), 11
Anguille, 12
Araignée de mer, 12
Artichauts, 13
– (chips), 13
– (choix), 13
– (cuisson), 13
– (fonds d'), 14
– (—, cuisson), 14
– (violets), 15
Asperges, 15
– (cuisson), 16
– (pointes d'), 16
Aubergine, 17
– (beignets d'), 17
– (purée d'), 18
Avocat, 18
– (conservation), 18
Bacon, 19
Bain-marie, 19
Bambous (pousses de), 19
Bar, 19
Barbecue, 20
Basilic, 20
Béarnaise, voir à Sauce
Bécasse, 20
Béchamel, voir à Sauce
– (d'aubergines), voir à Aubergines
Betteraves :
– (choix), 20
– (cuisson), 21
– (jus de), 21
Bettes (cuisson), 21
Beurre :
– (d'ail), voir à Ail
– (d'anchois), voir à Anchois
– (blanc), 21
– (clarifié), 22
– (crème au), voir à Crème
– (maître d'hôtel), 22
– (manié), 22
– (monté), 23
– (noisette), 23
– (pommade), 23
– (sauce au), voir à Sauce
Bisque, 24
Blanc, 24
– (de volaille), voir à Volaille

Blancs en neige, voir à Œufs
Blanquette de veau, 24
Bœuf :
– (aiguillette de), 25
– (carpaccio), voir à Carpaccio
– (langue de), voir à Langue
– (côte de), 25
– (pavés, steaks au poivre), 25
– (queue de), voir à Queue de bœuf
– (rognons), voir à Rognons
– (rosbif, jus), 26
– (rosbif, tranchage), 26
Boudins :
– blanc et noir, 26
– (de saumon), voir à Saumon
Bouillon :
– (clarification), 27
– (coloration), 27
– (conservation), 28
– (cube), 28
– (dégraissage), 28
– (express), 29
– (pot-au-feu), voir à Pot-au-feu
– (ustensiles), 29
Bouquet garni, 29
Braiser, voir à Viandes
Brandade (de morue), 30
Brocolis, 30
Bulots, bigorneaux, 31
Cabillaud, 31
Cailles, 31
– (œufs de), voir à Œufs
Calmars :
– (dépouiller), 32
– (farcis), 32
Canard, 33
– (confit de), voir à Confit
– (cuisson), 33
– (magret de), voir à Magret
– (peau), 34
– (sauvage), 34
Canette (farcir une), 35
Cannelle, 35
Cannellonis, 35
Câpres, 36
Cardons, 36
Carottes, 36
– (canneler les), 38
– (en copeaux), 38
– (potage aux), voir à Potage
Carpaccio, 39
Carrelet, 39
Carrés (d'agneau), voir à Agneau
Cassoulet, 39
Caviar, 39
Cayenne, 39
Céleri, 40
Céleri-rave, 41
– (purée de), 41
Cèpes (cuisson), 41
Cervelle, 42
Chair à pâté, voir à Pâté
Champignons :
– de Paris, 42
– — (équeuter), 43
– — (farcis), 44
– sauvages, 44
– — (poudre de), 45
– — (en sachets), 46
Chapelure, 46
Chevreuil, 46
Chips :
– (d'artichauts), voir à Artichauts
– (de pommes de terre), voir à Pommes de terre
Chou :
– (cuisson), 46
– (en chartreuse), 47
– (en chiffonnade), 47
– (farci), 47
– (soupe au), voir à Soupe
– de Bruxelles, 48
– — (cuisson), 48
Choucroute, 48
Chou-fleur :

– (choix), 49
– (cuisson), 49
– (gâteau de), 49
– (soupe de), voir à Soupe
– (pâte à), voir à Pâte
Ciboulette, 50
Citron, 50
– (historié), 51
Civet, 52
Concombre, 52
Confit (de canard), 52
Confiture (d'oignons), voir à Oignons
Congre, 53
Consommé, 53
Coq, 53
– (crêtes de), 54
Coques, 54
Coquillages, 54
Cornet (de jambon), voir à Jambon
Cornichons au vinaigre, 55
Côtes :
– (d'agneau), voir à Agneau
– (de bœuf), voir à Bœuf
– (de veau), voir à Veau
– (— pojarski), voir à Veau
Couenne (de porc), 55
Courgettes, 56
Court-bouillon, 56
– (poisson), voir à Poisson
Couvercles en papier, voir à Papier
Crème :
– (d'ail), voir à Ail
– (—, sauce), voir à Sauce
Crépine, 56
Cresson (potage au), voir à Potage
Crevettes vivantes, 56
Crosnes, 57
Croûtons, 57
Crustacés :
– (cuisson), 58
– (mutilés), 58
Cuisson (à la vapeur), voir à Vapeur
Cumin, 58
Darnes, voir à Poisson
Déglacer, voir à Sauce
Demi-glace, voir à Sauce
Dinde, 58
– (découpe), 59
Dorade, 59
Eau salée, 59
Échalotes, 60
Écrevisses, 60
– (cuisson, conservation), 61
Endives, 61
Épaule (d'agneau), voir à Agneau
Épinards, 62
Escargots, 62
Faisan, 63
Faisandage, 63
Farce, 63
Fariner, 64
Feuilletage, voir à Pâte
Feuilletés :
– (en coquilles), voir à Saint-Jacques
– (ronds), 64
– (en soupière), 64
– (en vol-au-vent), 65
Fèves, 65
Filets :
– (de maquereaux), voir à Maquereaux
– (de poisson), voir à Poisson
– (de sole), voir à Sole
Fines herbes, 66
Foie :
– gras, 66
– de veau, 66
– — (brochettes), 67
– — (grillé), 67
– — (pavé de), 67
Fonds de sauce, voir à Sauce
Fondue, 68
– bourguignonne (cuisson), 68
Four, 68
– (à micro-ondes), 68

Frisée (braisée), 69
Frites, voir à Pommes de terre
Friture :
– (conservation), 69
– (cuisson), 70
– (poisson), voir à Poisson
Fromage :
– et moutarde, voir à Sauce
Fumet, voir à Poisson
Galette, voir à Pommes de terre
Gambas (décorticage), 70
Gaspacho, 70
Gâteau :
– (de chou-fleur), voir à Chou-fleur
Gélatine, 71
Gelée, 71
– (décor), 71
– (démoulage), 71
– (moulage), 72
Gibier (sauce), voir à Sauce
Gigot d'agneau, voir à Agneau
– — (aux herbes), voir à Agneau
Gingembre, 72
Glaçons, 72
Gondole, 73
Gratin :
– (de macaronis), voir à Macaronis
– (de pommes de terre), voir à Pommes de terre
Grenouilles :
– (cuisses de), 73
– (fariner), 74
Griller :
– un poisson, voir à Poisson
– une viande, voir à Viandes
Grives, 74
Gros sel, voir à Sel
Hachis parmentier, 74
Haddock, 74
Hareng frais, 74
Haricots :
– blancs, 75
– mange-tout, 75
– verts (cuisson), 75
– — (en fagots), 76
Hollandaise, voir à Sauce
Homard :
– (corail et œufs), 76
– (découpe), 76
– (pinces), 76
– et langouste (cuisson), 77
Huile :
– d'olive, 77
– de noix, 77
Huîtres (chaudes), 78
Jambon, 78
– — (cornet de), 78
Jarret de veau, voir à Veau
Joue de bœuf, 79
Julienne, voir à Potage
Laitances, voir à Poisson
Laitue (cuisson), 79
Langouste, 80
Langoustines, 80
– (cuisson), 80
Langue, 81
– (de bœuf), 81
Lapin :
– (cuisson), 82
– (de garenne), 82
– (râble), 82
Larder, 83
Lardons :
– (blanchir), 83
– (détailler), 83
Lasagnes, 84
Laurier, 84
Légumes, 84
– (achards), 85
– (en chartreuse), 85
– (cuisson), 85
– (— à l'anglaise), 86
– (émincer), 86
– (farcir), 86
– (mousses de), 87

– (nouveaux), 87
– (en pot-au-feu), 88
– (potage de), voir à Potage
– (purée de), 88
– (en terrine), 89
– secs, 89
– — (cuisson), 89
– — (potage de), voir à Potage
Lentilles, 90
– (potage aux), voir à Potage
Liaison aux œufs, voir à Sauce
Lièvre :
– (civet), 90
– (râble), 90
Lotte, 91
– (farcie), 91
Lutage, 91
Macaronis, 92
– (au gratin), 92
Mâche, 92
Magret (de canard), 93
Maïs, 93
Manchon-pompon, voir à Papier blanc
Mange-tout, voir à Haricots
Maquereaux, 94
– (filets de), 94
Marinade, 95
Marrons, 95
– (conservation), 95
– (purée de), 96
Matelote, 96
Mayonnaise, 96
Médaillons (de veau), voir à Veau
Merlan (frit), 97
Mignonnette, voir à Poivre
Mixeur, 97
Mornay, voir à Sauce
Morue (brandade de), voir à Brandade
Moule :
– (beurrer et fariner), 98
– (divers), 98
Moules marinières, 99
Mousseline, 99
– (sauce), voir à Sauce
Mousses de légumes, voir à Légumes
Moutarde, 99
Mouton, 100
Muscade, 100
Navets, 100
— (en fleurs), 100
Noix :
– de veau (farcie), voir à Veau
Nouilles (pâte à), 101
Œufs :
– (blancs pour décor), 101
– (brouillés), 101
– (de caille), 102
– (en cocotte), 102
– (à la coque), 102
– (écaler), 102
– (farcis), 103
– (fêlés), 103
– (fraîcheur), 104
– (frits), 104
– (mollets), 104
– (de pintade), 105
– (au plat), 105
– (pochés), 105
– (séparer le blanc du jaune), 106
Oie (au four), 106
Oignons :
– (caraméliser), 107
– (confiture d'), 107
– (éclats d'), 107
– (éplucher), 107
– (farcis), 108
– (en fleurs), 108
– (à la grecque), 109
– (hachés), 109
– (sauce aux), voir à Sauce
– (soupe aux), voir à Soupe
Oiseaux (farcis), 109
Olives (en garniture), 110

Omelette, 110
Orties, 111
Os à moelle, 111
– (veau), 112
Oseille (cuisson), 112
Osso bucco, 112
Oursins, 112
Paella, 113
Paillasson, voir à Pommes de terre
Panade, 113
Paner (à l'anglaise), 113
Panure, 113
Papier :
– (couvercles en), 114
– aluminium, 114
– blanc (manchon-pompon), 115
– film, 115
– — (boudin), 116
– sulfurisé, 116
Papillotes, 116
– (saumon en), voir à Saumon
Pâté :
– (chair à), 117
– (conservation), 118
– (démoulage), 118
– (Pantin), 118
– (sel), voir à Sel
Pâtes :
– (cuisson), 119
– (longues, présentation), 119
Paupiettes (de veau), 120
Pavés :
– (de bœuf), voir à Bœuf
– (de foie de veau), voir à Foie de veau
– (de saumon), voir à Saumon
Perdreau, 120
Perdrix, 120
Persil :
– (frit), 121
– (haché), 121
Peser (sans balance), 122
Petits pois :
– (choix), 122
– (cuisson), 122
– (potage aux), voir à Potage
– (purée de), 123
Petit salé, 123
Pétoncles, 123
Pieds (d'agneau, de veau), 123
Pigeon (cuisson et découpe), 124
Piments, 124
Pincer une viande, voir à Viandes
Pintade :
– (cuisses de), 124
– (ailerons en manchon), 125
– (décarcasser), 125
– (œufs de), voir à Œufs
Piperade, 125
Pissenlits, 125
Planche à découper, 126
Plaques chauffantes, 126
Plumage, 126
Poêler :
– un poisson, voir à Poisson
– une viande, voir à viandes
Poireaux :
– (en chrysanthèmes), 126
– (éplucher), 127
Pois cassés (purée de), 127
Poisson :
– (arêtes), 128
– (au bleu), 128
– (court-bouillon), 128
– (cuisson), 129
– (darnes de), 129
– (écailler), 129
– (en écailles), 130
– (filets en croûte), 130
– (—, cuisson), 130
– (—, découpe), 131
– (—, lever les), 131
– (—, poêler les), 131
– (— en roulade), 132
– (— en "S"), 132

– (friture), 132
– (fumet), 133
– (grillé), 133
– (laitances), 133
– (poêlé), 133
– (— entier), 134
– (en portefeuille), 134
– (rillettes de), 135
– (tartare de), 135
– (temps de cuisson), 135
– cru (découpage), 135
Poitrine roulée, voir à Porc
Poivre :
– (blanc et noir), 136
– (mignonnette), 136
Poivrons (peler des), 136
Polenta, 137
Pommes de terre :
– (amandines), 137
– (en bouchons), 137
– (château), 138
– (chips), 138
– (choix), 139
– (duchesse), 139
– (farcies), 139
– (frites), 140
– (galette de), 140
– (gratin de), 141
– (nouvelles), 141
– (en oursins), 142
– (paillasson de), 142
– (purée, conservation), 143
– (— mousseline), 143
– (— rustique), 144
– (en robe des champs), 144
– (roses de), 144
– (salade de), 145
– (sautées), 145
– (soufflées), 145
Porc :
– (couenne), voir à Couenne
– (crépine), voir à Crépine
– (cuisson), 146
– (poitrine roulée), 146
Pot-au-feu, 146
– (bouillon), 147
– (dégraisser), 147
– (légumes en), voir à Légumes
Potage :
– (assaisonnement), 148
– (aux carottes), 148
– (au cresson), 148
– (en julienne), 148
– (de légumes), 148
– (— secs), 149
– (aux lentilles), 149
– (aux petits pois), 149
Potiron :
– (billes farcies), 149
– (découpe), 150
– (soupe au), voir à Soupe
Poularde (en croûte), 150
Poule, 151
Poulet :
– (en boutonnière), 151
– (choix), 151
– (cuisson), 152
– (dépouiller), 152
– (fricassée de), 153
Poulpe (cuisson), 153
Poutargue, 153
Praires, 153
Purée :
– (d'aubergines), voir à Aubergine
– (de céleri-rave), voir à Céleri-rave
– (de légumes), voir à Légumes
– (de marrons), voir à Marrons
– (de petits pois), voir à Petits pois
– (de pois cassés), voir à Pois cassés
– (de pommes de terre), voir à Pommes de terre
– (mousseline), voir à Pommes de terre
– (rustique), voir à Pommes de terre
Quenelles, 154
Queue de bœuf, 154

Quiche lorraine, 154
Radis, 154
– (rose de), 155
Raie, 155
– (conservation), 156
Ratatouille, 156
Rillettes de poisson, voir à Poisson
Ris de veau, 157
Risotto, 157
Riz :
– (crever le), 157
– (cuisson), 158
– (à l'indienne), 158
Rognons :
– (de bœuf), 158
– (grillés), 159
– (de veau), 159
– (— entiers), 159
– (— en morceaux), 160
Rosbif :
– (jus de), voir à Bœuf
– (tranchage), voir à Bœuf
Rôti :
– (farci), voir à Viandes
– (jus de), voir à Viandes
Rouget, 160
Roulade :
– (de filets de poisson), voir à Poisson
– (de volaille), voir à Volaille
Roux, 160
Safran (pistils de), 161
Saint-Jacques, 161
– (en brochettes), 162
– (à la coque), 162
– (en coquilles), 162
– (feuilleté en coquilles), 163
– (noix de), 163
Salade :
– (assaisonnement), 164
– (conservation), 164
– (en fleurs), 164
– (de pommes de terre), voir à Pommes de terre
Salicorne, 165
Salmis, 165
Salsifis, 165
Sanglier, 165
Sardines (en filets), 166
Sauce :
– (aigre-douce), 166
– (aïoli), 166
– (américaine), 166
– (béarnaise), 167
– (béchamel), 167
– (au beurre), 168
– (blanche), 168
– (crème fraîche), 168
– (déglacer), 168
– (demi-glace), 169
– (dépouiller), 169
– (fonds de), 169
– (fromage et moutarde), 170
– (gibier), 170
– (à glace), 170
– (hollandaise), 170
– (liaison aux œufs), 171
– (mayonnaise), voir à Mayonnaise
– (mornay), 171
– (mousseline), 172
– (moutarde), voir à Moutarde
– (napper), 172
– (aux oignons), 172
– (passer), 172
– (piquante), 173
– (suprême), 173
– (tomate), 173
– (tournée), 174
– (au vin), 174
Saucisses, 174
Saucisson (en croûte), 175
Sauge, 175
Saumon :
– (boudin de), 175
– (faux saumon fumé), 176
– (fumé, conservation), 177

– (en pannequets), 177
– (en papillote), 178
– (pavé de), 178
Sel, 179
– (coque de), 180
– (gros), 180
– (terrines et pâtés), 181
Semoule, 181
Singer, voir à Viandes
Sole :
– (entière farcie), 181
– (filets, cuisson), 182
– (—, lever), 182
– (lever la peau), 183
Soufflé, 183
Soupe :
– (au chou), 184
– (de chou-fleur), 184
– (gaspacho), voir à Gaspacho
– (à l'oignon), 184
– (au potiron), 184
Spaetzles, 185
Steak :
– (au poivre), voir à Bœuf
– (tartare), voir à Tartare
Tartare :
– (de poisson), voir à Poisson
– (steak), 185
Terrine :
– (chemisage), 185
– (crêpes en), voir à Crêpes
– (découpe), 186
– (en gelée), 186
– (de légumes), voir à Légumes
– (montage), 187
– (sel), voir à Sel
Tête (de veau), 187
Thé, 188
Thon, 188
Timbale (milanaise), 188
Toasts, 189
Tomates :
– (confites), 189
– (en dés), 189
– (farcies), 189
– (—, évider), 190
– (à l'italienne), 190
– (monder), 190
– (petites, évider), 191
– (en rose), 191
– (sauce), voir à Sauce
Topinambours, 192
Tourteau, 192
– (choix), 192
– (décoffrer), 192
– (farci), 193
Tourte, 193
Truffes, 193
Turbot, 194
Vapeur (cuisson à la), 194
Veau :
– (blanquette), voir à Blanquette
– (côtes de), 195
– (— Pojarski), 195
– (foie de veau), voir à Foie de veau
– (jarret), 196
– (médaillons), 196
– (noix farcie), 196
– (os à moelle), voir à Os à moelle
– (osso bucco), voir à Osso bucco
– (paupiettes de), voir à Paupiettes
– (pieds de), voir à Pieds de veau
– (ris de), voir à Ris de veau
– (rognons), voir à Rognons
– (tête de), voir à Tête de veau
Vermicelle, 196
Viandes :
– (arroser), 196
– (braiser), 197
– (griller), 197
– (pincer), 198
– (poêler), 198
– (repos), 198
– (restes de), 199

– (rôti farci), 199
– (—, jus), 200
– (rôtir), 200
– (singer), 200
Vin (sauce au), voir à Sauce
Vinaigre, 200
– (de vin), 200
Vinaigrette, 201
– (conservation), 201
Vol-au-vent, voir à Feuilletés
Volaille, 201
– (blancs), 202
– (— poêlés), 202
– (farcir une cuisse), 203
– (— sous la peau), 203
– (pochée), 204
– (roulade de), 204
Yaourt, 204

Index thématique

GÉNÉRALITÉS

Cuisson, peser

Bain-marie, 19
Barbecue, 20
Fariner, 64
Four, 68
– (à micro-ondes), 68
Friture :
– (conservation), 69
– (cuisson), 70
Peser (sans balance), 122
Plaques chauffantes, 126

Froid

Glaçons, 72

Gelée

Gélatine, 71
Gelée, 71
– (décors), 71
– (démoulage), 71
– (moulage), 72

Pain (en cuisine)

Chapelure, 46
Croûtons, 57
Panade, 113
Paner (à l'anglaise), 113
Panure, 113
Toasts, 189

Papier (utilisations diverses)

Gondole, 73
Papier :
– (couvercles en), 114
– aluminium, 114
– blanc (manchon-pompon), 115
– film, 115
– (— boudin), 116
– sulfurisé, 116
Papillotes, 116

Assaisonnement

Cayenne, 39
Eau salée, 59
Huile :
– d'olive, 77
– de noix, 77
Poivre :
– (blanc et noir), 136
– (mignonnette), 136
Sel : – (coque de), 180
– (gros), 180
– (terrines et pâtés), 181
Vinaigre : 200
– (de vin), 200

SAUCES

Beurre

– (d'ail), 9
– (d'anchois), 11
– (blanc), 21
– (clarifié), 22
– (maître d'hôtel), 22
– (manié), 22
– (monté), 23
– (noisette), 23
– (pommade), 23

Généralités

Roux, 160

Sauce

– (déglacer), 168
– (dépouiller), 169

– (fonds de), 169
– (liaison aux œufs), 171
– (napper), 172
– (passer), 172
– (tournée), 174

Diverses

Mayonnaise, 96
Sauce :
– (aigre-douce), 166
– (aioli), 166
– (américaine), 166
– (béarnaise), 167
– (béchamel), 167
– (au beurre), 168
– (blanche), 168
– (crême fraîche), 168
– (demi-glace), 169
– (fromage et moutarde), 170
– (hollandaise), 170
– (mornay), 171
– (mousseline), 172
– (aux oignons), 172
– (piquante), 173
– (safran, pistils de), 161
– (suprême), 173
– (tomate), 173
– (au vin), 174
– (vinaigrette), 201

Bouillon et court-bouillon

Blanc, 24
Bouillon :
– (clarification), 27
– (coloration), 27
– (conservation), 28
– (cube), 28
– (dégraissage), 28
– (express), 29
– (ustensiles), 29
Court-bouillon, 128

SOUPES, POTAGES, CONSOMMÉS

Consommé, 53
Gaspacho, 70
Potage :
– (assaisonnement), 148
– (aux carottes), 148
– (au cresson), 148
– (en julienne), 148
– (de légumes), 148
– (— secs), 149
– (aux lentilles), 149
– (aux petits pois), 149
Soupe :
– (au chou), 184
– (de chou-fleur), 184
– (à l'oignon), 184
– (au potiron), 184

ŒUFS

Œufs :
– (blancs pour décor), 101
– (brouillés), 101
– (de caille), 102
– (en cocotte), 102
– (à la coque), 102
– (écaler), 102
– (farcis), 102
– (fêlés), 103
– (fraîcheur), 103
– (frits), 104
– (mollets), 104
– (de pintade), 105
– (au plat), 105
– (pochés), 105
– (séparer le blanc du jaune), 105
Omelette, 110

LÉGUMES

Généralités

Mixeur, 97
Légumes, 140
– (achards), 85

– (en chartreuse), 85
– (cuisson), 85
– (— à l'anglaise), 86
– (— à la vapeur), 194
– (émincer), 86
– (farcir), 86
– (mousses de), 87
– (nouveaux), 87
– (en pot-au-feu), 88
– (purée de), 88
– (en terrine), 89
Planche à découper, 126
Ratatouille, 156

Légumes frais

Ail, 9
– (beurre d'), 9
– (crème d'), 10
– (éplucher l'), 10
Artichauts, 13
– (chips), 13
– (choix), 13
– (cuisson), 13
– (fonds d'), 14
– (—, cuisson), 14
– (violets), 15
Asperges, 15
– (cuisson), 16
– (pointes d'), 16
Aubergine, 17
– (beignets d'), 17
– (purée d'), 18
Bambous (pousses de), 19
Betteraves :
– (choix), 20
– (cuisson), 21
– (jus de), 21
Bettes (cuisson), 21
Brocolis, 30
Cardons, 36
Carottes, 36
– (canneler les), 38
– (en copeaux), 38
Céleri, 40
Céleri-rave, 41
– (purée de), 41
Chou :
– (cuisson), 46
– (en chartreuse), 47
– (en chiffonnade), 47
– (farci), 47
– de Bruxelles, 48
– —(cuisson), 48
Chou-fleur :
– (choix), 49
– (cuisson), 49
– (gâteau de), 49
Concombre, 52
Cornichons au vinaigre, 55
Courgettes, 56
Crosnes, 57
Échalotes, 60
Endives, 61
Épinards, 62
Fèves, 65
Frisée (braisée), 69
Haricots :
– mange-tout, 75
– verts (cuisson), 75
– — (en fagots), 76
Laitue (cuisson), 79
Maïs, 93
Marrons (purée de), 95
Navets, 100
– (en fleurs), 100
Oignons :
– (caraméliser), 107
– (confiture d'), 107
– (éclats d'), 107
– (éplucher), 107
– (farcis), 108
– (en fleurs), 108
– (à la grecque), 109
– (hachés), 109
Olives (en garniture), 110

Orties, 111
Oseille (cuisson), 112
Petits pois :
– (choix), 122
– (cuisson), 122
– (purée de), 123
Piments, 124
Poireaux :
– (en chrysanthèmes), 126
– (éplucher), 127
Poivrons (peler des), 136
Pommes de terre :
– (amandines), 137
– (en bouchons), 137
– (château), 138
– (chips), 138
– (choix), 139
– (duchesse), 139
– (farcies), 139
– (frites), 140
– (galette de), 140
– (gratin de), 141
– (nouvelles), 141
– (en oursins), 142
– (paillasson de), 142
– (purée, conservation), 143
– (— mousseline), 143
– (— rustique), 144
– (en robe des champs), 144
– (roses de), 144
– (salade de), 145
– (sautées), 145
– (soufflées), 145
Potiron :
– (billes farcies), 149
– (découpe), 150
Radis, 154
– (rose de), 155
Salicorne, 165
Salsifis, 165
Tomates :
– (confites), 189
– (en dés), 189
– (farcies), 189
– (—, évider), 190
– (à l'italienne), 190
– (monder), 190
– (petites, évider), 191
– (en rose), 191
Topinambours, 192

Légumes secs

Haricots blancs, 75
Légumes secs, 89
– —(cuisson), 89
Lentilles, 90
Pois cassés (purée de), 127

Champignons

Cèpes (cuisson), 41
Champignons,
– de Paris, 42
– — (équeuter), 43
– — (farcis), 43
– sauvages, 44
– — (poudre de), 45
– — (en sachets), 46
Truffes, 193

Salades

Mâche, 92
Pissenlits, 125
Salade :
– (assaisonnement), 164
– (conservation), 164
– (en fleurs), 164
Vinaigrette, 201
– (conservation), 201

Fines herbes, aromates et épices

Basilic, 20
Bouquet garni, 29
Cannelle, 35
Câpres, 36
Ciboulette, 50
Cumin, 58
Fines herbes, 66
Gingembre, 72

Laurier, 84
Moutarde, 99
Muscade, 100
Persil,
– (frit), 121
– (haché), 121
Sauge, 175

PÂTES, RIZ, SEMOULE

Pâtes
Cannellonis, 35
Lasagnes, 84
Macaronis, 92
– (au gratin), 92
Nouilles (pâte à), 101
Pâtes :
– (cuisson), 119
– (longues, présentation), 119
Spaetzles, 185
Vermicelle, 196

Riz
Risotto, 157
Riz :
– (crever le), 157
– (cuisson), 158
– (à l'indienne), 158

Semoule
Semoule, 181

VIANDES

Généralités
Lutage, 91
Viandes :
– (arroser), 196
– (braiser), 197
– (griller), 197
– (pincer), 198
– (poêler), 198
– (repos), 198
– (restes de), 199
– (rôti farci), 199
– (—, jus), 200
– (rôtir), 200
– (singer), 200

Viandes diverses
Agneau :
– (carrés d'), 7
– (côtes d'), 7
– (épaule d'), 7
– (gigot d'), 8
– (— aux herbes), 8
Bœuf :
– (aiguillette de), 25
– (carpaccio), 39
– (côte de), 25
– (fondue bourguignonne, cuisson), 68
– (hachis parmentier), 74
– (os à moelle), 111
– (pavés, steaks au poivre), 25
– (rosbif, jus), 26
– (rosbif, tranchage), 26
– (pot-au-feu), 146
– (— bouillon), 147
– (— dégraisser), 147
– (queue de), 154
– (steak tartare), 185
Mouton, 100
Porc :
– (bacon), 19
– (boudins blanc et noir), 26
– (couenne), 55
– (crépine), 56
– (cuisson), 146
– (jambon), 78
– (—, cornet), 78
– (larder), 83
– (lardons, blanchir), 83
– (—, détailler), 83
– (petit salé), 123
– (poitrine roulée), 146
– (saucisses), 174
Veau :
– (blanquette), 24
– (côtes de), 195

– (— Pojarski), 195
– (jarret), 196
– (médaillons), 196
– (noix farcie), 196
– (os à moelle), 112
– (osso bucco), 112
– (paupiettes), 120

Abats

Cervelle, 42
Foie de veau, 66
– (brochettes), 67
– (grillé), 67
– (pavé de), 67
Joue de bœuf, 79
Langue, 81
– (de bœuf), 81
Pieds (d'agneau, de veau), 123
Ris de veau, 157
Rognons,
– (de bœuf), 158
– (grillés), 159
– (de veau), 159
– (— entiers), 159
– (— en morceaux), 160
Tête (de veau), 187

Terrines, pâtés, tourtes

Farce, 63
Foie gras, 66
Pâté :
– (chair à), 117
– (conservation), 118
– (démoulage), 118
– (Pantin), 118
Saucisson (en croûte), 175
Terrine :
– (chemisage), 185
– (découpe), 186
– (en gelée), 186
– (montage), 187
Timbale (milanaise), 188
Tourte, 193

Volailles

Généralités

Volaille, 201
– (blancs), 202
– (— poêlés), 202
– (farcir une cuisse), 203
– (— sous la peau), 203
– (pochée), 204
– (roulade de), 204

Diverses

Canard, 33
– (confit de), 52
– (cuisson), 33
– (magret de), 93
– (peau), 34
Canette (farcir une), 35
Coq, 53
– (crêtes de), 54
Dinde, 58
– (découpe), 59
Lapin,
– (cuisson), 82
– (râble), 82
Oie (au four), 106
Pigeon (cuisson et découpe), 124
Pintade :
– (cuisses de), 124
– (ailerons en manchon), 125
– (décarcasser), 125
Poularde (en croûte), 150
Poule, 151
Poulet,
– (en boutonnière), 151
– (choix), 151
– (cuisson), 152
– (dépouiller), 152
– (fricassée de), 153

Gibier

Bécasse, 20
Cailles, 31
Canard (sauvage), 34
Chevreuil, 46

Civet, 52
Faisan, 63
Faisandage, 63
Grives, 74
Lapin (de garenne), 82
Lièvre,
– (civet), 90
– (râble), 90
Marinade, 95
Oiseaux (farcis), 109
Perdreau, 120
Perdrix, 120
Plumage, 126
Salmis, 165
Sanglier, 165
Sauce (gibier), 170

POISSONS

Généralités

Poisson :
– (arêtes), 128
– (au bleu), 128
– (court-bouillon), 128
– (cuisson), 129
– (darnes de), 129
– (écailler), 129
– (en écailles), 130
– (filets en croûte), 130
– (—, cuisson), 130
– (—, découpe), 131
– (—, lever les), 131
– (—, poêler les), 131
– (— en roulade), 132
– (— en “S”), 132
– (friture), 132
– (fumet), 133
– (grillé), 133
– (laitances), 133
– (poêlé), 133
– (— entier), 134
– (en portefeuille), 134
– (rillettes de), 135
– (tartare de), 135
– (temps de cuisson), 135
– cru (découpage), 135

Poissons divers

Alose, 11
Anchois, 11
Anguille, 12
Bar, 19
Cabillaud, 31
Carrelet, 39
Caviar, 39
Congre, 53
Dorade, 59
Haddock, 74
Hareng frais, 74
Laitances, 133
Lotte, 91
– (farcie), 91
Maquereaux, 94
– (filets de), 94
Matelote, 96
Merlan (frit), 97
Morue (brandade de), 30
Poutargue, 153
Raie, 155
– (conservation), 156
Rouget, 160
Sardines (en filets), 166
Saumon,
– (boudin de), 175
– (faux saumon fumé), 176
– (fumé, conservation), 177
– (en pannequets), 177
– (en papillote), 178
– (pavé de), 178
Sole,
– (entière farcie), 181
– (filets, cuisson), 182
– (—, lever), 183
– (lever la peau), 183
Thon, 188
Turbot, 194

Crustacés
Généralités
Crustacés :
– (cuisson), 58
– (mutilés), 58
Divers
Araignée de mer, 12
Bisque, 24
Crevettes vivantes, 56
Écrevisses, 60
– (cuisson, conservation), 61
Gambas (décorticage), 70
Homard,
– (corail et œufs), 76
– (découpe), 76
– (pinces), 76
– et langouste (cuisson), 77
Langouste, 80
Langoustines, 80
– (cuisson), 80
Tourteau, 192
– (choix), 192
– (décoffrer), 192
– (farci), 193
Coquillages
Bulots, bigorneaux, 31
Coques, 54
Coquillages, 54
Oursins, 112
Pétoncles, 123
Praires, 153
Saint-Jacques, 161
– (en brochettes), 162
– (à la coque), 162
– (en coquilles), 162
– (feuilleté en coquilles), 163
– (noix de), 163
Mollusques
Calmars :
– (dépouiller), 32
– (farcis), 32
Escargots, 33
Grenouilles :
– (cuisses de), 73
– (fariner), 74
Huîtres (chaudes), 78
Moules marinières, 99
Poulpe, 153

SPÉCIALITÉS
Cassoulet, 39
Choucroute, 48
Fondue, 68
Paella, 113
Piperade, 125
Polenta, 137
Quenelles, 154
Quiche lorraine, 154

Imprimé en Italie par Rotolito Lombarda
Dèpôt légal 69843 - avril 2006
ISBN: 2501 - 046 - 08 - 0
4095519/01